...E FORAM FELIZES PARA SEMPRE

ALLAN B. CHINEN

...*E FORAM FELIZES PARA SEMPRE*

Contos de Fadas para Adultos

Interpretados segundo as teorias psicodinâmicas do desenvolvimento humano postuladas por Carl G. Jung e Erik Erikson

Tradução
CECÍLIA CASAS

EDITORA CULTRIX
São Paulo

Título do original:

In The Ever After
Fairy Tales and the Second Half of Life

Edição
-2-3-4-5-6-7-8-9-10

Ano
-95-96-97

Impresso em nossas oficinas gráficas.

Dedicado à minha mãe
e ao meu pai, em sua sábia velhice.

Sumário

Agradecimentos

Os amigos e colegas que me encorajaram na realização deste livro são muito numerosos para que eu possa agradecer-lhes individualmente. Mas desejo, em particular, expressar minha gratidão a todas as pessoas que proporcionaram ajuda e conselho em momentos cruciais deste longo projeto — as fadas madrinhas e magos padrinhos deste livro: Bruce Baker, por seus sábios conselhos; John Boe, por seus comentários profundos e estimulantes; James e Rosalie Heacock, por acreditarem quando poucos acreditavam; Gisela Labouvie-Vief, por seu conhecimento e visão da segunda metade da vida; e Miles Vich, pela primeira abertura. Desejo também agradecer ao Programa da Bolsa de Estudos Clínicos Robert Wood Johnson e ao Ella Lyman Cabot Trust, pelo generoso apoio financeiro que tornou possível a pesquisa. E, finalmente, sinto-me profundamente grato a todos os esquecidos contadores de histórias que, pela primeira vez, há muito tempo, contaram histórias de pessoas idosas, legando-nos sua rica herança de sabedoria.

1
Introdução

Transmitidos de pais para filhos através dos séculos, os contos de fadas constituem verdadeiros tesouros da sabedoria humana, destilando as observações e o pensamento de muitas gerações. Como Bruno Bettelheim salienta em seu livro de sucesso, *The Uses of Enchantment*, histórias aparentemente simples como "Branca de Neve" e "Chapeuzinho Vermelho", encerram importantes considerações acerca da psicologia humana.[1] Realmente, como Marie-Louise von Franz explica em sua obra encantadora,[2] os contos de fadas são parábolas que narram a trajetória de vida do ser humano.

Nas histórias mais conhecidas, os protagonistas são crianças, como Chapeuzinho Vermelho, ou, quando muito, adolescentes, como Cinderela. Não é, pois, de estranhar que as interpretações destes contos de fadas tenham enfatizado a psicologia da juventude e enfocado as tarefas próprias do crescimento. Num drama típico, uma criança ou um jovem deixa voluntariamente o lar paterno em busca de melhor sorte no mundo, como no caso do "Pequeno Polegar"; ou é, involuntariamente, expulso de casa, como no caso de "João e Maria". A partida representa a grande tarefa da adolescência, quando cada indivíduo precisa separar-se dos pais para iniciar uma vida independente. O processo é, no mundo real, geralmente difícil, de forma que os contos de fadas descrevem seus personagens diante de muitas provações — combatendo bruxas ou ludibriando gigantes. Afinal, o jovem herói ou heroína conquista um reino e encontra o verdadeiro amor, simbolizando o que a maioria das pessoas conquista na vida real — encontram-se a si mesmas, passam a ocupar um lugar na sociedade e assumem compromissos de casamento e de carreira. Quase todos os contos de fadas terminam neste ponto, com o sonho de felicidade da juventude sintetizado de forma absolutamente encantadora nesta frase: "e foram felizes para sempre".

A vida real, é claro, não termina na juventude, nem em eterna felicidade. Surge, então, naturalmente, a pergunta — o que acontece com o "foram felizes para sempre" quando o herói e a heroína têm seus filhos e quando cabelos brancos coroam o Príncipe e a Princesa?

Esta pergunta não constitui um mero capricho. Os contos de fadas — como têm observado psicanalistas e mitologistas[3] — retratam paradigmas eternos da vida humana e freqüentemente refletem os papéis que as pessoas desempenham.

Um jovem pode brincar com o perigo e escalar montanhas, ansiando por viver plenamente as aventuras de um herói. Outro pode pular constantemente de relacionamento em relacionamento, em busca do amor perfeito — do Príncipe ou da Princesa dos contos de fadas. E o sonho de viver feliz para sempre constitui uma motivação extraordinariamente forte na juventude. O fascínio que exerce é tão grande que, de um modo geral, jamais é questionado — até que o indivíduo, em algum momento da maturidade, chega enfim ao "foram felizes para sempre" e acorda bruscamente.

O que acontece então? Uma outra série de contos de fadas responde a algumas dessas perguntas. Esses contos se referem a protagonistas que são claramente chamados de "velhos", podendo portanto ser chamados de "contos de velhos". Diferem de contos mais populares, como "Cinderela" ou "Branca de Neve", voltados para gente jovem, e que podem ser chamados de "contos de jovens". Porém, a definição de "velho" e de "jovem" requer algum cuidado.

De acordo com dados colhidos aqui e ali, parece que os contos de fadas chamam de jovens as pessoas que estão na juventude ou na meninice, ao passo que qualquer pessoa acima de 40 ou 50 anos é "velha". Isto, com certeza, horrorizará a maioria dos leitores, porque uma pessoa de 50 anos não é mais considerada "velha". Porém, os contos de fadas nasceram há muito tempo, quando a vida era dura — e curta. A expectativa de vida média na Europa medieval era inferior a 25 anos. De forma que uma pessoa de 40 anos era considerada idosa e uma de 60, miraculosamente velha.[4] Nos contos de fadas, portanto, o verbete "velho" corresponde, realmente, à meia-idade e além.

A tese deste livro é que os contos de fadas que tratam de protagonistas "velhos" revelam a psicologia da maturidade. Os "contos de velhos" simbolizam as tarefas de desenvolvimento que as pessoas têm de realizar na segunda metade da vida, do mesmo modo que as histórias de jovens simbolizam as tarefas da primeira metade.

Os contos de velhos não falam em crescer fisicamente; pelo contrário, falam em envelhecer e, sobretudo, em crescer — psíquica e espiritualmente.

É evidente que os homens e mulheres mais velhos aparecem praticamente em todos os contos de fadas, mas, na maioria das histórias conhecidas, essas pessoas desempenham, de modo geral, papéis secundários. A elas são atribuídos papéis de velhas malvadas, como a perversa madrasta da "Branca de Neve", ou então de pessoas incrivelmente bondosas, como a fada madrinha da "Cinderela". Contos em que uma pessoa mais velha seja o verdadeiro *protagonista* são indubitavelmente mais raros. De fato, dos 4.000 contos de fadas examinados para a leitura deste livro, somente cerca de dois por cento constituem "contos de velhos".[5]

Quero explicar que por "conto de fadas" expresso um tipo específico de história — um conto popular, com um final feliz, retratando pessoas comuns em situações fantásticas, em luta contra os dilemas humanos básicos. Cada um desses aspectos merece especial atenção pois, em conjunto, explicam o porquê de serem os contos de fadas, ao mesmo tempo, profundos e empolgantes. Em primeiro lugar, como eruditos das mais diversas especialidades têm salientado,[6] os contos de fadas são histórias tradicionais transmitidas oralmente pelo tempo afora. À custa de serem contados e recontados tantas vezes, por tanta gente, elementos puramente pessoais e idiossincrasias culturais tendem a desaparecer, subsistindo os enredos e os temas de interesse universal. Na verdade, talvez aí resida uma explicação para o fato de os contos de fadas de todo o mundo serem tão surpreendentemente parecidos — a história de Cinderela, por exemplo, pode ser encontrada na Europa, na Ásia e na África. O mesmo se pode dizer dos "contos de velhos". Como veremos, histórias semelhantes derivam de culturas diferentes.

Os autênticos contos de fadas diferem das histórias "literárias", de criação pessoal — como "O Vento nos Salgueiros" (*The Wind in the Willows*), "Winnie, a Tola" (*Winnie the Pooh*) ou as de Hans Christian Andersen. Os contos de fadas de autoria individual costumam revelar a psicologia do autor, ao passo que as histórias populares refletem a psicologia comum da humanidade.

Além disso, os contos de fadas não se proclamam verdadeiros e, mais que depressa, nos advertem desse fato,[7] começando, caracteristicamente, com frases como "No tempo em que os desejos se realizavam..." ou "No tempo em que as roupas cresciam nas árvores..."[8] Distinguem-se portanto dos mitos e lendas, que exigem fé. Realmente, o que hoje chamamos de "mitos" compunham as revelações religiosas de outrora, e o que chamamos de "lendas", as verdades históricas. Os gregos rezavam a Zeus e a Apolo e não os estudavam meramente nas aulas de mitologia. Os contos de fadas, ao contrário, nos apartam da fé e nos arrebatam claramente para um reino de fantasias. Nisso reside, paradoxalmente, a força do gênero. Através da imaginação, os contos de fadas retratam o que *pode* ser, não simplesmente o que *é*. Rompem os vínculos da realidade prática e da convenção social e oferecem uma visão dos ideais humanos e do desenvolvimento humano ideal — por isso os finais felizes característicos dos contos de fadas, que os distinguem dos contos de terror ou tragédias.[9] O otimismo dos contos de fadas não constitui um mero sentimentalismo, mas a expressão dos mais elevados e mais profundos anseios da humanidade.

E, não obstante, os contos de fadas tratam de *pessoas simples,*[10] de tipos intensamente humanos, caracterizados pelos mesmos receios e pelas mesmas tolices de qualquer homem ou mulher modernos. De forma que, ao contrário do que acontece com os deuses e heróis da mitologia, a identificação com os seus protagonistas é fácil. Isso faz com que as considerações sobre os contos de fadas sejam psicologicamente acessíveis, pois os ideais que transmitem são ideais a que a maioria das pessoas aspira. No que tange aos "contos de velhos", esses ideais abrangem a segunda metade da vida. De forma que as histórias oferecem, essencialmente, uma visão de como a vida *pode* ser na maturidade e na velhice.

Hoje, mais do que nunca, temos necessidade desses ideais. Com os avanços no campo da saúde pública, com a melhoria do padrão econômico da vida, com o progresso da medicina, as pessoas podem esperar viver até uma idade bem avançada. Este é o tão festejado tempo de cabelos grisalhos da América, e a maioria dos adultos, sem dúvida nenhuma, prepara-se para isso, investindo capitais, exercitando-se com regularidade e alimentando-se corretamente. No entanto, ainda persiste uma pergunta fundamental, resumida no título do premiado livro de Robert Butler, ex-presidente da Sociedade Americana de Gerontologia — *Why Survive?*[11] (*Por que sobreviver?*) Qual o significado e o propósito de viver tantos anos?

Na sociedade hodierna, a maioria dos ideais da vida humana gravita ao redor de imagens da juventude — força e beleza, por exemplo. Estas são as virtudes do herói e da heroína, tão intimamente associadas aos jovens. Sem nenhuma visão do que se segue à juventude e a seu modelo heróico, a segunda fase da vida parece, com freqüência, assustadora: um período de deterioração, simplesmente. Ninguém melhor que Simone de Beauvoir apreendeu este aspecto aterrorizante em sua crítica devastadora da velhice, *The Coming of Age.*[12] Numa sociedade centrada na juventude, o indivíduo mais velho encontra-se premido entre o espectro do declínio e o sonho da eterna juventude. O desespero sai, via de regra, vencedor. Como Mimnermo, um grego que viveu no século VII a.C., escreveu, captando um quase que universal pavor da velhice: "O fruto da juventude cedo fenece; dura apenas tanto quanto a luz do dia. E, quando perece, a vida torna-se pior que a morte."[13]

Os contos de velhos oferecem uma vívida alternativa a essa paisagem sombria — uma nova imagem da maturidade, voltada para a sabedoria, para o autoconhecimento e para a transcendência. Como veremos, estas são as virtudes características de uma figura arquetípica há muito esquecida na sociedade moderna, mas tão importante quanto a do Herói: a figura do Velho Sábio.

A escassez dos contos de velhos suscita uma questão. Se contêm sugestões vitais, por que foram tão desprezados? Uma outra história cabe aqui, por direito: a história dos contos de velhos.

Contos de velhos são mais comuns em culturas orientais, como no Japão, nos países árabes, na Índia e na China. Uma razão para isso consiste em que esses povos sentem, por seus anciãos, mais respeito que a moderna sociedade ocidental, inserindo-os, com naturalidade, em grande número de seus contos populares. Mas não podemos contentar-nos com esta simples explicação. Em tempos idos, a cultura ocidental também respeitava os velhos. Na Bíblia, por exemplo, a longevidade era considerada um indício da graça divina e os reis bíblicos atingiam idades fabulosas. De forma que outros fatores devem ter contribuído para o esquecimento dessas histórias.

Outrora, quando a sociedade alicerçava-se na agricultura, idade e experiência representavam bens inestimáveis. O velho agricultor sabia quando antecipar a colheita, pois reconhecia os sinais que anunciavam a chegada prematura do inverno: os esquilos ostentavam uma pelagem mais espessa, ou as aves migratórias partiam mais cedo do que se esperava. O jovem agricultor não saberia interpretar essa linguagem sutil. Nas sociedades agrícolas, eram também os velhos que, via de regra, possuíam terras, gozando, portanto, de grande poder econômico. Em vista disso, apareciam no folclore com mais freqüência, sendo merecedores do maior apreço.[14] Com o advento da indústria moderna e devido à sua acelerada evolução tecnológica, a sabedoria dos velhos tornou-se rapidamente obsoleta. E, com a industrialização, a propriedade da terra converteu-se em algo menos importante que a habilidade de aprender novas técnicas com presteza. Provavelmente, as pessoas idosas tornaram-se obsoletas dentro da sociedade e foram assim retratadas nos contos de fadas.[15]

Como as pessoas mais velhas começassem a perder prestígio, os contos de fadas acompanharam esse ritmo. A associação entre ambos não deve surpreender porque os velhos são, tradicionalmente, os contadores de histórias. (Mesmo hoje, histórias são mais bem gravadas se narradas por uma pessoa idosa que por uma pessoa jovem ou madura.)[16] E, há muito tempo, os contos populares substituíam o jornal, a televisão, as bibliotecas, proporcionando informações, entretenimento e educação. Foram fontes inestimáveis — até o advento do livro. Sendo a palavra escrita mais precisa que a memória do povo, os contos populares passaram a ser considerados "retrógrados e antiquados", tal como a feitiçaria e outras superstições. Apesar disso, os contos de fadas não podiam ficar totalmente ignorados; versavam sobre assuntos muito importantes para serem menosprezados; problemas que todas as gerações, em todas as culturas, têm de enfrentar; portanto, em vez de eliminados por completo, foram alijados para o quarto das crianças, e a sabedoria popular degradada a um entretenimento infantil.[17] Muitos contos de velhos se perderam nesse processo, e os que chegaram até nossos dias são sobreviventes — ponto que discutiremos adiante.

A fim de resgatar, para os leitores modernos, esses contos esquecidos, selecionei e recontei histórias típicas dos contos de velhos, procurando permanecer fiel às suas intuições originais. Algumas pessoas podem fazer objeção às novas versões preferindo as versões primitivas, mas diversas razões concorreram para essas adaptações. Em alguns casos, os textos primitivos estavam escritos numa linguagem como o inglês arcaico, por exemplo, sem relevância nos dias que correm. Outros contos estavam tão condensados que se tornava difícil apreciá-los; mais pareciam sinopses que contos de fadas. E muitos outros, afinal, estavam escritos num linguajar simples destinado mais a crianças que a adultos. E o mais importante de tudo é que se acredita que os contos de fadas, por se tratar de histórias populares transmitidas por tradição oral, passaram de boca em boca, adaptando-se às diferentes circunstâncias. Não existe uma versão única, "correta".[18] Sendo assim, em vez de me desculpar por tê-las recontado, convido os leitores a contá-las, por sua vez, como a melhor forma de senti-las e entendê-las. Aos interessados, indico as fontes das versões originais. A maioria das histórias provém de raízes autônomas e diversas, transmitidas através dos séculos e conhecidas por muitos povos diferentes, salientando suas autênticas raízes folclóricas.

Ao interpretar, neste volume, os contos de velhos, escoro-me nas teorias psicodinâmicas do desenvolvimento humano — particularmente nas de Carl Jung e Erik Erikson, atualizadas por recentes pesquisas no campo do envelhecimento. Mais que quaisquer outros psicanalistas, Jung e Erikson foram os pioneiros no estudo do desenvolvimento psicológico do adulto e, embora grande parte de sua obra tenha sido intuitiva e baseada em suas experiências com pessoas sob seus cuidados psicoterapêuticos, pesquisas posteriores, realizadas com um número muito maior de pacientes, provaram que muitas de suas observações estavam corretas, conforme veremos.

Psicanalistas têm sustentado que os contos de fadas são muito parecidos com sonhos, podendo ser interpretados de igual maneira. É uma feliz comparação. Tanto os sonhos como os contos usam símbolos — linguagem da imaginação inconsciente, mais que da razão consciente — e tratam de questões da alma e não apenas da mente. Além disso, quando considerado isoladamente, um único sonho pode não ter muito sentido, mas, em série, temas repetitivos surgem prontamente, servindo de chave ao simbolismo do sonho. O mesmo acontece com os contos de velhos. Um único conto pode não representar senão uma história encantadora, de significado pouco profundo. Na verdade, são precárias as interpretações baseadas numa única história. Como estudiosos do folclore têm acentuado, muitas observações psicanalíticas têm-se baseado em alguma minúcia presente na versão de um conto e ausente em todas as outras.[19] Quando, porém, reúnem-se contos de velhos, como se faz aqui pela primeira vez, os temas semelhantes sobressaem. Comparando estes contos entre si, e com os contos de fadas referentes a jovens, tornam-se possíveis interpretações mais exatas.

A analogia com os sonhos enfatiza um outro aspecto, no tocante à interpretação dos contos de fadas: o aspecto do meio histórico-cultural, que não pode ser ignorado. Assim como os sonhos refletem a vida e a personalidade da pessoa que sonha, também os contos de fadas sofrem a influência de seus contextos sociais. É pois essencial que comparemos os contos de velhos provenientes de diferentes culturas, se quisermos extrair, dos mesmos, considerações universais.

A menos que a sabedoria dos sonhos possa ser aplicada ao estado de vigília, torna-se inútil sonhar. O mesmo se pode afirmar dos contos de velhos. Acontece, porém, que as criaturas reais lutam com os mesmos problemas que os protagonistas daqueles contos — e chegam a conclusões semelhantes. Quer se trate de homens e mulheres velhos, em tratamento psicoterapêutico, ou de figuras históricas oriundas de diferentes culturas, as pessoas, na vida real, confirmam a sabedoria dos contos de velhos. A fantasia espelha a realidade. E a pesquisa sistemática sobre o envelhecimento fortalece muitas das considerações contidas nesses contos, como iremos ver. De fato, em alguns casos, a pesquisa moderna somente agora está atinando com a sabedoria dos contos de fadas.

Em suma, a validade de qualquer interpretação depende de sua autenticidade. Acaso a interpretação de uma história parece fidedigna? Relembra verdades esquecidas e inspira novas esperanças? Perguntas desse tipo só podem ser respondidas por cada indivíduo, refletindo particularmente sobre essas histórias e em seguida sobre sua própria vida. Nas páginas adiante, depois de cada conto, faço alguns comentários interpretativos a fim de criar um ponto de partida para a reflexão e, à conclusão do livro, sumarizo e integro os muitos e diversos temas. Pondero que, encarados como um todo, os contos de velhos constituem um mapa psicológico coerente das tarefas que as pessoas têm de realizar na segunda metade da vida — avisando-as das dificuldades e dos perigos e antecipando as potencialidades e expectativas.

Os contos de velhos são paradoxais. Como qualquer conto de fadas, deleitam as crianças com magia, suspense, drama e emoção. E, no entanto, versam também sobre as angústias dos adultos na fase madura, em luta com as tarefas psicológicas da velhice. De modo que os contos de velhos são talhados à medida para a moderna utilização dos contos de fadas — pais ou avós contando histórias às crianças. Entretêm uns e advertem outros, aliando inocência infantil e profunda apreciação psicológica. Esta surpreendente combinação, como veremos, constitui o compromisso central dos contos de velhos: o retorno da inocência e da magia à segunda metade da vida, congregando o princípio e o fim e transfigurando o "e foram felizes para sempre".

2

A Fortuna e o Lenhador

(conto da Ásia Menor)

Era uma vez um velho lenhador que vivia com sua esposa. Todo dia, do alvorecer ao anoitecer, ele labutava na floresta, cortando lenha para vender na aldeia. Porém, por mais que trabalhasse, não conseguia enriquecer, e tudo quanto ganhava durante o dia ele e sua família consumiam à noite. Dois filhos cedo vieram alegrar-lhe o lar e trabalhavam a seu lado. O pai e os filhos cortavam o triplo de madeira e triplicavam o seu ganho, porém também comiam três vezes mais, de forma que o lenhador continuava tão pobre como antes. Então os moços saíram de casa, em busca de suas fortunas.

Após vinte anos, o velho finalmente se cansou. — Toda minha vida persegui a Fortuna — declarou à esposa —, ela nos deu bem pouco em troca. De agora em diante — o velho jurou — , se a Fortuna quiser nos dar algo, terá que vir à minha procura. — E o lenhador decidiu não trabalhar mais.

— Deus do Céu — bradou a esposa — , se você não trabalhar, não teremos o que comer! E o que é que está dizendo? A Fortuna visita os grandes sultões, não gente pobre como nós! — Mas, por mais que tentasse dissuadi-lo com argumentos, aos gritos, aos berros, o velho lenhador recusava-se a trabalhar. De fato, decidiu ficar na cama.

Mais tarde, nesse mesmo dia, um forasteiro bateu à porta e perguntou se podia tomar emprestadas, por algumas horas, as mulas do velho. Explicou que tinha um serviço a fazer na floresta e que havia notado que o lenhador não as estava usando. Ainda deitado, o velho concordou. Apenas pediu ao estranho que desse água e feno aos animais.

O desconhecido então guiou as mulas até o fundo da floresta. Ele não era um homem comum, mas um mago, por cujas artes descobrira onde jazia um grande tesouro. Encaminhou-se, pois, ao local e desenterrou pilhas de ouro e de jóias, enchendo as sacolas que as mulas carregavam. Mas, quando se preparava para partir, antegozando sua recém-adquirida fortuna, um destacamento de soldados surgiu, marchando pela estrada. O estranho ficou apavorado. Ele sabia que, se os soldados o encontrassem com o tesouro, o questionariam. Sua magia seria descoberta e ele, condenado à morte. Fugiu, então, floresta adentro e nunca mais foi visto, nem ninguém ouviu falar mais nele.

Os soldados seguiram caminho, sem notar nada de anormal, enquanto as duas mulas esperavam sossegadas na floresta. Muitas horas depois, voltaram para casa por conta própria, percorrendo o mesmo atalho que por tantos anos haviam trilhado com o lenhador.

Assim que chegaram à casa do lenhador a esposa viu os pobres animais. Subiu correndo as escadas. — Querido esposo — exclamou —, venha depressa! Você precisa descarregar as mulas antes que elas desfaleçam!

O marido bocejou e voltou-se na cama. — Se eu já lhe disse uma vez, e repeti um milhão de vezes: não trabalho mais!

A pobre mulher desceu a escada, pensou um instante, e agarrou um facão de cozinha. Correu para as mulas e talhou as sacolas que levavam ao lombo, para aliviar-lhes a carga. Ouro e jóias jorraram, brilhando à luz do sol.

— Ouro! Jóias! — exclamou. Em uma questão de segundos, o marido estava a seu lado, olhando atônito para o tesouro amontoado no pátio. Agarrou então a esposa e dançaram vertiginosamente. — A Fortuna veio a nós, afinal! — exclamou exultante.

E, mesmo após terem, o velho e sua esposa, dado metade desse tesouro para os filhos e metade do restante aos pobres, ainda continuaram tão ricos quanto se possa imaginar!

Resumo do conto "A Fortuna e o Lenhador", extraído da obra de A. Lang, The Brown Fairy Book *(Londres: Longmans, Green, 1914); uma história semelhante, "Alá Providenciará", pode ser encontrada na obra de R. Gilstrap e I. Estabrook,* The Sultan's Fool and Other North African Tales *(Nova York: Holt, Rinehart and Winston, 1958).*

Reflexões: A Perda e o Retorno da Magia

Esta história é encantadora e, na aparência, poderia assemelhar-se a qualquer outro conto de fadas, com acontecimentos mágicos e final feliz. Porém, se a examinarmos cuidadosamente, descobriremos muitos aspectos incomuns, que reaparecerão em outros contos de velhos, e que simbolizam importantes introvisões sobre o desenvolvimento psicológico na segunda metade da vida.

A história nos fala de um homem que contraiu matrimônio, criou os filhos, os viu partir e que pelo prazo de "vinte anos" exerceu um ofício. Numa época em que a expectativa de vida era, em média, inferior a trinta anos, como já mencionado, vinte anos de trabalho situam o lenhador exatamente na segunda metade da vida. De modo que sua história principia onde terminam os contos de jovens — no "e foram felizes para sempre". Mas, em vez de viverem felizes, o lenhador e sua esposa vivem sozinhos, em extrema penúria. Os típicos contos de velhos têm início com essa situação penosa, sugerindo a relevância do tema.

Uma razão para isso reside no fato de que a pobreza retrata simplesmente uma realidade histórica: poderíamos pensar que o trabalho, naquele tempo, exigisse muito esforço físico e que pessoas idosas, por serem incapazes de realizar esse esforço, empobrecessem rapidamente. Embora possa surpreender, isso nem sempre espelha a verdade. Pelo seguinte motivo: os adultos que, naqueles dias, chegavam à velhice eram, em geral, muito fortes.[1] Além disso, nas culturas tradicionais, as pessoas idosas eram detentoras de importantes conhecimentos, habilidades, autoridade no seio da sociedade, o que lhes aliviava a carga. A verdade histórica, entretanto, não prevalece aqui. Os contos de fadas são mais figurativos que literais, assim como os sonhos, que partem de ocorrências da vida real apenas para somar-lhes importantes significados simbólicos. De modo semelhante, os contos de fadas partem de realidades históricas, mas lidam com a compreensão clara e imediata de verdades mais profundas.

Pobreza é privação — o que traduz uma conotação de *perda*. Assim, a pobreza representa, nos contos de fadas, um outro símbolo para caracterizar os reveses da velhice: perda da saúde, dos entes queridos, da estabilidade financeira. Na sociedade atual, a aposentadoria pode proteger os velhos contra a miséria e a medicina moderna proporcionar-lhes algum lenitivo contra a morte prematura, porém outras perdas subsistem — da beleza, da força, da agilidade mental e, freqüentemente, de amigos que morrem cedo. De fato, mesmo em culturas que veneram os velhos, e em que os adultos aumentam a idade visando prestígio, as mazelas da velhice são muito temidas.

Os contos de velhos começam por reconhecer esses temores de maneira simbólica. Isto representa um desafio para muitos de nós, adultos, que descartamos os contos de fadas como uma visão irreal, otimista da vida. Tendo início com um sombrio quadro de perda, os contos de velhos forçam-nos a repensar sua mensagem.

Este segundo exame é importante. Com bastante freqüência, os adultos repelem a possibilidade de "finais felizes" na velhice e se resignam com um lento declinar. Mas isto é, simplesmente, um sintoma da depressão que aflige muitas pessoas na segunda metade da vida, totalizando 30% em algumas avaliações.[2] E, não obstante, essa depressão não é reconhecida com freqüência, porque seus sintomas, na velhice, assumem novas formas. Na juventude, a depressão envolve, tipicamente, sentimentos de culpa e tristeza, enquanto que, na maturidade, os sintomas se apresentam, freqüentemente, sob a forma de esquecimento, falta de energia, apatia e afecções psicossomáticas, facilmente descartadas como o inevitável preço do envelhecer. De fato, sob os efeitos da depressão, muitas pessoas idosas são, erroneamente, taxadas de senis, se bem que a falta de memória melhore quando o mal é tratado adequadamente.[3]

Em nível mais profundo, a pobreza, no conto "A Fortuna e o Lenhador", simboliza depressão. O problema da pobreza ocorre, obviamente, na mocidade, mas os jovens têm, pelo menos, o consolo do futuro e a esperança de que o porvir possa compensar seus infortúnios. O mesmo, porém, não acontece na segunda metade da vida, quando o tempo escoa. De forma que, se a sabedoria psicológica dos contos de velhos se aplica a todas as idades, é nos anos tardios que se situa o centro de maior atenção.

Um detalhe merece maior consideração. O velho lenhador é um homem saudável e, via de regra, os protagonistas dos contos de velhos são bem fortes. E, então, esses contos fugirão à realidade, dadas as muitas indisposições atribuídas à velhice?

Podemos seguir aqui o princípio da interpretação dos sonhos e dos contos de fadas: condições físicas freqüentemente simbolizam estados psicológicos. Podemos, portanto, interpretar a saúde física retratada nos contos de velhos como símbolo de saúde *psíquica* e, sobretudo, de maturidade emocional. Estas histórias, afinal, começam onde os contos de jovens terminam — depois que a pessoa já adquiriu a consciência do eu e aprendeu a conviver com o mundo, sendo que estas duas conquistas demandam um ego sólido e adaptável.

Se a maioria dos adultos encara a velhice como um período de infortúnios, chegando a perguntar "que mais posso esperar?", a história "A Fortuna e o Lenhador" oferece uma resposta animadora: pode esperar muito. Realmente, o conto sugere, tomando de empréstimo o dito de Robert Browning, que "o melhor está ainda por vir".

No conto, o velho lenhador resolve não trabalhar mais e sua decisão é surpreendente, sobretudo se compararmos esta história a contos de jovens. Nestes, o jovem herói ou heroína se vêem na contingência de abandonar o lar, em busca de melhor fortuna, o que requer, da parte deles, iniciativa. O velho lenhador, ao contrário, não se lança em aventura nenhuma; acomoda-se, ao invés, confortavelmente, em sua própria cama. Torna-se extraordinariamente passivo. O que pode essa atitude simbolizar?

Uma interpretação superficial nos leva a crer que o lenhador alimenta um capricho; sua esperança de que a Fortuna o procure não passa de um desejo, em nada diverso de sonhar com os olhos abertos. Como acontece em muitos contos de fadas, o desejo, sem dúvida, representa um papel importante, mas existem significados mais profundos: Os contos de fadas nos atraem exatamente porque eles despertam nossos desejos infantis, ao mesmo tempo que atingem verdades mais profundas.

A indolência do velho, sob vários aspectos, é ímpar. Primeiro: ele *decide* não trabalhar. Nos contos de jovens, ao contrário, se o herói não trabalha, é simplesmente porque ele não conhece nenhum ofício. É indolente por ignorância, não por escolha. Segundo: o velho lenhador precisa resistir às súplicas de sua esposa para que trabalhe. E considerando que, por muitos anos, a vida do lenhador fora trabalhar, um súbito lazer seria, sem dúvida, psicologicamente penoso (como acontece hoje em dia com tantas pessoas que se aposentam sem se preparar para essa mudança). De forma que a inação do lenhador é paradoxalmente bem ativa — ele precisa esforçar-se para preservar seu lazer. Com efeito, assim ele abre o caminho para que algo de novo surja em sua vida. Se ele tivesse seguido sua rotina diária, as mulas não estariam disponíveis para que o estranho as usasse e nada de novo teria acontecido.

A história rapidamente nos conduz a um desfecho surpreendente. O estranho encontra um tesouro e o coloca no lombo das mulas que pertenciam ao velho, mas depois foge e estas voltam sozinhas para casa, carregando consigo a Fortuna para o velho. Reside aqui o tema principal desta história e dos contos de velhos em geral: a magia retorna na segunda metade da vida e chega quando menos esperada, em meio à miséria. O que devemos fazer com essa magia?

É possível que estejamos novamente às voltas com desejos e sonhos à luz do dia. Entretanto, consideremos um detalhe: as mulas. Apesar de todos os seus poderes, o estranho, aparentemente, não podia carregar o tesouro sem as mulas. Elas foram treinadas e usadas pelo lenhador durante anos de trabalho. Representam, portanto, o duro mister que ele exerceu e sua capacidade. E as mulas voltaram ao lar por si mesmas porque muitas vezes haviam trilhado aquele mesmo caminho. A Fortuna veio ao encontro do velho *porque ele trabalhou com suas mulas durante anos a fio*. Então, sua Fortuna parece constituir mais o retorno de um investimento que um presente mágico. (De fato, este conto pode ser interpretado como a história de uma aposentadoria bem-sucedida.)

Observem também como a magia dos contos de velhos difere da dos contos de jovens. Nestes, a magia ocorre, simplesmente, sem esforço e sem pré-condições. A fada madrinha, ou alguma mágica criatura, vem espontaneamente em auxílio do jovem ou da jovem e tal generosidade reflete o otimismo ingênuo e os anseios, cheios de esperança, da mocidade.

O retorno da magia na idade avançada não deve ser encarado apenas como um ingrediente dos contos de velhos. Acontece freqüentemente na vida real. Um negociante amigo meu, por exemplo, sofreu, com pouco mais de 60 anos, um sério ataque cardíaco que o forçou a se aposentar. Em suas inesperadas — e forçadas — horas de lazer, começou a pintar, atividade que muito lhe agradara na adolescência, mas que ficara esquecida. Para surpresa sua, e da sua família e amigos, esse insensível negociante deleitava-se, realmente, com a pintura e dominou a arte com rapidez — em parte porque aplicou anos de autodisciplina à nova vocação. A magia, sob a forma de beleza e criatividade, retornou inesperadamente à sua vida. E John McLeish, no livro da sua autoria, *The Ulyssean Adult*,[4] apresenta exemplos mais marcantes — desde Cervantes, o criador de D. Quixote, que abandonou a carreira das armas aos 60 anos para escrever, até Wilder Penfield que se tornou um romancista de sucesso, após notável carreira como neurocirurgião.

A exata natureza da magia na segunda metade da vida permanece obscura neste conto de velhos. Para aprender-lhe o simbolismo de forma mais abrangente, precisamos examinar outras histórias, em busca de explanações e confirmação. E esta será a estratégia comum que seguirei em toda esta obra: as perguntas que um conto de velhos suscita, os seguintes responderão. Contos esparsos são, de per si, incompletos: precisam ser reunidos, como as peças de um quebra-cabeça. Só então o tema emergirá por inteiro.

3
O Presente do Pardal
(do Japão)

Era uma vez uma velha que morava com o marido à beira de uma floresta. O velho tinha um coração bondoso e seu bichinho de estimação era um pardal, com o qual brincava todas as manhãs e todas as tardes. Dava ao pardal migalhinhas de seu próprio prato e lhe cantava canções. A esposa, por seu lado, vivia se queixando da criatura. — É barulhenta! Come demais! Suja a casa! — resmungava. Nada disso era verdade, mas a velha costumava se queixar de tudo que existia sob o sol.

Um dia, o velho saiu para trabalhar no campo. Sua esposa preparou um pouco de goma e foi buscar as roupas para lavar, mas, quando voltou, a goma sumira. Praguejou, se queixou e então o pequeno pardal voou até ela, estirou as asas, fez-lhe uma reverência e disse: — Eu comi a goma; sinto muito, mas pensei que era para mim!

A velha, ao ouvir isso, ficou uma fera. — Você come tudo que há nesta casa! — berrou à ave e dirigiu-lhe nova série de impropérios. Então, num assomo de raiva, agarrou a pobrezinha com uma das mãos, uma tesoura com a outra e cortou-lhe a língua. — Vamos ver se você consegue comer sem a língua — gritou — e se consegue cantar tão feliz! — A pobre ave voou para longe, chorando de dor.

À tarde, o velho voltou para casa. Ao ver que o pardal não o veio saudar, ficou preocupado e alarmou-se, ao constatar que a avezinha não atendia aos seus chamados. — Deve ter ido para longe — a esposa falou —, que bichinho mais ingrato! Depois de todo o bem que lhe fizemos. — O velho não acreditou nas palavras da mulher e crivou-a de perguntas. Afinal, ela contou o que sucedera.

— Oh, não! — o velho exclamou horrorizado. — Você lhe cortou a língua! — e quis precipitar-se para fora de casa, em busca da pobre ave, mas, àquela altura, já anoitecera e sabia que seria inútil perscrutar a escuridão. Então esperou que o dia amanhecesse e, assim que nasceu a aurora, correu ao bosque, assobiando e chamando o pardal. Pouco depois, a ave surgiu de uma moita de bambus. O velho desculpou-se insistentemente pelo que a esposa fizera e perguntou à ave se precisava de ajuda.

— Por favor, não se preocupe — respondeu o pardal sorrindo. O velho viu que havia nascido uma nova língua. — Quero convidá-lo para vir à minha casa, no bosque — disse o pardal ao velho. E então ele o seguiu até o fundo da floresta. Lá deparou com a mais bela casa que já vira e compreendeu, imediatamente, que seu bichinho de estimação não era um simples pardal, mas uma fada.

A fada-pardal apresentou o velho a toda a sua família, que lhe ofereceu uma magnífica refeição. As filhas da fada-pardal tocaram e dançaram e o velho ficou tão entretido que não viu o tempo passar. Afinal, notou que o sol se deitava no horizonte. — Nossa — exclamou —, preciso voltar para casa! — Ergueu-se, cumprimentou a fada-pardal com uma reverência, agradecendo-lhe a hospitalidade.

A ave lhe apresentou duas caixas, uma grande e outra pequena. — Por favor, leve uma delas de presente — disse ao velho. Como não podia recusar, escolheu a menor. E correu para casa.

A velha estava furiosa com a demora do marido. E quando ele contou sobre o dia maravilhoso que passara na casa do pardal, ficou ainda mais zangada. — Você me deixou sozinha, trabalhando o dia inteiro como uma escrava — queixou-se —, enquanto você se divertia.

O velho mais que depressa mostrou-lhe a caixa. — Olha o presente que o pardal me deu! — E falou à esposa sobre as duas caixas que a ave lhe oferecera. A velha abriu rapidamente o presente, e para surpresa sua, jorraram moedas de ouro.

— Que presente maravilhoso! — exclamou o velho.

— Quantas mais moedas não caberiam na caixa maior! — a mulher lamentou. E durante toda a noite não conseguiu pensar em outra coisa senão na caixa maior cheia de ouro.

Na manhã seguinte, perguntou ao marido como havia chegado à casa do pardal. — Não vá lá! — avisou-a. — Lembre-se que você lhe cortou a língua! — Mas a velha, pensando somente no ouro, fez ouvidos moucos à admoestação do marido, e correu para a casa do pardal. Este ficou surpreso ao ver a velha, e toda sua família quis punir aquela mulher cruel. Mas a fada-pardal era bondosa e acolheu a velha gentilmente.

— Meu marido me mandou buscar a caixa grande que ele deixou aqui — declarou a velha esposa. Então a fada-pardal foi buscar a caixa e a entregou à velha que, mais que depressa, a pôs às costas e partiu. A caixa era extremamente pesada e a velha arfava mais e mais à medida que avançava pela floresta. Porém, a lembrança da grande riqueza que carregava às costas, dava-lhe ânimo para prosseguir. Finalmente, fez uma pausa para descansar e decidiu abrir a caixa. Desamarrou as cordas e espiou lá dentro.

Na mesma hora, saltou da caixa um bando de demônios que pularam sobre a velha e lhe deram uma bela sova. Ela gritava e gemia e fugiu o mais depressa que podia, mas os monstros a perseguiram, mordendo-lhe o calcanhar e rasgando-lhe a roupa. Saiu da floresta e ainda os diabinhos a atacavam. Então, a distância, viu o marido trabalhando no campo. Correu para ele e escondeu-se às suas costas.

— Proteja-me! — implorou. — O pardal está tentando me matar! — gritou. — Que ave cruel e malvada!

— Não — respondeu o velho, repreendendo a esposa. — Eu lhe disse para não ir procurá-la! — Os monstros rodearam agressivamente o casal. — Você é que é malvada e por isso os demônios a atacaram! — ele disse exasperado.

A velha nada respondeu. Somente tremia, agarrada às pernas do marido, até que os monstros, finalmente, regressaram à floresta. Porém, desse dia em diante, ela mudou de comportamento. Não se queixava mais, não perdia o controle e parou de gritar com as crianças na aldeia. A cada dia que passava tornava-se mais bondosa e gentil. E assim ela e o marido viveram felizes o resto de seus dias, cuidando carinhosamente dos presentes que a fada-pardal lhes dera — ouro, na caixa menor, e sabedoria, na caixa maior.

Resumo do conto "O Pardal de Língua Cortada" da obra de Y. T. Osaki, The Japanese Fairy Book *(Tóquio; Tuttle, 1970) e de Y. Yasuda,* Old Tales of Japan *(Tóquio: Tuttle, 1965).*

Reflexão: Autoconfrontação

Este conto de velhos é surpreendente. Começa como muitos contos de fadas, com a história de uma velha má, tornando-se boa e amorosa. Como veremos, este tema é comum nos contos de velhos. A lição que se extrai desta história pode parecer óbvia: devemos aceitar nossos erros e mudar de conduta. Porém, se nos contentarmos com essa moral, deixaremos de apreender a profunda sabedoria deste conto de velhos. Ironicamente, estas histórias são, no que tange a natureza humana, por demais realistas, para não passarem apenas de sermões; ao contrário, transmitem conhecimentos profundos.

A sabedoria desta história aflora somente quando comparada com os contos de jovens. Nestes, os maus não se corrigem e são sumariamente punidos. Em "Branca de Neve", por exemplo, a cruel madrasta morre no final e os olhos das malvadas irmãs de Cinderela lhes são arrancados das órbitas por pombas. (Esta é a conclusão original da história de Grimm, se bem que versões póstumas a tivessem suavizado). De fato, raros contos de jovens versam sobre a mudança de conduta de uma pessoa má. De auto-regeneração tratam sobretudo os contos de velhos e, ainda assim, a pessoa que se arrepende é uma pessoa velha, nunca um jovem.

Este aspecto dos contos de velhos sugere que a auto-regeneração é uma tarefa da segunda metade da vida, não da primeira, ponto que Carl Jung frisou[1]. Em seu trabalho com pessoas velhas e maduras, Jung observou que elas combatem os aspectos feios, negros de suas personalidades — raiva, avareza e crueldade, por exemplo. Deu a esse lado desagradável da natureza humana o nome de *sombra*[2] e comentou que confrontá-lo é a suprema tarefa da maturidade. "O Presente do Pardal" ilustra muito bem este aspecto, ao personificar os defeitos da velha, sob a forma de demônios que ela tem que enfrentar.

Muitos outros psicólogos têm, isoladamente, observado o mesmo. Da metade da vida em diante, os adultos lutam com a maldade interior e a trágica dimensão da vida, processo que é sobretudo reconhecível em escritores e artistas.[3] O romancista Joseph Conrad, por exemplo, lutava contra o desespero, o ódio e a loucura, à medida que adentrava a segunda metade de sua vida. Seu suplício pessoal inspirou-o a começar a escrever, e a profundidade de sua luta vem refletida em sua obra-prima *The Heart of Darkness*[4].

Considerando que a maioria das pessoas concorda que o reconhecimento dos erros constitui uma virtude em qualquer fase da vida, por que esse reconhecimento adquiriria especial relevância após a meia-idade? A história nos oferece várias respostas importantes, simbolizadas em pequenos detalhes.

A velha é uma criatura amarga e birrenta, presumivelmente devido à idade e à pobreza. Aos invés, porém, de enfrentar sua frustração diretamente, ela desabafa no pardal, criticando-o por ser voraz e barulhento. Claro que, na verdade, voraz e barulhenta é ela, não o pardal. Assim, a velha culpa o pardal por seus próprios defeitos, projetando na ave suas falhas. Em outros contos de fadas, o alvo desta projeção é, com freqüência, o consorte e a pessoa velha e maldosa acusa seu esposo ou sua esposa de vícios e falhas imaginárias — o que também é muito comum nos casamentos da vida real.

Culpar os outros injustamente parece ser um defeito, mas nem sempre o é. Algumas vezes a projeção é psicologicamente válida, o que é sobretudo verdade em relação à adolescência. Atormentados por dúvidas pessoais, os adolescentes se preocupam, tipicamente, com deficiências reais ou imaginárias, e apegar-se a elas poderia paralisar um jovem ou uma jovem, impedindo-os de progredir na vida. Culpando outras pessoas pelos seus problemas, os adolescentes podem ordenar melhor suas incertas reservas de autoconfiança.[5] Não é de surpreender, pois, que a projeção seja a regra nos contos de jovens. Numa história típica, uma jovem pode matar seus pretendentes ou um jovem pode parecer uma fera selvagem. Eles ou são maus ou parecem maus, mas a história os escusa e culpa o verdadeiro vilão por suas iniqüidades — comumente um velho tirano cruel ou uma bruxa, velha e malvada, que enfeitiça aqueles inocentes. A jovem vítima então resolve destruir o vilão e o mesmo ocorre freqüentemente na vida real: os adolescentes consideram os pais e mestres monstros cruéis e os desafiam.

Se a projeção é quase sempre normal e útil na juventude, "O Presente do Pardal" nos faz ver que essa prática deve cessar na segunda metade da vida. E, como Jung e outros psicanalistas colocaram, esta é, realmente, uma grande tarefa para a maturidade. A confirmação dessa tese advém de pesquisas sistemáticas sobre o desenvolvimento do adulto. Por exemplo, um grupo de pesquisadores dedicou-se a acompanhar a vida de 268 homens, desde o tempo de estudantes na Universidade de Harvard, isto é, da primeira metade de 1940, até os nossos dias.[6] Outro grupo, partindo de 1920, analisou, desde a infância, a vida de 248 indivíduos, e a de outros 212 desde a quinta série, continuando seu trabalho até os dias que correm.[7] Em meio ao cabedal de informações reunidas pelos referidos pesquisadores, vários dados são muito importantes para "O Presente do Pardal". Os pesquisadores descobriram que as pessoas tendem na mocidade a usar a projeção com freqüência, mas que deixam de fazê-lo na maturidade. Mais ainda, que aqueles que não chegaram a amadurecer e que passaram por dificuldade psicológica — desde o alcoolismo até a depressão crônica — continuam a abusar da projeção. Em contrapartida, a autoconfrontação e a auto-responsabilidade corresponderiam à saúde e à felicidade. Como "O Presente do Pardal" coloca: enfrentar os demônios interiores é um pré-requisito de uma velhice feliz.

Um caso de minha prática psicoterapêutica salienta este ponto, em dramático paralelo com a história. O Sr. L.; por volta de seus 50 anos, resolveu fazer terapia devido a uma vaga sensação de depressão e intranqüilidade que atribuía às dificuldades no trabalho. Como acontece com muitos homens de meia-idade, estava insatisfeito com o emprego há alguns anos, e culpava um jovem colega por seus problemas. À medida que o Sr. L. revisava sua vida e carreira, começou a compreender que problemas similares tinham surgido repetidamente tanto no trabalho como também em família — e numa quantidade muito grande para poder culpar alguém. Com um ano de terapia a verdade aflorou quando o Sr. L. declarou numa das sessões: "Agora sei por que fico tão zangado com meu colega! Ele age exatamente como eu, quando tinha vinte anos — é inflexível e hipócrita." Esta revelação foi decisiva para que o Sr. L. passasse a fazer um esforço consciente no sentido de não dar palpite sobre tudo e sobre todos. A intranqüilidade tanto no trabalho como em casa cessou, e o Sr. L bem cedo conheceu uma nova fase frutífera e criativa em sua carreira.

Falando figuradamente, o Sr. L. reconheceu os demônios alojados em seu coração e se corrigiu, como a velha do conto "O Presente do Pardal".[8] E casos submetidos à psicoterapia são, com freqüência, dramaticamente parecidos a contos de fadas, porque ambos condensam a realização de uma importante tarefa de crescimento em tempo exíguo, como o tempo de bater uma foto. Nos contos de velhos, a condensação tem por objetivo o efeito dramático; na psicoterapia, o propósito consciente.

Esta história contém outro detalhe profundamente verdadeiro sobre a psicologia da maturidade: ao compreender seus erros, a velha traz à consciência o que antes ocultava-se no inconsciente. Este processo de desenvolvimento de percepção ilumina o profundo simbolismo da locação do drama à borda da floresta.

Como psicanalistas têm observado, florestas geralmente aparecem em sonhos e em contos de fadas como um símbolo do inconsciente: são escuras, desconhecidas, habitadas por criaturas assustadoras, da mesma forma que o inconsciente que parece escuro, desconhecido e povoado por impulsos inaceitáveis e anti-sociais. Pelo fato de a velha morar à beira da floresta e de entrar livremente na mata, nossa história sugere que ela vive no limiar do inconsciente e que uma de suas tarefas é a de confrontar-se com esses aspectos e conscientizá-los. Nem é a locação liminar exclusiva desta história. Em "A Fortuna e o Lenhador", o velho também vive à beira de floresta e assim muitos outros protagonistas de contos de velhos, como veremos.

De fato, os adultos realmente tornam-se mais abertos ao inconsciente à medida que atingem maior maturidade psicológica. Por exemplo, na pesquisa longitudinal antes mencionada, muitas pessoas, quando interrogadas a respeito, na adolescência, não se recordavam de verdadeiros traumas infantis, como o suicídio da mãe — talvez porque o acontecimento era-lhes muito duro de rememorar. (Os pesquisadores, claro, estavam a par desses casos traumáticos.) A partir da meia-idade, os mesmos indivíduos readquiriram a lembrança dos traumas vividos e sabiam como lidar com eles, à medida que dominavam os conflitos que antes não podiam tolerar.[9] Clínicos que trabalharam com adultos de mais idade também comentaram o fenômeno.[10] Pessoas maduras são mais capazes de confrontar-se com assuntos desagradáveis ou conflitantes e portanto sentem menos necessidade de reprimi-los. Como um senhor em tratamento terapêutico afirmou: "Quando eu tinha 20 anos, eu odiava meu pai! Não agüentava nem mesmo pensar nele. Agora que tenho 75 anos, que importância isso faz? E, ironicamente, vejo como sou parecido com ele!"

A autoconfrontação retratada em "O Presente do Pardal" é tão impressionante que pode parecer mágica e inacreditável. Este segundo aspecto não é verdadeiro, como a pesquisa sistemática e a prática clínica o atestam, mas o primeiro o é. De fato, a autocorreção encerra uma forma existencial, através da qual a magia retorna na segunda metade da vida.

4
A Toalha Mágica

(conto japonês)

Era uma vez uma velha que morava com o filho e a nora. A sogra tinha inveja da beleza da moça e judiava dela, ordenando-lhe que fizesse todo o trabalho pesado da casa. A moça, meiga e bondosa, nunca se queixava, o que deixava a velha ainda mais enfurecida.

Um dia, mandou que a moça preparasse uns bolos de arroz e, quando prontos, os contou. Foi então à vila fazer compras. Um monge andarilho parou junto à casa e a moça, generosa, lhe deu um bolo de arroz. Depois que o monge partiu, a sogra chegou, contou os bolos e notou, na hora, que estava faltando um.

— O que você fez com o bolo que está faltando? — esbravejou. — Criatura voraz e inútil!

— Dei ao monge — a moça explicou, tentando acalmar a velha.

— Bem, vá buscá-lo! — a sogra gritou. A jovem esposa, então, correu atrás do monge, apresentou mil desculpas, e pediu o bolo de volta.

O monge riu e devolveu o presente. Por sua vez, deu à moça uma pequena toalha. — Leve-a para enxugar o rosto — disse. — Sei que sua vida, com sua sogra, não é fácil.

A partir de então, a velha mãe começou a notar que sua nora ficava cada dia mais e mais linda. Isso aumentou-lhe a inveja e uma manhã, quando espiava sua nora, viu a moça enxugar o rosto com a toalha e observou que, cada vez que o fazia, ficava mais bela e radiante. — Ela usa uma toalha mágica! — a velha murmurou consigo. No dia seguinte mandou a moça fazer compras e roubou-lhe a toalha. Lavou o rosto e olhou-se no espelho. Não notou, porém, mudança alguma. — Sou mais velha — pensou —, portanto, preciso enxugar com mais força! — Enxugou o rosto várias vezes e mirou-se no espelho. Para seu horror seu rosto tornou-se longo e eqüino, depois peludo e redondo, como a cara de um macaco. Finalmente, ficou com a cara de um gnomo feio e grotesco!

— Nossa! — exclamou a velha e caiu ao chão desmaiada. Nesse momento, voltou a nora. Viu o demônio dentro da casa e preparou-se para fugir. A velha gritou: — Socorro!

A nora reconheceu a voz da sogra e ficou com pena dela. — Você precisa dar um jeito! — a velha implorou. Então a nora saiu correndo, em busca do monge.

Encontrou-o não muito distante dali e contou-lhe o que sucedera. Ele riu. — Quando uma pessoa malvada usa a toalha — o monge disse —, acaba parecendo um demônio!

— E não há cura? — a moça perguntou.

— Há — o monge riu novamente. — Diga à sua sogra que use o outro lado da toalha!

A jovem esposa correu para casa e disse à velha qual a solução. A sogra, no mesmo instante, virou a toalha e enxugou o rosto. Na primeira vez, seu rosto transfigurou-se de gnomo em macaco; na segunda vez, em um focinho de cavalo e, na terceira, transformou-se em seu próprio rosto enrugado, mas humano.

A velha abraçou a nora e chorou.

— Querida filha — a mãe falou, implorando perdão —, eu não via como eu era má com você! — E desse dia em diante, nunca mais pronunciou uma palavra áspera para ninguém. Tornou-se boa e generosa e trabalhou lado a lado com a nora. Tinha a esperança de que o velho monge da toalha mágica voltasse um dia, para que pudesse agradecer-lhe. Ele, porém, nunca mais voltou — nem foi preciso.

Resumo do conto "A Toalha do Monge", extraído da obra de R. Dorson, Folk Legends of Japan *(Tóquio: Tuttle, 1962). Um conto semelhante pode ser encontrado na obra de F. H. Mayer,* Ancient Tales in Modern Japan *(Bloomington, Ind.: Indiana University Press, 1985).*

Reflexões: A Máscara e o Self

A "Toalha Mágica" reitera o tema da auto-regeneração que vimos no conto "O Presente do Pardal". Esta história, contudo, inclui várias novas considerações que mostram por que a autocorreção é uma tarefa da segunda metade da vida.

Reflitamos sobre o dom da toalha mágica. Ela tem o poder de tornar a bondosa jovem cada vez mais bonita e a velha invejosa cada vez mais feia. A toalha remove as aparências e revela as feições da alma. Arranca as máscaras, trazendo à tona uma diferença capital entre as psicologias da juventude e da maturidade.

A maioria das situações sociais exige o uso de máscaras de diversos tipos — uma máscara feliz nas festas ou uma competente no trabalho, por exemplo. De fato, em muitos círculos sociais e profissionais, a "imagem" pode ser mais significativa que a substância e a máscara até mais importante que a própria pessoa. As máscaras constituem uma parte integrante da vida moderna, em parte porque os indivíduos são obrigados a desempenhar vários papéis — de pai, de marido, de trabalhador, de amigo, de cidadão, para mencionar só alguns. (Isto é sobretudo verdade no tocante às mulheres, não devido à tradicional importância que dão à aparência, mas porque desempenham mais papéis que os homens.) Cada papel vem acompanhado de certo comportamento convencional, o que molda as máscaras sociais que os indivíduos usam. Jung chamava essas aparências sociais de *persona*, palavra inspirada no termo grego dado às máscaras que os atores antigos usavam para identificar seus papéis específicos numa peça.[1] O aperfeiçoamento dessa *persona*, ele dizia, constitui a principal tarefa do crescimento e outros psicólogos acrescentam que aprender a desempenhar os complexos papéis sociais e a dominar as máscaras que os acompanham representam o desafio vital da mocidade. De modo geral, a maioria das pessoas abomina gente falsa, ou de duas caras, mas somente se as máscaras são usadas em excesso ou de modo enganador.

Se a mocidade precisa dominar a arte de usar as máscaras, "A Toalha Mágica" sugere que os adultos precisam aprender a tirá-las, voltando-se para valores internos mais que para aspectos externos. Para ilustrar esse ponto, podemos comparar "A Toalha Mágica" ao moderno conto de fadas que Oscar Wilde escreveu, *O retrato de Dorian Gray*. No romance de Wilde, Dorian Gray, por obra de um poderoso feiticeiro, conserva-se jovem e belo através dos anos. Concomitantemente, um retrato secreto dele vai se tornando pouco a pouco cada vez mais feio, refletindo-lhe a corrupção da alma. Afinal, ele morre. Sua mágica opera de maneira inversa à da toalha mágica, com os correspondentes resultados opostos. (O interessante é que muitos pintores como Rembrandt, Ticiano, Hals e Goya dedicaram-se, em sua obra da mocidade, a captar as aparências exteriores, porém, mais tarde na vida, procuraram ressaltar a essência psicológica ou espiritual de seus temas, preocupando-se em captar mais o aspecto intrínseco que a aparência.[2])

"A Toalha Mágica" apresenta outros detalhes simbólicos a respeito da autoconfrontação. Em primeiro lugar, a velha sogra muda de comportamento somente diante de uma horrenda contingência sobrenatural — quando se transforma em um demônio. Semelhante circunstância assustadora ocorre no conto "O Presente do Pardal" e o significado disso não é muito difícil de apreender. Fatos extraordinários são freqüentemente necessários para forçar a autoconfrontação e o amadurecimento e, às vezes, somente uma tragédia — como a morte de uma criança, um divórcio traumático, a perda de um emprego — dá resultados.

Observem também que a história começa com uma comparação contrastante entre a velha malvada e sua nora bondosa e paciente. Uma é boa, a outra é má, sendo nítida a diferença entre ambas. No fim da história, entretanto, o marcante contraste desaparece. A velha reconhece sua maldade e resolve emendar-se; aceita seus dois aspectos: o bom e o mau. Esse movimento que se aparta de um rígido dualismo também ocorre no conto "O Presente do Pardal" e simboliza uma importante mudança: do raciocínio imaturo para o pensamento maduro.

A lógica típica da juventude aceita as categorias de ou/ou, em que tudo se classifica como branco ou preto. Por exemplo, as crianças, por serem incapazes de um raciocínio mais sofisticado, dividem o mundo em dois campos mutuamente excludentes; o "bom" e o "mau".[3] Os adolescentes adotam a linha de pensamento baseada em ou/ou, mas de modo diverso. São capazes de raciocínios muito mais sofisticados, mas como também gravitam ao redor de ideais abstratos[4], seu idealismo se torna facilmente extremado. Assim sendo, as pessoas são consideradas superlativamente "boas" ou superlativamente "más".

A vida prática obriga os adultos a abandonarem essa forma de pensar dicotômica e, na meia-idade, a maioria das pessoas passa a conhecer muitas tonalidades de cinza.[5] Se os adolescentes assumem, tipicamente, que só existem respostas certas ou erradas, os adultos ainda jovens acedem a uma posição mais relativa, admitindo muitas respostas "certas". Com a experiência, os adultos enfatizam ainda mais as concessões mútuas e se vergam às diversas circunstâncias extenuantes que ocorrem no dia-a-dia. O resultado é a tolerância para com as próprias falhas e para com as falhas de terceiros, assim como maior aceitação das ambigüidades e incertezas. Ao contrário dos jovens, o adulto maduro pode, ao mesmo tempo, reter na mente muitas situações conflitantes, sem necessidade de simplificar as coisas. Isto, porém, não é apenas um desenvolvimento intelectual. Requer amadurecimento emocional — habilidade de tolerar a ansiedade da incerteza e abdicar, embora penosamente, dos sonhos de perfeição da mocidade.[6]

Se bem que tanto "A Toalha Mágica" como "O Presente do Pardal" sejam originários do Japão, outros contos de velhos, de outras partes do mundo, apresentam o mesmo tema de autoconfrontação e de auto-regeneração.[7] Na história russa intitulada "Jack Frost",[8] por exemplo, uma madrasta velha e má persegue a enteada, ao mesmo tempo que mima suas filhas já moças. A cobiça da mãe, porém, conduz à morte suas filhas. Devastada pela dor, ela compreende o quanto fora orgulhosa e cruel. Arrepende-se e muda de conduta. (Esta é essencialmente a história de Cinderela, na forma de um conto de velhos, contada sob o prisma da madrasta.)

Com uma tendência semelhante o conto judeu intitulado "O Avarento"[9] conta a história de um homem que amealha dinheiro e nega a qualquer pessoa a mais ínfima caridade. Um dia, por acidente, cai nas mãos de demônios que o querem matar. O velho avarento escapa por pouco da morte e o medo que sentiu o convence a mudar de conduta, tornando-se bom e generoso. Gostaria de acrescentar aqui a história clássica de Charles Dickens, "Um Conto de Natal", que oferece um perfeito exemplo do tema da auto-regeneração, embora não seja, tecnicamente, uma história de velhos, por ter sido escrita por um indivíduo. No conto de Dickens, Scrooge, o velho avarento, recebe a visita dos espíritos dos natais passados, presentes e futuros. A última aparição é tão aterrorizante que o leva imediatamente a arrepender-se.

Os contos de velhos são portadores da mesma mensagem, em todas a partes do mundo: a confrontação com os próprios erros é a principal tarefa da maturidade. E longe de serem muito rígidos para transigir, os velhos, nos contos de velhos, são os que se defrontam consigo mesmos. A autocorreção é uma tarefa — e uma virtude — da segunda metade da vida.

5

O Velho Alquimista

(de Burma)

Era uma vez um velho que vivia com uma linda filha. Ela se apaixonou por um belo rapaz e ambos casaram, com as bênçãos do pai. O jovem casal viveria feliz, se não fosse um problema: o marido dedicava todo o seu tempo à alquimia, sonhando com uma maneira de transformar elementos comuns em ouro. Logo seu patrimônio acabou e a jovem esposa tinha que lutar diariamente para comprar o que comer. Afinal, pediu ao marido que procurasse emprego, mas ele protestou. — Estou às portas de uma grande descoberta! — insistia. — Quando eu terminar seremos mais ricos do que sonhamos!

A jovem esposa, por fim, contou seu problema para o pai. Este ficou admirado ao saber que seu genro era alquimista, mas prometeu ajudar a filha e pediu que o jovem viesse vê-lo no dia seguinte. O rapaz foi contrariado, esperando uma reprimenda. Para surpresa sua, o sogro lhe confiou: — Eu também fui alquimista quando jovem! — O sogro perguntou ao moço sobre o seu trabalho e os dois passaram a tarde conversando. Finalmente, o velho ergueu-se animado. — Você tem feito tudo o que eu fiz! — exclamou. — Está, sem dúvida, às portas de uma grande descoberta. Mas, para transformar elementos comuns em ouro você precisa de mais um componente, e só recentemente eu descobri esse segredo. — O velho fez uma pausa e suspirou. — Sou, porém, muito velho para realizar essa tarefa. Requer muito esforço.

— Eu posso fazê-lo, querido pai! — disse o moço espontaneamente. O rosto do velho se iluminou. — Sim, talvez você possa. — E, então, curvando-se, sussurrou: — O componente que você precisa encontra-se no pó prateado que cresce na folha das bananeiras. Esse pó se torna mágico quando você mesmo as planta e lança um certo encantamento sobre elas.

— De quanto pó precisamos? — o moço perguntou. — Duas libras — o velho respondeu.

O genro raciocinou em voz alta: — Isso requer centenas de bananeiras!

— Sim — suspirou o velho — , e é por isso que eu não posso terminar o trabalho sozinho. — Não tema! — o jovem disse. — Eu o farei! — E assim o velho ensinou ao genro as palavras mágicas e lhe emprestou dinheiro para o empreendimento.

No dia seguinte, o moço comprou um terreno e o carpiu. Ele mesmo cavou a terra de acordo com as instruções do velho, plantou as bananeiras, e dirigiu-lhes as palavras mágicas. Cada dia ia examinar as plantas, livrando-as de doenças e de ervas daninhas e quando deram frutos, recolheu pó prateado de suas folhas. Havia muito pouco em cada planta e então o moço comprou mais terra e plantou mais bananas. Depois de muitos anos, conseguiu juntar duas libras do pó mágico. Correu à casa do sogro.

— Consegui o pó mágico! — o moço exclamou. — Ótimo! — o velho respondeu exultante. — Agora vou lhe mostrar como transformar elementos comuns em ouro! Mas, primeiro, você precisa chamar sua esposa. Precisamos de sua ajuda. — O jovem ficou surpreso, mas obedeceu. Quando a filha chegou, o velho perguntou-lhe: — Enquanto seu marido juntava o pó da bananeira, o que você fez com os frutos?

— Ora, vendi-os — a filha respondeu — , e foi assim que ganhamos a vida.

— Você economizou algum dinheiro? — perguntou o pai.

— Economizei — ela respondeu.

— Posso vê-lo? — o velho perguntou. A filha, então, correu até sua casa e voltou com diversas sacolas. O velho abriu-as, viu que estavam cheias de ouro e despejou as moedas no chão. Pegou, depois, um punhado de poeira e colocou-o ao lado do ouro.

— Veja — disse, voltando-se para o genro —, você transformou a poeira em ouro!

Seguiu-se um momento de tensão, no qual o moço permaneceu calado. Depois riu, ao compreender a sabedoria, implícita no truque do velho. E, desse dia em diante, ele e a esposa prosperaram muitíssimo. Ele cuidava da plantação enquanto ela ia ao mercado vender as bananas. E ambos reverenciavam o velho como o mais sábio dos alquimistas.

Resumo do conto "Use a Thorn to Draw a Thorn", extraído da obra de E. Brockett, Burmese and Thai Fairy Tales *(Londres: Frederick Muller, 1965).*

Reflexões: Sabedoria

A sabedoria, diz a tradição, é uma virtude que vem com a idade. Embora possa surpreender, só recentemente a psicologia passou a estudar a natureza dessa virtude[1], provavelmente porque a gerontologia estava antes voltada para o problema dos *déficits* da idade e não para a evolução da maturidade. "O Sábio Alquimista" e contos similares de velhice constituem, pois, valores inestimáveis para esboçar um quadro de sabedoria e retratam uma importante tarefa de crescimento destinada à segunda metade da vida.

Esta história começa com circunstâncias que podem ser desagradavelmente familiares a pais e filhos já crescidos. O velho parece se encontrar numa situação não muito privilegiada em relação ao genro. Se ele tentar interferir no problema da família, arrisca-se a se indispor com o genro. Mas também, se nada fizer, sua filha e seus futuros netos conhecerão a miséria. Nas malhas deste dilema, o velho pai chegou a uma solução inteligente e sábia. De forma que nossa história traça a primeira característica da sabedoria: ela é *prática.* A sabedoria não é um sublime conhecimento metafísico, mas a habilidade de ajudar a resolver reais problemas humanos.

Este tema é abordado em outros contos de velhos e se ajusta com perfeição às recentes descobertas no campo da psicologia cognitiva. As pessoas de idade são insuperáveis na prática de resolução de problemas, sobretudo aqueles referentes às complexas dificuldades do cotidiano. Quanto a padrões tradicionais do pensamento abstrato, comparados a estudantes universitários, não se saem tão bem. Embora essa disparidade tenha sido, em geral, explicada como um *déficit* — como a degeneração intelectual decorrente da idade —, trabalhos mais recentes sugerem que as pessoas maduras rejeitam, conscientemente, o raciocínio abstrato como irrelevante para os problemas da vida real.[2] A sabedoria da maturidade envolve uma razão prática; a inteligência da mocidade se alicerça mais na razão "pura".

No conto, a sabedoria do velho pai se apóia numa ação indireta. Ele não ordena simplesmente que o rapaz abandone a alquimia e procure um trabalho prático. Isto pode parecer sensatez — nunca dizer aos parentes por afinidade o que fazer — mas a discrição do velho é muito significativa, uma vez que a história é originária de Burma. Lá, os velhos gozam de grande prestígio social, de modo que, na vida real, ele poderia ordenar ao jovem que mudasse de conduta.

A solução escolhida pelo velho pai implica engano deliberado, o que surpreende, pois, usualmente, associamos a sabedoria à virtude, não ao estratagema. Mas o mesmo tema é encontrado em muitos outros contos de velhos, como na história cigana intitulada "O Dragão Ludibriado", no conto chinês "Os Crimes do Servente" e na história cossaca "As Crianças Ingratas".[3] A sabedoria — sugerem os contos de velhos — envolve o engano de um jovem por uma pessoa mais velha.

Sem dúvida, a mentira é uma habilidade de "patifes talentosos". O que distingue o velho alquimista de um patife é sua integridade. O velho pai não busca vantagens para si, pelo contrário, procura o bem da família do jovem e, claro, o bem de sua filha. Os motivos do pai são altruísticos. Isto é imprescindível para o conceito da sabedoria, e a alternativa oposta é freqüentemente retratada nos contos de jovens. Neles, o jovem protagonista, contende tipicamente com um velho egoísta que tenta, por meio de engodo, privá-lo de um tesouro. O jovem protagonista acredita na mentira até o momento em que alguém o adverte do logro. Essa pessoa que vem em seu auxílio é, geralmente, um velho ou uma velhinha desinteressados — o velho mago ou a boa feiticeira. O velho alquimista representa uma figura assim benevolente. Se bem que a presente história não o elucide, podemos conjecturar que o velho pai tinha vencido tanto sua ambição como seu orgulho. Ele não tenta dominar o jovem para, simplesmente, satisfazer seu ego, nem busca vantagem pecuniária. (De fato, ele empresta dinheiro ao rapaz.)

Observem que o estratagema do velho funciona, porque se baseia num profundo conhecimento da psicologia humana — principalmente da juventude. O velho não menospreza o sonho que tem o moço de transformar em ouro elementos de pouco valor, nem proíbe o empreendimento. Parece compreender que os sonhos são a viga-mestra da mocidade, pouco importando se as aspirações visem reformas sociais, fama, verdades universais ou a transformação de elementos de pouco valor em ouro. Neguem essa ambição e à mocidade só restarão duas alternativas — o protesto ou a apatia. Valorizem esses sonhos — como o velho o fez — e a juventude enfrentará qualquer difícil obstáculo, qualquer risco. De forma que o velho, sabiamente, *incentiva,* ao invés de *arrefecer*, o entusiasmo do moço. Ele aproveita a ambição do jovem, e isto constitui uma verdadeira alquimia, pois transmuta o idealismo da mocidade em maduro pragmatismo.

Um pequeno detalhe da história oferece uma apreciação relativa à sabedoria. O rapaz manipula produtos químicos enquanto o velho pai avalia a psicologia da mocidade. Em geral, os contos de jovens enfatizam *objetos mágicos*, enquanto os contos de velhos realçam *critérios psicológicos*. Por exemplo, num caso de fuga, comum nos contos de jovens em todo o mundo, o moço salva a donzela das garras de uma bruxa má (ou, o que é mais raro, a heroína salva o herói). Como a bruxa os persegue, o herói, ou a heroína, joga um pente, que se transforma numa floresta que detém a bruxa. Quando a bruxa consegue transpor a floresta e parte no encalço da jovem dupla, eles atiram outra coisa — como um cachecol — que se transforma em uma montanha. E isso continua, com uma variedade de objetos, até que o jovem herói e a heroína logram escapar. Os objetos mágicos variam de história para história, de país para país, mas a confiança neles não se altera. O velho alquimista, ao contrário, usa objetos somente como pretexto — o pó de banana, por exemplo. Ele confia em seu discernimento sobre a natureza humana, não em magia. De fato, por não figurar o elemento magia no conto "O Alquimista", a história pode não parecer uma verdadeira história de fadas. Mas o cerne dos contos de velhos reside no fato de que a magia desempenha, com a chegada da idade, um papel diferente do exercido na mocidade. Ela não *resolve* os problemas da vida, antes *enriquece* a experiência.

Essa diferença entre os contos de velhos e os contos de jovens reflete uma importante distinção entre as psicologias da primeira e da segunda metade da vida. A mocidade gravita em torno de objetos e procura resolver os problemas humanos com objetos. Os moços, por exemplo, de uma forma estereotipada, despendem sua atenção com carros e motocicletas, e essa fascinação serve a uma importante função psicológica. Engenhos poderosos podem atenuar-lhes a falta de confiança em si e belos carros impressionam as namoradas. Do mesmo modo, as moças, tradicionalmente, interessam-se por roupas e jóias, enfeitam-se para reforçar sua auto-estima, assegurar popularidade e atrair namorados. Claro, essas atitudes estereotipadas mudaram nos dias de hoje e os rapazes podem usar mais jóias que as moças, porém, a preocupação dos adolescentes com objetos permanece inalterada.

Com a experiência, as pessoas maduras se voltam mais para o entendimento da natureza humana, do que para novos inventos — confiando na psicologia mais do que na tecnologia.[4] Como disse certa vez o estadista Adlai Stevenson, tecendo um comentário sobre a pessoa madura: "O conhecimento que ela adquiriu com a idade não é um conhecimento de fórmulas ou de formas de expressão, mas de pessoas, de lugares e de conduta... de experiências humanas e emoções deste mundo, não só em relação a si próprio, como em relação a outros homens."[5] A contrapartida para a sabedoria é, freqüentemente, a fixação em objetos, conduzindo, em última análise, ao acúmulo de riquezas — o protótipo do velho avarento. Se a preocupação e a habilidade com os objetos é uma virtude dos moços, a sabedoria e o discernimento sobre a natureza humana é tarefa da maturidade.

A carreira de um determinado Sr. D., que entrevistei durante um estudo sobre a cognição adulta, ilustra esse ponto. Ele iniciou sua carreira como engenheiro de uma grande companhia e dedicou seu tempo a destrinchar problemas técnicos de vários projetos. Com o passar dos anos, foi sendo promovido a vários cargos dentro da organização, até assumir, no início dos seus 60 anos, a presidência de um complexo industrial de muitos bilhões de dólares. Apesar de ainda se identificar como "basicamente um engenheiro de coração", o Sr. D. evitava tecer comentários sobre projetos técnicos. Ao invés, salientou ser um bom conhecedor de pessoas. "Não consigo compreender os detalhes técnicos", explicou, "mas sou bastante competente em escolher em quem confiar ou não, quando nos entregam um projeto. Essa é agora a minha função, entender de pessoas, não de projetos." Sua experiência proporciona um conselho tranqüilizador destinado a uma sociedade cada vez mais tecnológica: os moços podem dominar novas máquinas — do computador à engenharia genética — com maior presteza, mas a habilidade para tratar efetivamente de problemas interpessoais continua sendo considerada de um valor inestimável. Essa habilidade chama-se sabedoria. E, como veremos no conto seguinte, a sabedoria é uma tarefa evolutiva que requer autoconfrontação e reflexão.

6
O Sábio Mercador

(conto judaico)

Há muito tempo, um mercador e um filho já moço partiram em viagem por mar. Levavam consigo uma arca de jóias para vender durante a viagem. A ninguém falaram sobre sua fortuna. Um dia, o mercador ouviu os marinheiros cochicharem entre si. Haviam descoberto o tesouro e estavam tramando matá-los para roubar as jóias!

O mercador, fora de si de tanto medo, andava de um lado para outro em sua cabina, procurando uma forma de se livrar daquela situação perigosa. Seu filho perguntou o que estava acontecendo e o pai lhe contou.

— Precisamos enfrentá-los! — o jovem exclamou.

— Não — o velho respondeu —, eles nos venceriam!

Um pouco mais tarde, o mercador assomou, abruptamente, ao convés. — Você é um tolo, meu filho! — ele gritou. — Nunca escutou os meus conselhos!

— Velho! — o filho gritou de volta. — Você não tem nada a dizer que valha a pena ouvir!

Os marinheiros, curiosos, cercaram o pai e o filho que começaram a soltar imprecações entre si. Então o velho correu para a cabina e trouxe, empurrando com esforço, a arca pesada de jóias. — Filho ingrato! — o mercador gritou. — Prefiro morrer de miséria do que permitir que você herde minha fortuna! — Dizendo isso, o mercador abriu a arca do tesouro e os marinheiros engasgaram à vista de tanta riqueza. Então o mercador correu para a balaustrada do navio e antes que alguém pudesse retê-lo, atirou seu tesouro ao mar.

No instante seguinte, pai e filho olharam para a arca vazia e se abraçaram chorando pelo que haviam feito. Mais tarde, quando sós na cabina, o pai falou: — Tínhamos que fazê-lo, filho. Não havia outro meio de salvar nossas vidas!

— Sim — respondeu o filho —, seu plano foi o melhor.

Em breve, o navio ancorou e o mercador e o filho correram para o juiz da cidade. Acusaram os marinheiros de pirataria e tentativa de homicídio e o magistrado os prendeu. O juiz perguntou aos marinheiros se haviam visto o mercador atirar seu tesouro no mar e eles responderam que sim. O juiz então condenou todos à morte. — Que homem iria se desfazer das economias de uma vida senão por medo de perdê-las? — o juiz ponderou. Os piratas se ofereceram para dar novas jóias ao mercador e, em troca, o juiz lhes poupou a vida.

Resumo do conto "O Sábio Mercador", da obra de G. Friedlander, The Jewish Fairy Book *(Nova York: Stokes, 1920).*

Reflexões: a Sabedoria e a Maldade

Este conto de velhos confirma o exemplo de sabedoria que constatamos em "O Velho Alquimista". O mercador usa de um estratagema inteligente para resolver, de forma prática, um problema muito perigoso. Porém, esta história acrescenta dois novos aspectos que sugerem o quanto a sabedoria evolui psicologicamente na segunda metade da vida.

Em primeiro lugar, a sabedoria do mercador está relacionada com seu conhecimento da maldade humana e, em particular, do que os homens, por cobiça, são capazes de fazer. Quando ele escuta os marinheiros conspirarem para matá-lo a fim de roubar seu tesouro, o mercador não tenta, candidamente, barganhar com os piratas, oferecendo-lhes as jóias em troca da vida. Embora não mencionado explicitamente no conto, podemos inferir que o mercador sabe do perigo que corre: mesmo que oferecesse sua fortuna aos marinheiros, eles ainda teriam que matá-lo para manter seu crime em segredo.

Mas apenas conhecer a maldade humana não basta para configurar a sabedoria. O velho mercador tem que dar um passo à frente e dominar sua própria sede de riqueza. Somente então ele se encontra em condições de jogar fora as economias de sua vida. É por isso, exatamente, que a estratégia do velho funciona: os piratas são tão gananciosos que não podem conceber que alguém possa, voluntariamente, jogar fora um tesouro digno de um rei. De forma que nem suspeitaram que o mercador estivesse a par de sua conspiração. A avareza torna os piratas vulneráveis ao ardil do velho. A história não detalha sobre a forma pela qual o mercador vence a sua cupidez, mas já nos deparamos antes com esse tema em "O Presente do Pardal" e "A Toalha Mágica". É possível que o mercador tenha enfrentado a *sombra* na sua própria alma e se entendido com ela. E outros contos de fadas são bem claros quanto ao que acontece se uma pessoa de idade não entra em acordo com sua sombra. Na história intitulada "O Rei Mago",[1] por exemplo, a cobiça de um velho rei acaba por matá-lo. E na tão conhecida história de "Rumpelstiltskin", a loucura do velho anão é uma conseqüência de suas más ações.

A idéia de que a sabedoria implica conhecimento da maldade humana vem imortalizada no dito popular, "mais triste, porém mais sábio" — depois de sermos usados e abusados por terceiros, aprendemos a conhecer o lado negro da natureza humana. E não é difícil compreender por que vencer a própria maldade constitui um pré-requisito de sabedoria. Enquanto um indivíduo não conseguir controlar seus próprios impulsos, é um escravo deles e, portanto, facilmente ludibriado. Afinal de contas, é típico dos patifes atrair suas vítimas prometendo-lhes meios de enriquecer rapidamente. A cobiça é sua melhor cúmplice.

A sabedoria como forma de dominar a maldade humana é o tema de outros contos de velhos. Por exemplo, na história cigana "O Dragão Ludibriado",[2] um velho, durante uma viagem, acorda à noite e ouve dois dragões conspirando contra sua vida. A par desse horrendo plano, mas faltando-lhe forças para lutar contra as feras, ele as engana por meio de um inteligente ardil e foge com o tesouro delas. Dragões, no folclore ocidental, são símbolos típicos do mal, de forma que este conto de velhos ilustra, à perfeição, como a sabedoria implica um encontro com o mal e um entendimento profundo dele. Considerando que os dragões, nos contos de jovens, via de regra, são mortos por heróis, este conto de velhos também contrasta heroísmo e sabedoria — a diferença entre luta e astúcia.

No conto cossaco "Os Filhos Ingratos",[3] a correlação entre a maldade e a sabedoria fica ainda mais clara. Aqui, como em *O Rei Lear* de Shakespeare, um homem divide suas terras entre seus filhos e depois vai viver com eles, acreditando, ingenuamente, que passará o resto de seus dias amparado. Mas seus filhos logo o expulsam. No entanto, ao contrário do que aconteceu com Lear, surge um misterioso estranho que ajuda o velho a enganar seus filhos e a forçá-los a recebê-lo de volta. O velho pai finge possuir um grande tesouro escondido e então os filhos o cercam de carinho, com o fito de herdar toda aquela riqueza. Neste conto, o estranho que vem em auxílio do velho é uma figura nebulosa, cuja identidade permanece indefinida, mas que parece ser o próprio Diabo.[4] Vistos em conjunto, os contos de velhos retratam a sabedoria como resultado não só de uma longa experiência no trato das pessoas, como também — o que é mais importante — da auto-análise. A sabedoria nasce da autoconfrontação e do autodomínio.

Outro novo elemento patente no conto "O Sábio Mercador" consiste no fato de ser o velho atacado por homens mais moços. O tema ressurge em muitos outros contos de velhos. E quando, por exemplo, os próprios filhos tramam contra o pai, para roubá-lo, como acontece em "Os Filhos Ingratos", a situação pode tornar-se bem dramática. Isso nos conduz a um importante tema, constante nos contos de velhos: a guerra entre gerações, ilustrada, de maneira impressionante, na mitologia. O deus grego Zeus, por exemplo, venceu o pai e assumiu o controle do Olimpo, mas vivia apavorado, temendo que um deus mais jovem, por sua vez, o vencesse. Num exemplo mitológico, ainda mais frisante, o jovem Édipo, embora não o soubesse, mata seu pai, o Rei Laio, e usurpa-lhe o trono. Édipo concretizou, assim, a profecia que havia compelido Laio a abandonar Édipo, ainda infante, em uma floresta.

O conflito arquetípico entre gerações ocorre, de muitas formas, na vida real. No trabalho, por exemplo, os funcionários mais velhos têm que competir com gente moça, e temem perder o emprego. Os executivos mais antigos passam a desconfiar dos colegas mais jovens e ambiciosos, ávidos por desbancá-los. Por ironia, se o grito de alerta entre os jovens é "não confie em ninguém com mais de 30 anos", a angústia latente da maturidade é "não confie em ninguém com menos de 30!"

Este conto sugere que a sabedoria pode ajudar os mais velhos a arrostar a competição dos mais jovens — por meio da astúcia. Se a idade rouba à pessoa o vigor físico, a agilidade e a estamina, tudo isso a sabedoria compensa com vantagem. No entanto, o conflito básico permanece e uma solução duradoura para o choque de gerações requer algo além da sabedoria. Esse algo mais será o tema da próxima história.

7
A Floresta Mágica

(conto croata)

Há muito, muito tempo, no limiar de uma floresta encantada, vivia uma velha com seu filho. Num dia de primavera, o rapaz foi passear no bosque e sentou-se no tronco de uma árvore. Uma bela serpente prateada coleou por entre as raízes e o jovem exclamou: — Que bela serpente! Gostaria de levá-la para casa como um bichinho de estimação!

No mesmo instante, a serpente se transformou numa linda donzela, de cabelos louros e roupa bonita. — Você me libertou de um terrível feitiço! — a moça disse, tomando cuidado para não abrir muito a boca. Ela era, na verdade, uma serpente que, por magia, assumira a forma humana e sua língua era ainda bifurcada.

Durante todo aquele dia, o jovem perambulou com ela pela floresta encantada e, quando a tarde caiu, lhe propôs casamento. Ela aceitou e ele, então, levou-a consigo para casa. — Esta é a minha futura esposa — o filho disse à mãe.

A mãe sentiu-se feliz pelo filho, até que observou melhor a linda jovem. A velha conhecia bem as maneiras deste mundo e do outro e teve suspeitas. — Cuidado, meu filho — avisou-o. — Acho que esta mulher é uma serpente e que ela tem a língua bifurcada.

O filho ficou furioso. — Você é uma bruxa! — gritou para a mãe, e desde esse dia voltou-se contra ela.

O rapaz casou-se e ele e a esposa passaram a morar com a mãe. A linda mulher tornou a vida muito dura para a velha mãe, forçando-a a todo tipo de tarefas difíceis. Um dia, a esposa voltou-se para a velha, com um brilho maldoso nos lindos olhos. — Vá ao cimo da montanha — disse à sogra, e traga-me um pouco de neve; quero lavar meu rosto com ela, para conservar minha beleza.

— Vou cair e morrer na montanha! — a velha respondeu, protestando.

— Melhor! — a nora replicou.

A velha não ousou dizer mais nada, porque teve medo de que o filho apoiasse a esposa. Então avançou com dificuldade por entre os caminhos íngremes e rochosos da montanha e lá, bem perto do céu, fez uma pausa, para rezar pedindo ajuda. Mas refreou-se. — Se eu rezar — pensou —, Deus ficará sabendo dos pecados de meu filho. — E, diante disso, a velha mãe se calou. Porém, mais que orações chegam aos ouvidos de Deus, e a velha voltou para casa, sã e salva, carregando uma pá de neve.

Mais adiante, pela metade do inverno, a jovem esposa sentiu uma vontade louca de comer peixe. — Vá até o lago — ordenou à velha mãe — e traga-me um peixe!

— O gelo vai quebrar sob os meus pés — protestou a velha — e vou morrer afogada!

— Melhor! — respondeu a esposa rindo, com um brilho maldoso no olhar, e o jovem marido, para agradar a esposa, também riu.

Então a velha enfrentou a neve com o coração pesado. Quando chegou ao lago, o gelo se partiu sob seus pés e ela quase caiu n'água. Queria rezar pedindo ajuda mas não teve coragem. — Deus vai ficar sabendo dos pecados de meu filho! — era o que temia. Nesse momento, uma gaivota sobrevoou o lago, carregando um grande peixe no bico. O peixe escorregou do bico da ave e caiu exatamente aos pés da velha mãe. Ela agradeceu a Deus pela sua ajuda e voltou para casa. A jovem esposa franziu o sobrecenho, desapontada.

Algum tempo depois, ao entardecer, a velha sentou-se junto ao fogo, e pegou as camisas do filho para remendar. A jovem esposa arrancou a roupa de suas mãos. — Você vai estragá-las! — gritou.

— Obedeça à minha esposa — o filho disse à mãe, e então a velha saiu de casa com o coração partido. Sentou-se sozinha, na varanda gelada, fitando a neve. Finalmente, exclamou em sua dor: — Deus amado, ajudai-me!

Momentos mais tarde, surgiu uma pobre moça da aldeia, carregando um feixe de lenha. Seu casaco estava rasgado e ela tremia de frio. — Precisa de graveto para acender o fogo? — a moça perguntou. — Tenho alguns para vender.

— Não, querida menina — a velha respondeu, meneando a cabeça. — Mas, venha cá — disse —, vou remendar o seu casaco. E a velha, com presteza, remendou o casaco tão bem, que parecia novo.

— Obrigada, querida mãe — disse a donzela e, agradecida, lhe deu um molho de gravetos.

Nessa noite, a mulher-serpente e o rapaz foram jantar na aldeia. — Trate de preparar um banho quente para quando eu voltar — a jovem esposa ordenou à velha — e dê comida às galinhas e limpe o galinheiro! — Fiquem sabendo que a moça orgulhava-se de suas galinhas e planejava dar uma festa para toda a aldeia quando os ovos vingassem. Ninguém mais tinha galinhas que botassem em pleno inverno, mas também ninguém fazia feitiçaria.

Depois que o filho e sua esposa saíram, a velha acendeu o fogo e foi ao quintal buscar água para preparar o banho. De repente, ela ouviu uns risos dentro de casa. Voltou depressa e qual não foi sua surpresa quando deu com doze anõezinhos, dançando em roda pela cozinha. Seus casacos eram vermelhos como fogo, suas barbas, cinzas como a fumaça e seus olhos brilhavam como brasa.

— Quem são vocês? — a velha exclamou, admirada.

— Elfos do fogo! — os homenzinhos responderam. Então começaram a dançar e puxaram a velha para entrar na roda. Em breve ela estava batendo as mãos e dançando com eles, dando graças a Deus por aquela alegria. Sentia-se novamente jovem e feliz e recordou o quanto dançara e cantara com seu marido, em tempos passados. Lembrou-se então do filho e seu coração ficou pesaroso. Sentou-se e todos os elfos a rodearam.

— Qual é o problema? — perguntou o menorzinho deles, cujo nome era Wee Tintilinkie. A velha contou como seu filho estava enfeitiçado pela mulher-serpente e então os elfos juntaram suas cabecinhas e pensaram e pensaram. Então Wee Tintilinkie saiu-se com um plano. — Podemos colocar ovos de pega no galinheiro — ele sugeriu. — As serpentes adoram pegas, de forma que quando os filhotes nascerem, a mulher-serpente vai ficar louca de vontade de comê-los. Vai esticar sua língua bifurcada e isso vai condená-la! — Todos os elfos aplaudiram, satisfeitos com o plano.

Nesse momento, a esposa voltou e os elfos desapareceram no ar, com um rastro de fumaça. Wee Tintilinkie pulou para dentro do fogo.

— Que foi isso? — a esposa perguntou.

— Foi o vento que atiçou o fogo — a velha respondeu.

— Que é isto? — a esposa, desconfiada, tornou a perguntar, apontando para o lume, onde Wee Tintilinkie brilhava como um toco flamejante.

— Apenas carvão no fogo! — a velha mãe explicou. A mulher-serpente olhou mais de perto e seu nariz aproximou-se tanto de Wee Tintilinkie, que ele não pôde resistir: torceu-lhe o nariz e ela gritou.

— Que foi isso? — a esposa aos gritos perguntou à velha mãe.

— Cuidado! — disse a velha mãe, contendo o riso. — Há castanhas no fogo!

A esposa retirou-se zangada, falando sozinha, e Wee Tintilinkie correu à procura de pegas.

Logo chegou o dia da jovem esposa convidar toda a aldeia para admirar os pintinhos recém-nascidos. Não se preocupou em examinar a ninhada de antemão e então, no momento em que viu os filhotes de pega, ficou louca de vontade de comê-los. Botou para fora a língua forqueada, estendeu-se no chão e serpenteou em direção às avezinhas. Todo o mundo gritou e fugiu. As mães saíram correndo, agarrando os filhos e os pais se benzeram.

A velha mãe voltou-se, triste, para o filho. — Agora você viu o que sua esposa realmente é! — Mas o moço, ainda enfeitiçado pela esposa, estava furioso.

— Você é uma bruxa! — exclamou, gritando com a mãe, e ordenou-lhe que abandonasse aquela casa e nunca mais voltasse.

A velha estava com o coração partido e não tinha mais o menor desejo de permanecer em sua casa. Apenas pediu ao filho que a deixasse ficar até o anoitecer. — Se não for assim, os aldeões inteirar-se-ão de tudo e falarão mal de você — explicou.

Aquela noite a velha partiu, levando consigo apenas um velho capote e um pequeno maço de gravetos para conservá-la aquecida no inverno. E ao cruzar a soleira de sua casa, o fogo se apagou na lareira e o crucifixo caiu da parede. Nesse momento, o filho compreendeu o grande pecado que cometera, e acabou o poder que a mulher-serpente exercia sobre ele. Ele quis correr ao encalço da mãe, mas não tinha coragem, por temer agora a bruxaria da esposa.

— Vamos seguir a velha — sugeriu à mulher.

— Vamos — respondeu a mulher-serpente. — Podemos vê-la morrer!

Bem distante, na floresta gelada, a velha parou e acendeu uma fogueira para se aquecer. Quando o fogo pegou, os doze elfos tornaram a surgir, cantando e rindo. Mas viram o quanto a velha mãe sofria e sentaram-se perto dela. — Qual o problema? — Wee Tintilinkie perguntou. A velha mãe contou-lhes o que havia acontecido e os elfos, cofiando as longas barbas, ficaram muito tempo imersos em profundos pensamentos.

— Vamos procurar o Rei da Floresta — Wee Tintilinkie sugeriu. — Ele nos ajudará. — Então um dos elfos soprou uma pequena trompa de prata e um majestoso cervo surgiu da floresta. Então outro elfo soprou uma corneta e apareceram doze esquilos. Os elfos montaram a velha mãe no cervo e cada um num esquilo. E entraram na floresta.

De longe, o filho e a mulher-serpente os seguiam.

Bem no centro da floresta crescia um carvalho tão grande que dentro dele cabiam sete castelos de ouro e também uma aldeia. No maior dos castelos, morava o Rei da Floresta, e os elfos dirigiram-se a ele e lhe contaram a situação da velha. — O senhor pode me ajudar? — a velha perguntou. Do lado de fora, o filho e sua esposa subiram a uma janela e ouviam.

O Rei da Floresta fez um sinal afirmativo. — Sim, posso — respondeu e, com um movimento das mãos, apontou para a aldeia no carvalho. — Olhe! — disse. Para surpresa da velha, ela viu exatamente a aldeia em que crescera. Seu pai e sua mãe estavam no jardim, e seu marido vinha andando pela aléia, exatamente como era quando vinha namorá-la, há muitos anos atrás. — Você só tem que pular a cerca e entrar — disse o Rei da Floresta —, e poderá viver para sempre nos melhores anos de sua vida.

A velha mãe exultou e correu para a aldeia. Então, parou. — Mas o que sucederá a meu filho? — perguntou ao Rei da Floresta.

Ele riu. — Você nem saberá dele. Você viverá antes dele ter nascido.

— Mas o que vai ser dele? — a velha insistiu.

— Deixe que ele siga seu destino — o Rei da Floresta recomendou.

Então a velha afastou-se da aldeia. — Não posso aceitar seu oferecimento, se isso significa que irei esquecer o resto de minha vida e meu filho.

Nesse instante a floresta estremeceu e ressoou como um enorme sino. O solo abriu-se e engoliu o carvalho com seus castelos dourados. O Rei da Floresta curvou-se diante da velha. — Você escolheu viver sua própria vida, a despeito das grandes alegrias proporcionadas pela magia, de forma que a maldição chegou ao fim e a região está livre. Então o Rei da Floresta desapareceu com todos os elfos. A jovem esposa soltou um grito estridente e transformou-se novamente em serpente, coleando para dentro de um buraco. Só restaram a mãe e o filho na floresta. O moço caiu de joelhos ante a mãe e implorou-lhe perdão, mas ela nunca estivera contra ele e assim ambos voltaram para casa.

Quando chegou a primavera, o filho apaixonou-se pela jovem vendedora de gravetos. Casaram-se e viveram felizes em companhia da velha mãe. E logo a família de três, cresceu para quatro, cinco, seis pessoas, porque o filho e a esposa tiveram seus Wee Tintilinkies. E estes, na opinião da velha mãe, eram suficientemente mágicos.

Resumo do conto "Stribor's Forest" da obra de I. Berlic-Mazuranic, Croatian Tales of Long Ago *(Londres: Allen and Unwin - 1924).*

Reflexões: Autotranscendência

"A Floresta Mágica" é surpreendente. Vira a trama de "Cinderela" e de "A Bela Adormecida" de pernas para o ar e conta a história de uma *velha*, perseguida por uma jovem.[1] Basta esta inversão para imprimir relevo à história, enfatizando a singularidade dos contos de velhos. Mas a história, em si, é acentuadamente rica. Tece, sobretudo, considerações sobre a natureza da sabedoria mundana e, a seguir, introduz um novo tema. De certo modo, esta história começa onde "O Sábio Mercador" e o "Velho Alquimista" terminam e expõe a tarefa de desenvolvimento que se segue à sabedoria.

No conto, a velha mãe suspeita imediatamente que a esposa de seu filho é uma serpente disfarçada. De fato esta é, via de regra, na vida real, a reação das mães quando o filho casa, porém o tema da sogra terrível não é o que está em foco nesta história. Muito ao contrário, o comportamento da velha ilustra uma outra faceta da sabedoria. Se "O Velho Alquimista" e o "Sábio Mercador" contam como a sabedoria implica enganar terceiros, o conto em questão salienta a importância de *ver além das aparências*. A sabedoria da velha mãe contrasta também fundamentalmente com o enfeitiçamento do filho. Se bem que ele saiba que sua mulher é uma serpente, pois a viu transformar-se ante seus próprios olhos, recusa-se a reconhecer o alcance desse fato. Assim sendo, o conto salienta o poder da magia na juventude — o fascínio dos sonhos e ideais, pouco importa se se refiram a um verdadeiro amor, a uma verdade universal, ou a uma revolução social. Sem dúvida, devido ao fato de ter vivido sua parcela de sonhos e esperanças, dos quais emergiu com redobrado realismo, como acontece na vida real, com os adultos de mais idade, a mãe não se deixa levar pelos encantos da mulher-serpente.

Embora sábia, a velha mãe não pôde solucionar o conflito entre ela e a nora — batalha arquetípica entre gerações. A sabedoria só não basta e a história conduz a uma nova tarefa de desenvolvimento.

O novo tema gira ao redor do amor da velha mãe pelo filho e de até que ponto ela coloca a felicidade dele acima da sua. Embora perseguida pela jovem esposa, a velha mãe não reza, pedindo ajuda, de medo que Deus venha a punir o filho por seus pecados. Seu auto-sacrifício dramatiza um vital desenvolvimento da maturidade que o psicanalista Erik Erikson chamou "generatividade".[2]

Erikson estudou a vida de grandes homens como Martin Luther e Mahatma Gandhi e destacou vários pontos que, na sua opinião, os adultos precisam solucionar em sua trajetória pela vida. A tarefa da meia-idade, Erikson concluiu, consiste no desenvolvimento de interesses altruísticos em relação a outras pessoas, especialmente às da nova geração. Por isso é que chamou esta atitude de "generatividade".

Querer bem o próprio filho é, obviamente, o exemplo mais comum de generatividade. Porém, sacrificar-se pelos filhos não é, necessariamente, uma qualidade altruísta. Um pai ou uma mãe podem privar-se de muitas coisas em favor dos filhos, mas é possível que, por trás desse aparente altruísmo, estejam ocultos outros motivos como, por exemplo, o desejo de vê-los brilhar para orgulho dos pais. Como no caso da serpente mágica, o altruísmo pode assumir muitas formas, incluindo o egocentrismo sob um novo disfarce. Realmente, muitos pais chegam a uma noção bem mais profunda de generatividade quando têm *netos* porque, como avós, estão menos envolvidos nos sucessos e fracassos das crianças.[3]

A generatividade, portanto, não consiste em meramente criar e educar uma pessoa, mas no motivo que está por trás desse gesto. É sobretudo a habilidade de transcender os próprios desejos e necessidades. A importância dessa autotranscendência vem bem retratada no presente conto. De início, não se tem certeza se a preocupação da velha objetiva *o próprio bem* ou *o do filho*. Ela não enfrenta a jovem por medo de que o filho tome partido da esposa. É possível que essa conduta de autosacrifício da velha não passe simplesmente do papel tradicional da "boa mãe", e que ela o esteja representando mais por conformidade com as convenções do que por genuína generatividade. Estas dúvidas são rapidamente descartadas, quando o filho a repreende por tentar remendar suas camisas. Nesse momento ela perde a função de mãe e seu posto no lar. O que ela valorizava, acima de tudo, e procurou preservar — a lealdade do filho — se perdeu. Porém, na cena seguinte, a velha mãe prova sua autêntica generatividade: remenda o casaco da moça que vende gravetos. E, o que é mais importante, continua a preocupar-se com o filho, mesmo pagando um alto preço.

Quando os elfos pulam do fogo, por exemplo, eles oferecem à velha uma oportunidade para esquecer os problemas e divertir-se. Assim ela o faz, dançando e cantando com eles, até o momento em que se lembra do filho. Volta, então, a preocupar-se com ele. Se bem que possa, agora, fugir às suas angústias em companhia dos elfos mágicos, ela prefere não fazê-lo. A história sublinha o altruísmo da velha mãe, reiterando sua decisão, de forma mais dramática, diante do Rei da Floresta. Ele lhe dá a chance de retornar ao tempo mais feliz de seu passado, o que ela rejeita. Ela transcende sua própria dor pelo bem do filho, dramatizando a natureza da generatividade.

Erikson achava que, se um indivíduo não desenvolve a generatividade, outros progressos de caráter psicológico deixam de ocorrer na velhice. O adulto estagnaria, emboscado por seus desejos e ambições pessoais. Considerando que as perdas pessoais são inevitáveis com a idade, esse egocentrismo é autodestrutivo. A autotranscendência é mais que uma virtude da segunda metade da vida — é uma necessidade. Os contos de jovens, poder-se-ia acrescentar, comumente retratam a *falta* de generatividade dos adultos de mais idade. Em um enredo típico, um pai tirânico mantém a filha trancada e mata todos os seus pretendentes, por não querer deixá-la viver sua própria vida. Pensa somente no seu orgulho, ou na sua riqueza, e não nas necessidades da filha. Ou então a madrasta perversa esbanja a fortuna da família, enquanto os enteados passam fome. Ela se gratifica com seus caprichos egocêntricos e a nova geração sofre. Contos de velhos como "A Floresta Mágica" apresentam uma alternativa mais equilibrada, isto é, uma pessoa idosa que domina com sucesso a generatividade e a transcendência.

No conto, algo extraordinário acontece quando a velha recusa o oferecimento mágico do Rei da Floresta. Todo o encanto da floresta se quebra e toda a terra fica livre do feitiço. O altruísmo da velha beneficia não apenas seu filho, mas toda a sociedade. Essa história salienta aqui um importante ponto: a generatividade vai além da criação e da educação dos filhos, tendo por meta, em última análise, beneficiar toda a sociedade. Ensinar, orientar um colega mais jovem ou comportar-se como um avô adotivo são exemplos de generatividade, do qual a sociedade como um todo é a beneficiária final.[4]

A autotranscendência da velha mãe contrasta, profundamente, com o egoísmo da nora. A diferença é simbólica. Embora apresentada sob um ângulo desagradável, a auto-indulgência da jovem esposa reflete a importância, e a normalidade, da auto-satisfação na juventude. Na verdade, na maioria dos contos de jovens o protagonista anseia por algo para si — um grande tesouro, por exemplo, ou o verdadeiro amor. A bondade e a generosidade o ajudam a atingir esse objetivo, mas estas virtudes representam, basicamente, meios para chegar à vitória. Para a velha mãe deste conto de velhos, o altruísmo não constitui um meio — é o supremo bem. E este tema reaparecerá com freqüência nos contos de velhos.

A juventude é, sem dúvida, uma época de grandes ideais e de causas altruísticas. Estas nobres visões, contudo, obedecem a um duplo propósito: implicam auto-sacrifício, ao mesmo tempo que ajudam o jovem a concretizar a percepção de si mesmo. Alistando-se nas Forças de Paz ou lutando por reformas sociais, por exemplo, os jovens buscam um bem maior. Mas, ao fazê-lo, eles põem à prova a sua têmpera e descobrem quem são. Seu idealismo representa, ao mesmo tempo, o sacrifício e a descoberta de si mesmo e a mocidade não vê a contradição entre benefício social e recompensa pessoal. A maturidade inaugura uma perspectiva mais sóbria, com a conscientização de que os desejos pessoais chocam-se freqüentemente com as necessidades dos outros e de que não existe uma fórmula fácil para resolver o conflito. O altruísmo então demanda, mais claramente, a autotranscendência.

A psicóloga vienense Else Frenkel-Brunswick captou muito bem esse ponto. Após analisar a biografia de milhares de pessoas ilustres, de escritores e artistas, a empresários e políticos, observou que o "Eu quero" domina na mocidade, enquanto que o "Eu devo" pauta a maturidade. O "Eu quero" da mocidade pode abranger tanto o bem-estar da sociedade como a busca da gratificação pessoal — causas altruísticas e desejos particulares. Entretanto, em ambas as circunstâncias, o "Eu" prepondera. Na segunda metade da vida, dever e dedicação — à família, à comunidade, à sociedade — assumem a dianteira. O "Eu" torna-se menos importante que o "devo". A auto-satisfação se transforma em autotranscendência. "Neuróticos", Frenkel-Brunswick acrescentou, "manifestaram uma conduta contrária: jovens problemáticos apegaram-se ao 'Eu devo' em vez de ao 'Eu quero' — enquanto que neuróticos mais idosos fixaram-se no 'Eu quero' em vez de no 'Eu devo'."[5]

A autotranscendência da velha mãe é impressionante e comovente. Mas os contos de fada refletem a vida real e um exemplo de generatividade, igualmente impressionante, pode ser encontrado na vida de John D. Rockefeller. Na primeira metade de sua vida, ele fundou a Standard Oil Company e transformou-a em um gigantesco monopólio. Seus métodos comerciais foram condenados pelos seus contemporâneos, como *rapaces* e brutais. Ambição e realização pessoal eram suas metas primordiais, não o bem-estar social, e muita gente considerava Rockefeller um monstro. Entretanto, na segunda metade de sua vida, Rockefeller dedicou-se à filantropia. Ajudou a fundar a Universidade de Chicago, fundou a Universidade Rockefeller de Nova York e erigiu a hoje mundialmente conhecida Fundação Rockefeller. Contribuir para o bem-estar social tornou-se seu claro objetivo, em contraposição às suas primeiras ambições pessoais. De fato, sua transformação foi tão radical que muita gente não acreditava nela, porém esse tipo de conduta pode ser encontrado na vida de outras personalidades. Andrew Carnegie, por exemplo, também devotou a primeira metade de sua vida a amealhar uma fortuna pessoal e, na idade madura, fez uso dessa riqueza para fomentar o progresso social.

Rockefeller e Carnegie, entretanto, são apenas exemplos do que acontece com a maioria das pessoas na vida real. Um grande número de estudos, incluindo os estudos longitudinais de Harvard e da Universidade da Califórnia, já mencionados, demonstram que o amadurecimento está em relação direta com um maior altruísmo.[6] Esta generosidade se expressa na forma prática e concreta com que as pessoas de mais idade dedicam mais tempo a trabalhos comunitários e doam mais fundos para fins caritativos. E ainda mais, as pessoas que alcançam as melhores classificações, em várias avaliações de maturidade psicológica e bem-estar, são mais generosas que seus problemáticos ou "imaturos" contemporâneos. Generatividade e saúde mental caminham lado a lado.

Na verdade, a autotranscendência, na velhice, assume muitas formas discretas que poderiam passar facilmente despercebidas. Adolescentes e moços tendem a proclamar suas opiniões de modo dogmático, desafiante: "Isto está certo!" e "Isto está errado!" Procuram a verdade absoluta e pretendem conhecê-la, sendo incapazes de afastarem-se de suas convicções. (O que, entretanto, não é rígido em se tratando de adolescentes.) À medida que as pessoas amadurecem, tendem mais a suavizar suas afirmações, falando assim "*Acho* que isso está errado," ou *"Na minha opinião,* isso está certo".[7] Adultos na idade madura podem distanciar-se de suas opiniões, por reconhecerem que suas crenças são mais pareceres que verdades. Eles transcendem seus pontos de vista pessoais.

Finalmente, dois aspectos da história merecem ser analisados: a velha precisa galgar uma montanha para buscar neve e depois arrisca-se a perder a vida ao pescar em um lago gelado.

Estes detalhes tocam duas outras dimensões da autotranscendência. Em primeiro lugar, lagos, como os oceanos, são ótimos símbolos do inconsciente e, como tem sido salientado por psicanalistas, com freqüência desempenham esse papel nos sonhos. Ao obrigar a velha a ir ao lago e pescar, a história sugere que a autotranscendência implica desenterrar coisas do inconsciente.[8] Veremos exatamente isso numa próxima história, intitulada "O Dragão Rei do Mar". Em segundo lugar, os cimos das montanhas são comumente considerados lugares sagrados — Zeus habitava o Monte Olimpo e Jeová apareceu no Monte Sinai. De forma que a ida da velha ao cume da montanha aventa uma dimensão religiosa ou sagrada em relação à autotranscendência. E este é o tema da história a seguir.

8

O Arrependimento da Velha Mãe

(conto alemão)

Há muito tempo, uma velha estava sentada sozinha, ao cair da tarde. Justamente naquele dia, havia morrido sua última amiga, deixando-a sozinha, sem parentes ou pessoas em quem confiar e, em sua dor, recordava os muitos infortúnios por que passara, através dos anos. Primeiro havia morrido um filho, depois o outro, quando ainda eram crianças. Posteriormente, o marido — seguido de uma tia, de uma irmã e de todos os seus parentes, um a um. Agora estava sozinha e empobrecida. Em sua desventura, a velha mãe amaldiçoou o destino e voltou-se então contra Deus. — O que eu fiz para merecer isso? — lamentou-se.

O bimbalhar dos sinos da igreja a acordaram e ela levantou-se, surpresa. — Dormi a noite toda sentada na cadeira! — exclamou. Correu logo para a igreja, como fizera todas as manhãs da sua vida. Quando chegou à capela, espantou-se ao constatar que ela não estava, como de costume, vazia. Os bancos estavam cheios de gente e a velha mãe se sentiu pouco à vontade, pois não reconhecia ninguém de sua aldeia. Então deu-se conta de que os fiéis ali presentes eram amigos e parentes que já haviam morrido!

Nesse momento, uma tia aproximou-se e disse à velha que olhasse para o lado do altar. Lá, a velha divisou dois moços, um pendurado na forca e outro amarrado na roda, ambos criminosos e fora-da-lei. — Isso é o que seus filhos teriam sido — disse a tia — se o bom Deus não os tivesse levado para o céu, ainda inocentes. A velha mãe encheu-se de arrependimento e gratidão e correu para a casa, tremendo de emoção. Chegando lá, caiu de joelhos e agradeceu a Deus pela graça que antes não soubera ver. No terceiro dia, ela morreu, mas seu olhar estava tão calmo que todos os vizinhos se confessaram maravilhados quando chegaram para enterrá-la.

Resumo do conto "A Velha Mãe" da obra de J. Grimm. The Complete Grimm's Fairy Tales, *Trad. por M. Hunt (Nova York: Pantheon, 1944).*

Reflexões: Transcendência e Deus

Embora não muito conhecida, a história "O Arrependimento da Velha Mãe" faz parte da obra de Grimm — talvez a mais popular coleção de contos de fadas do mundo. Esta história é um dos poucos contos de velhos constantes da coleção, o que sugere ser de uma importância incomum.

O drama começa com o tema da perda: a velha chora a morte de sua amiga e depois a do marido e dos filhos, anos antes. Angustiada e revoltada, pergunta a Deus: "Por que sofro tanto?". Como o Jó da Bíblia, a velha não acha justo nem razoável seu grande sofrimento. Ela principia com uma perspectiva egocêntrica, mas sumamente humana e compreensível.

Por intermédio de uma revelação, divisa, na morte dos filhos, um propósito mais elevado. Na verdade, as tragédias foram bênçãos disfarçadas — não para ela, mas para seus filhos, e não a seus olhos, mas aos olhos de Deus. Diante dessa certeza, ela se liberta da dor e transcende sua perspectiva egocêntrica.

O que quer que pensemos desta história em especial — e os teólogos podem enrubescer por isso —, nela aflora o tema da autotranscendência de uma forma especificamente religiosa. A velha viúva coloca os desígnios de Deus acima de sua dor particular, do mesmo modo que a velha mãe, do conto "A Floresta Mágica", colocou a felicidade do filho acima da sua. Ambas transcendem seus interesses egocêntricos, embora seus motivos divirjam — um é religioso, o outro secular. Porém o processo básico da autotranscendência é o mesmo.

A autotranscendência religiosa é, em muitas culturas, uma tarefa da velhice. O presente conto é originário da Alemanha e reflete os ensinamentos cristãos cultuados na Idade Média, que salientavam a importância da preparação para a morte, na velhice.[1] Antes mesmo, a tradição judaica já fazia da autotranscendência espiritual um objetivo para a segunda metade da vida. A velhice era considerada uma prova de bênção divina, e uma vida longa era freqüentemente associada ao sabá, um tempo para estudar a Tora e apreender sua sabedoria profunda, para procurar Deus e não a si mesmo.[2]

Apesar da tradição judeu-cristã do conto "O Arrependimento da Velha Mãe", a história surpreendentemente não revela nenhum sectarismo. Com apenas pequenas alterações no aspecto externo do edifício ou na disposição do altar, o contexto cristão deste conto de fadas passaria despercebido e, nem por isso, o drama se alteraria. O conto poderia ter ocorrido numa mesquita muçulmana ou num templo hindu.

De fato, o vínculo entre a segunda metade da vida e formas religiosas de autotranscendência ocorre em quase todas as culturas e em todos os períodos históricos.[3] As sociedades, desde o !Kung, da África, até os Micronésios do Pacífico, ou os Kirghiz do Afganistão,[4] esperam que os velhos se preocupem com seu desenvolvimento espiritual e freqüentemente atribuem poderes mágicos a seus idosos. Julga-se que o velho tenha superado os interesses humanos, pessoais e que seja o elo entre os deuses e a sociedade dos homens. Portanto, são os idosos que presidem as cerimônias sagradas, desde os ritos da circuncisão aos rituais da colheita. Claro que apenas o fato de ser velho não confere *status* espiritual a uma pessoa. O indivíduo precisa ser sábio, conhecedor das tradições do seu povo e capaz de ler as escrituras sagradas.

A associação entre transcendência religiosa e velhice não deve ser considerada um fenômeno "primitivo". Ela pode também ser encontrada na arte ocidental, onde a imagem típica de Deus é a de um velho de longas barbas brancas.

Talvez as mais claras considerações sobre a autotranscendência religiosa, na segunda metade da vida, derivem das tradições orientais. Um bom exemplo pode ser encontrado na antiga China, onde Confúcio escreveu:

Aos 15 anos dispus meu coração para estudar.
Aos 30, me estabeleci.
Aos 40, não alimentei mais perplexidades.
Aos 50, fiquei conhecendo os mandamentos celestiais.
Aos 60, nada do que ouvia me afetava.
Aos 70, pude seguir os impulsos do meu coração sem ferir os limites do direito.[5]

Os comentários de Confúcio, tecidos há dois milênios ainda hoje se aplicam ao desenvolvimento humano.

A adolescência — 15 anos de idade — é tempo de aprender, na escola ou no trabalho, um ofício qualquer. Aos 30, a pessoa geralmente se estabelece, finca os pés no chão. Os interesses mundanos substituem os ideais, e a promoção no trabalho ou os problemas de família assumem a liderança. Aos 40, o homem torna-se confiante em si mesmo, seguro de sua meta e do valor de seu esforço, e faz parte da geração responsável pela sociedade. Os sonhos da adolescência vão longe, assim como as dúvidas que assolam os jovens que iniciam uma carreira ou assumem compromissos de família. E as inseguranças da velhice não passam de pequenas nuvens no horizonte.

Aos 50 anos de idade — e esta é a parte importante no que diz respeito ao nosso conto — ocorre uma mudança. O indivíduo se volta para os "mandamentos de Deus", que Confúcio chamou de apelo divino, concitando o indivíduo à busca da espiritualidade. Um adulto na idade madura transcende, idealmente, interesses pessoais e mundanos. Nos anos subseqüentes, o desafio reside em aprofundar o entendimento dos "mandamentos de Deus". Aos 60, Confúcio achava que a pessoa passa a aceitar os mandamentos divinos e, aos 70, torna-se una com a vontade de Deus, não mais dividida entre ambições pessoais e chamamentos celestes. A pessoa transcende a si mesma.

Confúcio não estava sozinho quando via na transcendência religiosa uma tarefa da velhice. Na Índia ancestral, o grande sábio Manu discorria sobre uma visão semelhante do ciclo da vida. Ele dividia a vida humana em quatro fases distintas.[6] A primeira compreendia a infância e a primeira parte da idade adulta, e é denominada fase de "estudante" ou de "aprendiz". As tarefas dessa fase consistiam no aprendizado do mundo e dos deveres sociais. Dominar os papéis a desempenhar na sociedade e as "máscaras" respectivas, discutidas também em "A Toalha Mágica", pertencem a esse período. A segunda fase é a de "chefe de família", cujas responsabilidades incluem ganhar a vida, fazer carreira e criar uma família. Firmar-se na sociedade e buscar o sucesso pessoal são os objetivos dessa fase — as preocupações da primeira parte da idade adulta, que se estende até a idade madura.

A terceira fase da vida, no entender de Manu, começa quando o indivíduo vê os filhos de seu filho. O dono de casa abandona então a família e a carreira e vai viver como eremita na floresta. Através da meditação e da ioga, o velho transcende idealmente um ponto de vista egocêntrico, para chegar à união mística com o cosmos. Iluminado por essa descoberta de cunho espiritual, a pessoa ingressa na quarta e última fase da vida, vagando pelo mundo, livre de todo desejo e de todo sofrimento.

Os ensinamentos tradicionais de Confúcio e de Manu ajudam-nos a responder a uma importante pergunta: Por que a autotranscendência é uma tarefa da segunda metade da vida, e não da primeira? O desafio da juventude consiste em estabelecer uma forte noção do "eu" e aprender a conhecer os caminhos do mundo. A autotranscendência só é possível depois do desenvolvimento do eu;[7] e só depois de ter experimentado os prazeres materiais o homem é capaz de renunciar a eles.

A história de Parsifal, que faz parte das lendas que giram em torno do Rei Arthur, transmite muito bem essa verdade.[8] É uma história importante porque originária de um enfoque ocidental e, embora autóctone, repete os ensinamentos de Confúcio e de Manu. Quando jovem, Parsifal encontrou-se por acaso diante do Castelo do Santo Graal e teve a oportunidade de contemplá-lo. Porém, Parsifal não sabia como se comportar naquelas circunstâncias (ele precisava fazer três perguntas básicas) e foi, portanto, sumariamente expulso do castelo. A experiência, no entanto, inspirou-o a tornar-se um cavaleiro, e ele vem a ser um dos campeões da Távola Redonda. O encontro precoce de Parsifal com o Santo Graal simboliza os sonhos que inspiram os adolescentes — ideais de verdade, de justiça e de Deus — com os quais, no entanto, eles não sabem lidar. De fato, a tarefa da juventude pode ser considerada a transformação de visões grandiosas em realizações práticas[9], transmutando ideal em dedicação.

Muitos anos depois, no auge da fama, Parsifal é novamente convocado para partir empós do Santo Graal. Abandona o poder e o prestígio da corte do Rei Arthur, para lutar em países estranhos, numa renovada busca religiosa. Casualmente, Parsifal encontra o Castelo do Graal e contempla novamente o Santo Graal. Neste segundo encontro, ele sabe o que fazer e redime-se a si mesmo e a seu país. Na maturidade, Parsifal pôde entender e se beneficiar com a revelação espiritual que o aturdiu na juventude.

O mesmo esquema pode ser observado na vida de pessoas adultas, nos dias de hoje. Uma série de estudos tem demonstrado que tanto os homens como as mulheres tornam-se práticos e conhecedores do mundo na idade madura, somente para, nos anos vindouros, mudarem e voltarem-se para valores humanitários, religiosos e morais.[10] Além do mais, o ressurgimento de interesses religiosos não deriva, meramente, de doença ou medo da morte, como tem sido às vezes aventado — um retorno desesperado à religião quando todas as outras alternativas falham. Acontece justamente o contrário. Por exemplo, em recente pesquisa feita com 836 homens e mulheres entre 55 e 94 anos, um maior interesse em questões espirituais estava em relação direta com um melhor ajuste psíquico e moral, e essa correlação era mais forte no caso dos mais velhos.[11] Porém os interesses religiosos assumem, freqüentemente, na velhice, novas formas, mais pessoais, como reflexões particulares, em casa, mais do que na igreja ou na sinagoga.[12]

O retorno ao interesse espiritual, na segunda metade da vida, é mais impressionante na vida dos grandes cientistas e pensadores. Alfred North Whitehead, matemático e filósofo, nos oferece um excelente exemplo.[13] Como outros jovens, Whitehead sentia-se profundamente atraído por questões religiosas na adolescência, com as quais esteve envolvido durante muitos anos. Na universidade, porém, renunciou a seus interesses religiosos e estudou matemática. O ápice de seu esforço matemático foi o livro *Principia Mathematica* que escreveu com Bertrand Russell, no qual deduzem toda a aritmética e a álgebra de uns poucos princípios básicos da lógica. Essa *magnum opus* é ainda considerada um modelo de pensamento científico, rigoroso e racional.

Depois de uma longa e brilhante carreira, Whitehead aposentou-se de sua cátedra na Inglaterra e se dedicou a escrever ensaios metafísicos de tendências quase místicas. Como Parsifal, Whitehead não pôde envolver-se diretamente com questões espirituais na juventude, mas anos de trabalho e de estudo o habilitaram a fazê-lo na maturidade. De fato, a obra teológica de Whitehead, realizada nos anos maduros, exerceu um impacto duradouro sobre o pensamento contemporâneo — por ironia, mais que sua obra matemática, escrita anteriormente. E Whitehead não constitui um exemplo isolado. De Newton a Einstein, grandes cientistas freqüentemente se voltaram, na velhice, aos interesses espirituais que haviam posto de lado na juventude.

Muitos escritores e artistas exibem uma linha semelhante de desenvolvimento. Tolstói, por exemplo, devotou-se a ocupações mundanas, como oficial do exército, na primeira metade da vida e depois tornou-se merecidamente um famoso escritor. Aos cinqüenta anos, contudo, apesar de seus muitos sucessos, atravessou uma grave crise pessoal e desesperou-se diante do vazio de sua existência. Devotou-se, então, a questões religiosas de profundidade mística.[14] Semelhante desenvolvimento pode ser observado em músicos, incluindo Beethoven[15], e em artistas como Rembrandt, Michelangelo, Donatello, Ticiano e El Greco.[16] Realmente, o estilo tardio de muitos pintores é semelhante, tendo sido qualificado como "transcendente", ou inspirado por "sublime revelação". Se a transcendência espiritual é tarefa da velhice, o modo de chegar a tal desenvolvimento pode variar, amplamente, dependendo do temperamento e da formação da pessoa.

Um último ponto de nossa história merece menção. "O Arrependimento da Velha Mãe" gravita em torno do tema da morte. Este tema é surpreendentemente raro nos contos de velhos. Realmente, a morte figura, com mais destaque, nos contos de jovens. Na história italiana "A Terra Onde Ninguém Morre," por exemplo, ou no conto japonês "O Homem Que Não Queria Morrer",[17] os protagonistas mostram, explicitamente, estar ao redor dos trinta anos. Além do mais, os personagens que almejam a imortalidade são geralmente adultos jovens. Paradoxalmente, nos contos de fadas, a morte é fator de maior perturbação para os jovens que para os velhos.

Um conto de fadas francês, intitulado "O Castelo da Vida",[18] de autoria de Laboulaye, aborda esse ponto de uma maneira muito bonita. No conto, a velha avó salva três fadas de um horrível destino. Elas lhe concedem um desejo, avisando-a de que pode pedir o que quiser. Ela pensa na eterna juventude, mas acha que já viu tanto do mundo quanto queria. De forma que dá essa oportunidade para o neto (observem sua generatividade), e ele prontamente deseja que ela viva para sempre, porque precisa dela (observem sua busca de auto-satisfação). O jovem teme a morte da avó mais que ela mesma.

Os contos de velhos negam simplesmente a realidade da morte? A resposta é "não". Os contos de velhos não encaram a imortalidade e a eterna juventude como um fim. Pelo contrário, retratam a morte do protagonista como um fato natural, como na presente história — "no terceiro dia, ela morreu". Na verdade, morreu em paz. "Ele viveu rodeado de conforto até o dia em que morreu," ou "ela morreu em paz", são desfechos comuns nos contos de velhos. Essas histórias aceitam a morte como parte do ciclo natural da vida: seus protagonistas vivem no "para sempre" e não "eternamente". "O Arrependimento da Velha Mãe" nos ajuda a entender essa calma aceitação. É um resultado da autotranscendência. A morte só se transforma num problema se o indivíduo se aferra a um ponto de vista egoísta e valoriza sua própria vida acima de tudo. Pesquisas realizadas com pessoas de idade documentam a veracidade das afirmações veiculadas pelos contos de fadas: o medo da morte se aplaca com a maturidade e há opiniões de que a serenidade em relação à morte está diretamente ligada à saúde mental.[19] A morte, para o indivíduo maduro, representa apenas um outro fato da vida.

Se as formas religiosas de autotranscendência dominavam as sociedades no passado, o mesmo não acontece hoje. A moderna cultura se inspira mais na tecnologia que na teologia, e os ensinamentos religiosos de outrora, não obstante ricos e profundos, são freqüentemente difíceis de serem aplicados no mundo laico atual. No entanto, esse desafio não é intransponível, nem mesmo novo. Cada era precisa reinterpretar suas tradições para que estas se adaptem às realidades em mutação; e os contos de velhos podem ajudar nessa tarefa, apresentando versões *seculares* de transcendência, como veremos na próxima história.

9

O Dragão Rei do Mar

(conto coreano)

Era uma vez um pobre velho pescador que vivia com sua mulher à beira-mar. Um dia, por mais que tentasse, não conseguiu pegar nenhum peixe. Estava pronto para ir-se, desesperado, quando decidiu tentar uma última vez. Para surpresa sua, fisgou um enorme peixe, mais belo do que qualquer outro que já vira. O peixe o olhava com olhos tão humanos que o pescador não teve coragem de matálo. Então, deixou-o partir.

No dia seguinte, quando o velho estava pescando, um menininho saltou das águas. Convidou o atônito pescador a visitar o palácio do Dragão Rei que ficava no mar. O menino explicou que o Dragão Rei queria agradecer-lhe por ter salvo a vida de seu filho, no dia anterior. Então, as ondas se abriram, e apareceu uma estrada que conduzia ao fundo do oceano, por onde o velho seguiu o menininho.

O pescador não tardou a chegar a um palácio deslumbrante, onde foi saudado, calorosamente, pelo Dragão Rei e seu filho. Vassalos surgiram e prepararam uma festa principesca para o velho, com dançarinas, cantores e malabaristas. O pescador divertiu-se tanto que mal sentiu o tempo passar, mas, de repente, lembrou-se da mulher. Então ergueu-se e pediu permissão para voltar para casa. A essa altura, o Príncipe aproximou-se do pescador. — Meu pai dar-lhe-á, de presente, qualquer coisa que o senhor peça. Não deixe de pedir a taça milimetrada que ele guarda ao lado do trono. Ela é mágica e lhe dará tudo o que desejar.

E foi assim que aconteceu: o Dragão Rei, como prova de gratidão, ofereceu ao pescador o que ele quisesse. O velho pediu a taça mágica e o Rei hesitou. Nisso, o Príncipe perguntou: — O que tem mais valor, querido pai, minha vida ou a taça milimetrada? — Então, o Dragão Rei a deu ao pescador.

Quando o velho voltou para casa, contou sua aventura à mulher. Estavam encantados com a taça mágica e resolveram testá-la. Pediram, pois, uma casa nova e, no mesmo instante, uma linda casa surgiu no lugar de sua velha cabana. Desse dia em diante, o velho e sua mulher viveram confortavelmente, e sua taça mágica estava sempre cheia de arroz por mais que tirassem.

Um dia, uma mulher malvada bateu à porta. Ouvira rumores a respeito de uma taça mágica que estava sempre cheia de arroz, e queria descobrir onde o velho casal a guardava, para roubá-la. A vil criatura mostrou à mulher do pescador algumas jóias, as quais propôs trocar por arroz. Então a velha pegou a taça mágica e encheu um saco com arroz. A malvada prestou bem atenção para ver onde a velha colocava a medida mágica. Tarde naquela noite, um ladrão invadiu a casa e roubou-a. Sem sua magia, o velho e sua mulher logo ficaram tão pobres quanto antes.

Agora, o velho casal tinha um cachorro e um gato, que estavam amargurados com o que acontecera a seus donos. Assim, decidiram procurar a taça. Suspeitavam que a mulher malvada a havia roubado e, numa tarde em que ela estava na vila, fazendo negócios, a seguiram. Quando a noite chegou, ela saiu da cidade e cruzou o rio a nado, dirigindo-se para uma casa escondida na floresta. Era o covil de um vil ladrão e o gato e o cachorro de pronto deduziram que ele havia roubado a taça mágica. A mulher e o ladrão logo partiram, e então o gato e o cachorro rondaram a casa e deram com uma despensa fechada.

— A taça deve estar aqui! — exclamou o cachorro, e tentaram entrar em vão. Naquele momento, viram um rato que se esgueirava e o gato o pegou. O gato ameaçou matá-lo, a menos que o Rei dos Ratos aparecesse. E este logo apareceu. Então o gato o fez prometer que ele abriria a despensa e o Rato Rei reuniu todos os seus súditos que, rapidamente, fizeram um buraco na parede, de tamanho suficiente para que o gato e o cachorro pudessem passar. Dentro da despensa, os dois animais encontraram uma arca de pedra, fortemente trancada. Foram, então, pedir aos ratos que a abrissem e estes pularam sobre a arca e, roendo, roendo, logo abriram um buraco nela. Dentro estava guardada a taça mágica! O gato e o cachorro a agarraram e deixaram a casa correndo.

Chegando ao rio, o cachorro começou a nadar, carregando o gato às costas e este, a taça na boca. A meio caminho, o cachorro ficou apreensivo e perguntou: — Você ainda está segurando a taça? — O gato não podia responder, uma vez que a trazia na boca, mas o cachorro insistia e insistia. Finalmente o gato exclamou: — Sim, estou! — Mas, ao abrir a boca, a taça caiu e afundou nas águas do rio.

Os dois animais ficaram mortificados, e o cachorro foi para casa, desesperado. Enquanto isso, o gato esquadrinhava as margens do rio, na esperança de que a taça fosse jogada às margens. Apenas encontrou um peixe morto, que levou consigo e entregou à velha. Ao menos, pensou, ela teria algo para comer. Porém, quando a mulher abriu o peixe para limpá-lo, a taça rolou de sua barriga! O peixe a havia engolido quando esta caíra no rio.

O velho e a mulher voltaram a viver bem e tinham pelo gato e pelo cachorro a maior consideração. Porém, desta vez, esconderam a taça mágica num lugar muito seguro!

Resumo do Conto "O Gato e o Cachorro", da obra de Z.In-Sob, org. Folk Tales from Korea (*Nova York: Grove, 1979*); *uma história semelhante pode ser encontrada na obra de F.H. Mayer,* Ancient Tales in Modern Japan (*Bloomington, Ind.: Indiana University Press, 1985*).

Reflexões: Transcendência e o Eu Interior

Esta história está cheia de detalhes estranhos que faz o seu sentido parecer, à primeira vista, enganoso. Porém, os detalhes se desenvolvem, com firmeza, ao redor de um novo e importante motivo — uma forma secular de transcendência.

O conto começa com um velho que é muito pobre, introduzindo o costumeiro tema da perda. A história também especifica que o velho é pescador. Este *mister* aparece, com freqüência, nos contos de velhos, sugerindo que a pescaria simboliza algo relacionado com a psicologia da velhice. (Já encontramos o tema no conto "A Floresta Mágica", na qual a velha vai pescar no lago.) Ponderemos, antes de tudo, sobre o simbolismo do oceano: negro, desconhecido, fervilhando com formas de vida ocultas, aparece com freqüência, nos sonhos, como símbolo do inconsciente, do mesmo modo que a floresta.[1] Considerando que os pescadores tiram coisas do mar, isso simboliza o processo de retirar material do inconsciente. E este é o fulcro da história.

Após um dia de terrível má sorte, o pescador pega um peixe com olhos tão tristes e humanos que, penalizado, o solta. Este evento detona toda a trama da história, e é incrivelmente simbólico. Em primeiro lugar, ao soltar o peixe, o pescador quebra um velho hábito. Ele tem pescado e matado peixes, anos a fio, de forma que essa súbita mudança de comportamento é surpreendente. Fato semelhante ocorre no conto "A Fortuna e o Lenhador", no qual o velho lenhador, de maneira súbita e anormal, pára de trabalhar. O tema ressurge em outros contos de velhos, sugerindo que o motivo é significante.

Uma interpretação do tema é dada pelo psicólogo Robert Peck.[2] Ele estudou homens e mulheres na segunda metade da vida e tentou distinguir entre os que reagiram e os que não reagiram bem, à medida que envelheciam. Notou que muitos adultos se identificam com seus papéis — com o que fazem ou com quem se relacionam. "Sou professora", uma pessoa pode dizer, ou "sou o marido de Jo". Peck descobriu que as pessoas suficientemente flexíveis para romper tal identidade sócio-convencional, viviam melhor na velhice. Outros pesquisadores têm, cada um de per si, feito observações semelhantes.[3] As pessoas maduras fazem distinção entre os papéis sociais e o eu interior, sendo, portanto, mais capazes de escolher papéis diferentes e de adaptar-se às circunstâncias cambiantes. A história simboliza o processo, através do fato de ter o velho deixado o peixe partir. Ele rompe com sua identidade habitual de pescador, tornando-se assim, aberto a novos desenvolvimentos. (Do mesmo modo que o velho, em "A Fortuna e o Lenhador", abandona sua função de lenhador, e abre caminho para que a Fortuna chegue até ele.)

A história mostra que o velho solta o peixe porque sente pena e compaixão da pobre criatura. Isto é estranho, uma vez que o velho, durante toda a sua vida, teve que matar peixes para viver. É possível que tenha tido pena dos peixes antes, mas não podia se dar ao luxo de alimentar tal sentimento. Agora ele o faz, seguindo os ditames de um novo aspecto de sua natureza — um aspecto terno, compadecido, antes oculto. O mesmo tema transparece em outros contos de velhos, como na história japonesa "O Demônio de Oito Faces", ou no conto estoniano "O Bondoso Lenhador".[4] De forma que é possível que também este tema guarde um significado especial.

Os estudos de Jung proporcionam uma interpretação. Ele observou que, na juventude, os indivíduos são forçados a reprimir ou a menosprezar certas facetas de suas personalidades. Os meninos, por exemplo, são, de um modo geral, desencorajados a serem muito generosos e, rapidamente, aprendem a refrear seu lado compassivo, que se torna, então, inconsciente. As meninas, pelo contrário, são criticadas se forem muito senhoras de si, ou independentes, e rapidamente aprendem a se conformar às normas sociais. Na segunda metade da vida, estes aspectos esquecidos da personalidade clamam por um lugar na vida consciente. O desafio da maturidade, alegava Jung, é o de reivindicar esses aspectos esquecidos. Se o indivíduo o consegue, o resultado é equilíbrio psicológico e plenitude interior.[5]

Jung observou que é típico dos homens de meia-idade em diante aceder aos seus sentimentos ternos, paternais, passando menos tempo no escritório, ganhando dinheiro, e mais tempo em casa, com a família. As mulheres, pelo contrário clamam por afirmação e autonomia, lançando-se, possivelmente, em uma carreira comercial, após criarem os filhos.[6] Outros, em estudos mais sistemáticos, confirmaram as observações feitas por Jung. De fato, esse padrão pode ser reconhecido tanto nas diferentes classes sócio-econômicas americanas,[7] como em culturas que vão das tribos nativas americanas, às sociedades polinésias e às comunidades africanas.[8] Essa reversão de papéis também ultrapassa o estereótipo dos gêneros. Homens, passivos e inseguros na juventude, tornam-se muitas vezes agressivos na velhice, e mulheres que haviam sido agressivas — executivas de sucesso, por exemplo — resgatam seu lado educativo e conciliador.[9] Nesses casos, a questão fundamental reside no equilíbrio, na integração de aspectos esquecidos da personalidade e na conquista de uma maior plenitude.

Nesta história, um menino surge do oceano e saúda o velho. Partindo do pressuposto de que o menino simboliza um acontecimento psicológico, uma interpretação possível é a de que esse menino represente a "criança interior" que existe dentro de todo adulto — que Jung batizou de Puer, ou jovem arquetípico.[10] Esta criança interior assume muitas formas na idade adulta, algumas desagradáveis — como manha e mau humor —, outras agradáveis — como ingenuidade, peraltice e criatividade. (Nisso reside a diferença entre ser imaturo e ser criança.) Pelo fato de se esperar dos adultos a conformação às normas sociais, a criança interior permanece inconsciente durante a maior parte de suas vidas. Ao descrever o menino saindo do mar, nossa história sugere sutilmente que a restauração da criança interior é uma importante tarefa da idade madura. Na realidade, Levinson descobriu exatamente isso, em seu estudo sobre a transição da meia-idade,[11] época em que os indivíduos lutam entre os pólos da juventude e da velhice, tentando contrabalançar a inocência e espontaneidade da primeira com a sobriedade e sagacidade da segunda.

A restauração do espírito da juventude é um tema que aparece repetidamente nos contos de velhos. Em "A Floresta Mágica", por exemplo, elfos saltam dos gravetos mágicos e agem como crianças travessas, ingênuas, simbolizando o retorno ao espírito da juventude, tendo até nomes pueris — como "Wee Tintilinki".

Além disso, os elfos levam a velha a recordar tempos felizes de sua infância. Como veremos, casos semelhantes ocorrem em outros contos de velhos.

Na história em pauta, o menininho leva o velho a visitar o Dragão Rei, nas profundezas do mar. Este é o fulcro da história, sendo o rei, claramente, uma importante figura simbólica. Em primeiro lugar, na mitologia da Ásia Oriental, o dragão é uma das mais benéficas criaturas, regente do zodíaco e símbolo do espírito criativo. (Este enfoque contrasta frontalmente com a tradição ocidental que vê os dragões como monstros malvados, se bem que a mitologia oriental também conserve a imagem assustadora, medonha, do dragão.) O Dragão Rei, ao que tudo indica, vive no meio de uma infinita riqueza, podendo, com sua taça mágica, conceder tudo que uma pessoa desejar. Considerando que, nos contos de fadas, fatos concretos freqüentemente simbolizam estados psicológicos, é razoável interpretar a riqueza material do Dragão Rei como um símbolo de riqueza psicológica. Sendo assim, podemos considerá-lo como um símbolo da perfeição e da plenitude psicológica, da restauração e integração de todos os aspectos da natureza humana. Isto, obviamente, é um ideal, pois nenhuma pessoa pode alcançar tal plenitude absoluta. Sendo assim, o Dragão Rei simboliza o supremo potencial da *humanidade*, oculto no inconsciente. (Na tradição chinesa, o dragão é o símbolo do imperador que, por sua vez, representa os supremos ideais da humanidade.)

Psicanalistas como Jung e Assagioli[12] deram a essa imagem de plenitude psicológica o nome de "Eu interior" ou "Eu supremo", com E maiúsculo, para distingui-lo da nossa noção normal e consciente de "eu". Este último é o eu a que nos referimos quando dizemos "eu sou professor" ou "eu estou cansado" — o "eu" do pensamento consciente, que os psicólogos chamam, usualmente, de "ego". Em termos religiosos tradicionais, o "Eu supremo" corresponderia mais de perto à alma do espírito, o mais profundo centro de plenitude individual.

Jung argumentava que a busca do Eu é uma tarefa da segunda metade da vida.[13] Esta procura pode parecer narcisista — uma preocupação com a auto-realização —, no entanto é o contrário que ocorre. Quando uma pessoa encontra o Eu supremo, essa experiência resulta em humildade, porque o indivíduo vislumbra as mais nobres potencialidades humanas. É, assim, forçado a reconhecer os limites de seu próprio ego consciente — o quão pequeno ele é, comparado com o que a humanidade pode ser. De fato, confrontar o Eu interior representa uma dupla experiência transcendental. Primeiro: requer que o indivíduo supere a identidade consciente, o eu com e minúsculo, o "eu" estabelecido pelos usos sociais e pelas crenças pessoais; segundo: o encontro, habitualmente, vem acompanhado de uma qualidade numinosa — é uma experiência inspiradora e comovente.

"A Taça Milimetrada", entretanto, não termina nesse desenvolvimento transcendente. É um conto inusitadamente bem equilibrado e prossegue narrando como uma mulher mais jovem e gananciosa, rouba a taça mágica do velho e de sua esposa. Isso suscita o tema do conflito de gerações que vimos no conto "O Sábio Mercador". Porém, ao contrário do velho mercador, falta ao velho casal sabedoria para proteger-se. De forma que seu cachorro e seu gato vêm em seu auxílio, ajudados pelos ratos. Estes animais comuns contrastam, dramaticamente, com a figura sublime do Dragão Rei, mas o contexto é simbólico. O contato com o Eu interior é inspirador e profundamente comovente, mas, se a experiência não estiver assentada em realidades práticas, humanas, surgirão problemas. Sem as habilidades terrenas do gato, do cachorro e especialmente dos ratos, os velhos teriam perdido o tesouro do Dragão Rei para sempre. A história assim sublinha a importância da sabedoria mundana na segunda parte da vida, porque ela fornece o embasamento pragmático para as experiências transcendentais. Trata-se de uma taça *milimetrada* e, sendo assim, encerra a capacidade de estabelecer limites, de equilibrar e de discriminar.

Talvez a mais impressionante confirmação das reflexões sobre esse conto provenha de um exemplo da vida real. O Sr. R. consultou-me sobre uma depressão quando ele estava no início dos seus 50 anos, e o progresso de sua terapia envolveu uma viagem ao Eu interior que muito se assemelha ao conto "O Dragão Rei". Inicialmente, o Sr. R. lutou para decidir se queria prosseguir com seu negócio — muitíssimo bem-sucedido — ou mudar de atividade, perseguido, como estava, por uma vaga sensação de descontentamento, característica da meia-idade. Decidiu abandonar seus interesses comerciais e começou a trabalhar com jovens problemáticos. Durante esse período de mudança radical, teve um sonho surpreendente, no qual andava por uma estrada, para ir ao encontro de uma mulher que ele conhecia há muitos anos. Quando chegou, encontrou, em lugar de seu verdadeiro lar, um palácio maravilhoso. O palácio, construído em vidro e cristal, brilhava magicamente à luz do dia. A amiga do Sr. R. o esperava à porta e convidou-o a entrar, levando-o a um passeio pelo palácio. Salão após salão apresentava-se totalmente adornado com lindas flores e antiguidades de valor inestimável. Então a mulher entregou ao Sr. R. uma enorme chave de ouro e disse-lhe que era a chave do palácio. A essa altura, o Sr. R. acordou, profundamente emocionado com o sonho.

O sonho do Sr. R., nesta fase de alteração em sua meia-idade, se assemelha ao conto "O Dragão Rei do Mar". Ao desistir de sua carreira comercial, para assessorar jovens problemáticos, o Sr. R. começou a recuperar os sentimentos paternais, carinhosos que havia sufocado com sua preocupação com os negócios, do mesmo modo que o velho pescador demonstrou sentimentos de compaixão na história. O sonho do Sr. R. — através dessa visita a uma amiga, que personificava seu lado feminino — simbolizou esse desenvolvimento. De modo semelhante, a história fala de um pescador que poupa a vida de um peixe. No sonho, o Sr. R. chega, em seguida, a uma casa tão deslumbrante que é, na verdade, um palácio, cheio de tesouros. A casa lembra a residência do Dragão Rei e, de fato, ambos os lugares simbolizam o Eu interior — um ideal de integração e harmonia no âmago do inconsciente, rico de potencial humano. A amiga do Sr. R. lhe entrega, então, a chave de ouro, do mesmo modo que o Dragão Rei dá ao pescador a taça milimetrada. Os objetos simbolizam uma nova e vital conexão com os domínios transcendentais do Eu interior.

Se bem que o sonho do Sr. R. terminasse neste ponto, o mesmo não aconteceu com o drama de sua vida real. Com grande entusiasmo e motivação ele acolheu diversos jovens problemáticos em sua própria casa, tentando ajudá-los a encetar uma nova vida. Muitos deles o roubaram e fugiram. Ele foi roubado, como, no conto, o pescador e a esposa. O Sr. R. compreendeu rapidamente que ele se tornara descuidado no que tangia às reações do mundo, esquecendo o que havia aprendido em muitos anos de prática comercial, tão imbuído estava de suas motivações interiores. Mais comedido, devido a essa experiência inicial com jovens imprevisíveis, o Sr. R. tornou-se mais cauteloso — e mais bem-sucedido. Aliou seus novos ideais altruísticos a uma sabedoria prática, do mesmo modo que o velho casal aprendeu a proteger o presente mágico do Dragão Rei com a astúcia terrena do gato, do cão e dos ratos.

O conto do velho pescador e a história do Sr. R. referem uma forma especial de autotranscendência. O velho abandona sua identidade habitual de pescador, transcendendo a convenção social e crenças pessoais. Descobre, então, uma fonte interior de transcendente plenitude — o Eu supremo. Este processo de autotranscendência contrasta com o descrito nos contos "A Floresta Mágica" e "O Arrependimento da Velha Mãe". Podemos, portanto, fazer uma comparação entre essas três formas de experiência transcendental.

No conto "A Floresta Mágica" a viúva esquece o próprio sofrimento em benefício de seu filho, e seu altruísmo, em última análise, livra a sociedade da maldição. Assim sendo, a autotranscendência da velha é *social e interpessoal.* No conto "O Arrependimento da Velha Mãe", a protagonista, iluminada por uma visão religiosa na qual se vê parte dos desígnios de Deus, sobrepuja sua dor pessoal. No caso, a autotranscendência é *introspectiva e religiosa.* No conto em pauta, o velho abandona sua identidade psicológica consciente para vislumbrar a plenitude do potencial da natureza humana. Sua experiência de autotranscendência é *introspectiva e psicológica.* Dependendo da tendência e da formação de cada indivíduo, a autotranscendência envolve Deus, a sociedade ou o Eu.[14]

A transcendência, em suas muitas formas, dá origem a um tipo especial de crescimento que pode ser denominado de "desenvolvimento transpessoal".[15] O termo se refere, literalmente, a um desenvolvimento que transcende, ou que vai além (significado da raiz latina, *trans*) de nossas personalidades conscientes (ou *pessoa*). Embora, a princípio, a expressão possa parecer esdrúxula ou pretensiosa, serve a um útil propósito: o de esclarecer o que as tradições sagradas e seculares têm em comum — a busca de algo além do eu finito, seja Deus, a Sociedade ou o Eu. A expressão "desenvolvimento transpessoal" é uma palavra neutra, adequada aos tempos modernos, permitindo-nos evitar o embaraço que a terminologia religiosa algumas vezes suscita na sociedade secular, ao mesmo tempo que nos lembra experiências profundamente humanas, as quais um enfoque apenas secular muitas vezes ignora.

O reconhecimento desta dimensão transpessoal de desenvolvimento abre novos horizontes de experiência e oferece ricos recursos que servirão de guia na segunda metade da vida — literatura, filosofia, arte e mitologia. Estas disciplinas são as que mais profundamente penetram a experiência humana e ligam-se a reflexões transcendentais. Tornam-se, primeiramente, importantes na juventude quando ideais heróicos e visões grandiosas ajudam as moças e os rapazes a definir seus objetivos e valores na vida. Na maturidade, esses ideais readquirem importância, porém de outra maneira — ajudam o adulto a transcender o eu, não a encontrá-lo. E o indivíduo maduro não busca um lugar na sociedade, como os jovens; mas sim situar a sociedade na história da humanidade e esta no cosmos.

10

O Velho que Perdeu sua Verruga

(conto japonês)

Em tempos que já lá vão, um velhinho morava com sua esposa perto de uma floresta. Na juventude ele fora um belo rapaz, mas à medida que envelhecia, uma feia verruga cresceu-lhe na face, ficando, com a idade, cada vez maior. Durante anos, recorreu a médicos e magos e experimentou pós e poções, mas nada adiantou. Por fim resignou-se com a verruga e tentava mesmo brincar a respeito.

Um dia, o velho precisou de lenha para o fogo; foi então para as montanhas e cortou algumas achas. Fazia um dia fresco de outono e ele se sentia tão feliz que nem viu as nuvens se adensarem. Quando caíram as primeiras gotas, correu a procurar abrigo. Encontrou uma árvore oca e lá se escondeu, no exato momento em que irrompeu a tempestade. Trovões sacudiam as montanhas e raios cintilavam ao seu redor; ele, porém, estava seco e seguro. Depois de muitas horas, a tempestade amainou e o velho saiu de seu refúgio. Ouviu vozes a distância e pensou que seus vizinhos tinham vindo à sua procura. Mas quando viu do que se tratava, pasmou horrorizado — uma horda de gnomos e demônios se aproximava!

Mais que depressa, voltou para seu esconderijo na árvore, tremendo de medo. Os demônios chegaram e um dos gnomos — o mais horrendo de todos e obviamente o chefe — dirigiu-se ao seu bando, dizendo com um gesto: — Vamos dar uma festa aqui. — Então o rei-demônio acomodou-se de costas para o velho, na frente da árvore oca. O pobre homem quase desmaiou de medo.

Os demônios organizaram rapidamente um piquenique e começaram a cantar. O velho observava atônito — nunca vira nada semelhante. Mas quando os demônios começaram a dançar, não pôde conter o riso. Eram desajeitados e deselegantes, e todos pareciam ridículos, dando coices para todo lado e caindo. Finalmente, o rei dos demônios com um gesto ordenou aos dançarinos que parassem. — Vocês são ruins demais! — disse, se lastimando. — Não existe ninguém aqui que saiba dançar bem?

Ora, o velho adorava dançar e sabia dançar muito bem. — Eu poderia ensinar-lhes uns passos — pensou consigo mesmo, mas não ousava revelar sua presença, temendo que os demônios o matassem. O rei-demônio tornou a perguntar se alguém sabia dançar e o velho continuava dividido entre seu amor pela dança e seu medo dos demônios. O rei-demônio perguntou uma terceira vez e o velho mandou seus receios às favas.

Saiu da árvore e curvou-se perante o chefe dos demônios. — Eu sei dançar, meu senhor — disse e começou a fazê-lo. Os demônios ficaram escandalizados por terem um homem em seu meio, mas, bem logo, admiraram a arte do velho. Começaram a marcar o ritmo com seus cascos, acompanhando a música e alguns se juntaram ao velho. Por sua vez, o velho sabia que sua vida dependia de ele dançar bem, de forma que pôs toda sua alma e todo seu coração em seus movimentos e divertiu-se, realmente. Quando parou, o rei-demônio aplaudiu e convidou-o a sentar-se ao seu lado, oferecendo-lhe um copo de vinho.

— Você precisa voltar amanhã para dançar para nós — o rei-demônio disse.

— Gostaria muito de vir — respondeu o velho.

Um dos conselheiros do rei admoestou-o. — Não se pode confiar nos homens. Precisamos ficar com algo que nos dê certeza de que ele vai voltar. — Infelizmente, o velho nada trazia de valor consigo.

— Bem, então — o rei-demônio disse — vou ficar com isto como penhor — e, estendendo a mão, agarrou a verruga do velho e arrancou-a com a facilidade de quem arranca um pêssego maduro. — Trate de voltar amanhã — ordenou, e todos os gnomos desapareceram.

O velho mal podia acreditar no que acontecera. Passou a mão pelo rosto e percebeu o quão suave — e simétrico! — estava. Ficou tão feliz, que foi para casa pulando, cantando — e dançando — durante todo o trajeto. A esposa, ao vê-lo livre da verruga, mostrou-se eufórica e ambos celebravam sua boa sorte.

Ora, o velho tinha um vizinho malvado e vaidoso que também tinha uma verruga e que nunca se cansara de procurar um tratamento para ela. Quando soube da celebração, foi espiar e ficou perplexo ao ver que a verruga do velho havia sumido. Este homem invejoso imediatamente perguntou o que acontecera e o velho lhe contou a história dos demônios. O vizinho, então, insistiu para ir vê-los, no dia seguinte, em lugar do velho.

No dia seguinte, pois, o vizinho vaidoso rumou para as montanhas e encontrou a árvore oca, exatamente como o velho lhe dissera. E, sem sombra de dúvida, ao anoitecer, o bando de demônios apareceu.

— Onde está o velho que ia dançar para nós? — o rei-demônio perguntou. O mau vizinho rastejou para fora da árvore, tremendo de pavor. — Aqui estou! — disse e começou a dançar. Ele, no entanto, nunca havia aprendido a dançar; considerava a dança aviltante à sua dignidade de forma que apenas pulava de um lado para outro, agitando os braços. Ele achava que os demônios não iriam notar a diferença, porém o rei ficou ofendido.

— Mas que coisa horrível! — o rei-gnomo exclamou. — Você não está dançando como ontem! — O rei não atinara que estava tratando com outra pessoa porque, a seu ver, todos os humanos eram iguais. — Não dá para agüentar! — o rei-demônio gritou, afinal. Vasculhou o bolso e encontrou a verruga. — Olhe, devolvo-lhe o penhor. — Dizendo isso, atirou a verruga no homem vaidoso e esta grudou-lhe no rosto. Depois, os demônios sumiram. Em pânico, o homem vaidoso apalpou o rosto e não havia dúvida: tinha duas verrugas, uma em cada face! Esgueirou-se para dentro de casa bem mais tarde da noite, e ninguém viu sua cara nunca mais porque, desse dia em diante, passou a usar um chapéu de abas largas, bem enfiado na cabeça.

Quanto ao velho que perdeu sua verruga, ele viveu ainda muito tempo e dançava quando se sentia feliz. O que, na verdade, acontecia quase sempre!

Resumo do conto "Como um Velho Perdeu sua Verruga", extraído da obra de Y. T. Ozaki intitulada The Japanese Fairy Book *(Tóquio: Tuttle, 1970); e da obra de Y. Yasuda,* Old Tales of Japan *(Tóquio: Tuttle, 1965).*

Reflexões: A Inocência Emancipada

A verruga é o mais impressionante símbolo deste conto, atando diversos temas, como se desse um nó. É, pois, a chave do conto. O velho, assim nos é dito, não nascera com aquele defeito. Aquela coisa maldita aparecera quando já homem feito e foi crescendo à medida que ele envelhecia. Uma interpretação natural, então, é que a verruga simboliza as máculas da velhice — rugas, manchas biliares e assim por diante. Mas existe aqui, imanente, um sentido mais profundo e a chave para seu entendimento pode ser encontrada numa frase do autor teatral George Bernard Shaw: "Qualquer pessoa com mais de quarenta anos tem a cara que merece." Embora a idade, por si só, deixe marcas no rosto, os habituais estados de espírito marcam muito mais. Preocupações constantes vincam a testa e ódios não mitigados imprimem traços de amargura na boca. Na maturidade, o rosto se transforma em um livro no qual o bom ou mau humor das pessoas[1] fica registrado. Isso sugere que a verruga — apêndice exteriormente feio — simboliza alguma feiúra interior. Já nos deparamos com este mesmo tema no conto "A Toalha Mágica", no qual o rosto da velha malvada se torna medonho, revelando-lhe a crueldade do coração. De fato, na maioria dos contos de jovens a feiúra exterior reflete a maldade interior.[2]

Porém, esta história é um conto de velhos e deixa claro que o velho não é realmente mau. Para reforçar este ponto, o conto introduz um vilão de verdade — o vizinho vaidoso. Então, o que essa verruga poderia significar?

Devido ao fato de ela ter afligido o velho somente em seus anos adultos, deve estar associada a alguma feiúra relacionada com sua vida adulta, mais que com sua infância ou juventude. Isto traz à tona um tema da velhice — a crença de que as crianças são inocentes, não tendo ainda aprendido a mentir, a roubar, a disfarçar seus sentimentos. Na maturidade, a maioria das pessoas perde o paraíso como Adão e Eva na Bíblia, e a verruga simboliza a inevitável feiúra da vida adulta: mentiras sociais, assomos de raiva, ou transigências no campo da honra. A história também diz — e isto é importante — que o velho, depois de tentar, durante anos, livrar-se do defeito, acabara conformando-se com ele. Aceitara essa imperfeição de bom grado, o que suscita outro tema comum aos contos de velhos — a autoconfrontação e a autocorreção. O velho fez as pazes com essa falha exterior e, assim sendo, podemos inferir, também com sua vaidade e feiúra interior. Para ressaltar esse aspecto, a história o contrapõe a seu vizinho, incapaz de transcender sua vaidade ou de aceitar sua deformidade, sendo por isso, chamado de "mau".

A história tem lugar no alto das montanhas, reiterando dois elementos comuns aos contos de velhos: o lenhador e a incursão à floresta, ambos simbolizando o processo de chegar ao inconsciente. A aparição dos demônios confirma este simbolismo, pelo fato de serem, os demônios, criaturas dos mundos subterrâneos, e este mundo, na interpretação mitológica[3], é usualmente equiparado ao inconsciente. O velho, de início, fica apavorado com os demônios e se esconde, de forma que o que acontece a seguir é decisivo e surpreendente: ele deixa o esconderijo para dançar com eles. O que esta atitude pode, eventualmente, simbolizar?

A resposta está no que sucede depois de o velho ter terminado a dança: o rei-demônio remove-lhe a verruga, e o velho, dessa forma, readquire sua aparência original, imaculada — o rosto que tinha quando criança. Acho que o fato simboliza a reconquista, pelo velho, da inocência da infância. Na verdade, ele dança, com todo o seu coração, pelo puro prazer de dançar, como uma criança brinca — com graça, com espontaneidade, com júbilo e inocência.

Essa interpretação seria frágil, se baseada apenas nesta história; mas já encontramos antes o tema da restauração da inocência da criança no conto "O Dragão Rei do Mar". Lá, um menino emerge do oceano, simbolizando o assomo da criança interior que habita o inconsciente. No conto "A Floresta Mágica", os elfos representam papel semelhante e, como veremos, outros contos de velhos reiteram o tema, de formas ainda mais criativas. Analisados em conjunto, os contos de velhos sugerem que a tarefa suprema da velhice é a restauração da inocência.

A presente história destaca dois pontos desse processo de restauração: primeiro — ao dançar com os demônios o velho manda às favas a racionalidade e a prudência; ignora o ponto de vista convencional de que os demônios são criaturas perigosas, assim como a preocupação que os adultos têm de parecer ridículos. Em outras palavras, emancipa-se das convenções sociais e do pensamento racional. De fato, os demônios podem ser interpretados como símbolo de tudo aquilo que viola as leis da sociedade civilizada. São figuras dionisíacas e representam a força espontânea, desinibida, da natureza. (A tempestade, acompanhada de trovões, que precede a aparição dos demônios, tem similar conotação. Esta história, como um sonho, repete sua mensagem por intermédio de diferentes detalhes simbólicos.)

O velho abandona as convenções sociais mas não sacrifica a razão. Como o velho mercador, na história de mesmo nome, este personagem não é tolo. Ele está ciente do perigo que corre: se melindrar ou entediar os demônios, sabe que eles podem fazê-lo em pedaços. De forma que se concentra em sua apresentação, servindo-se de talentos que só uma longa experiência proporciona. Este é o segundo aspecto de espontaneidade do velho: embora emancipando-se das convenções sociais, ele não exclui o raciocínio adulto, *somando* espontaneidade e inocência à madura ponderação e experiência.

Inocência com ponderação, espontaneidade com experiência são os paradoxos que pautam a conduta do velho. Podemos dar a essa disposição o nome de "Inocência Emancipada", e seu desenvolvimento é uma tarefa da velhice, tarefa que muitas culturas, implicitamente, reconhecem. No Japão, por exemplo, de onde provém esta história, a infância e a velhice são as duas épocas em que o indivíduo fica isento das rígidas convenções sociais. Quando uma pessoa completa 60 anos, a família e os amigos celebram a data com uma cerimônia no qual o sexagenário recebe um quimono vermelho especial. Esse quimono equivale à emancipação dos velhos de obrigações sociais, e ao retorno da liberdade da infância.[4] Ao mesmo tempo, espera-se que ele seja sábio e espiritualmente desenvolvido. De modo parecido, os habitantes de Bali costumam dizer que as crianças e os velhos são as pessoas que estão mais próximas das divindades, porque os primeiros apenas se apartaram da inocência e da magia do Céu, enquanto os segundos a ele retornarão muito em breve.[5]

No outro lado do mundo, semelhante desenvolvimento ocorre entre os membros da tribo africana !Kung. Muitos adultos na velhice, quando liberados das obrigações e convenções sociais,[6] começam a dançar e a tocar, com entusiasmo. Em uma tribo, um antropologista viu uma mulher de mais de 60 anos pulando corda, alegremente, com um grupo de meninas. E um velho !Kung era famoso, na tribo, por sua dança hilariante e espontânea.

A inocência emancipada pode ser observada também na cultura ocidental, embora exista, quanto a essa atitude, um encorajamento social menos explícito. Como uma senhora de 72 anos disse: "Na minha idade, posso fazer e dizer tudo o que eu quero! Não me preocupo, como antes, com o que as pessoas pensam. E o melhor de tudo é que elas me aceitam como sou!" Seus sentimentos são o eco dos sentimentos de muitos idosos, como consignado nas análises de pesquisas sistemáticas. A idade confere ao indivíduo uma "desculpa", socialmente aceita, para ignorar as convenções usuais. E esta liberdade representa, em muitas culturas, um grande benefício para a velhice.[7]

Mas é importante ressaltar aqui que as convenções sociais servem a um propósito: o de forçar as pessoas a respeitarem-se mutuamente e, dessa forma, a reduzir conflitos. Se um indivíduo renega essas convenções e faz simplesmente o que quer, torna-se, facilmente, egoísta, rude e teimoso. A inocência emancipada implica que o indivíduo domine, em primeiro lugar, seu egocentrismo. A autoconfrontação e a autotranscendência estabelecem a diferença entre a *inocência das crianças* e a *infantilidade*. A história confirma esse aspecto com um pequeno detalhe, já mencionado: o velho aceitou seu defeito. Transcendeu a vaidade. A inocência emancipada não é simplesmente uma licença para a pessoa fazer o que bem entender — é o desafio de transcender os desejos pessoais e as convenções sociais.

Um exemplo impressionante dessa inocência emancipada pode ser encontrado na vida de Carl Jung. Na meia-idade, depois de muitos anos de um proveitoso trabalho em conjunto, Jung, depois de sério desentendimento, rompeu com Freud, seu protetor. Sem saber que rumo seguir, Jung andou à deriva por algum tempo. Durante esse período, sentiu uma necessidade estranha, incompreensível, de brincar com pedras junto às margens de um lago[8] e dispendia horas construindo casinhas e castelos de areia, exatamente como o fazia quando criança. Foi por essa época que Jung começou a elaborar suas teorias sobre a natureza humana e inaugurou um período de trabalho extraordinariamente criativo, emancipando-se das tradições sócio-religiosas prevalecentes. A inocência das crianças, a brincadeira espontânea, a liberação das convenções impostas convergiram para sua experiência de inocência emancipada.

Jung não é o único exemplo desse desenvolvimento. Paul Gauguin, o famoso pintor francês do século XIX, é outro. Corretor de ações, por profissão, Gauguin, na meia-idade, com uma queda do mercado, sofreu um revés econômico. Decidiu-se, então, contra todas as expectativas pragmáticas, a continuar pintando, sem qualquer outro meio de ganhar a vida e com uma família para sustentar. Resultado: perdeu a família e a reputação. Sua esposa pediu divórcio e suas antigas amizades o repudiaram. Ele, entretanto, não desistiu e criou um estilo pictórico próprio.

Rejeitou a técnica refinada de seu período — o Impressionismo — voltando-se, antes, para a arte "primitiva". Viveu muitos anos entre os polinésios, no Pacífico Sul, fascinado pela inocência que neles percebia. Gauguin, em breve, captou esse espírito em suas telas, porém sua arte estava longe de ser infantil. Pintou seus quadros com grande concentração e carinho e os imbuiu de profundos significados simbólicos — o estilo ingênuo de sua obra resultou de um talento maduro. Como o velho que dançou com os demônios, Gauguin restaurou sua inocência de criança através do sofisticado veículo da arte.

Um levantamento mais sistemático da inocência emancipada nos chega por obra do psicólogo Abraham Maslow, que estudou indivíduos desusadamente amadurecidos. Apesar de não pesquisar em especial a psicologia da velhice, Maslow descobriu que as pessoas que haviam encontrado as normas para uma saúde psicológica extraordinária, ultrapassavam os 50 anos. Isto, em si, é digno de nota. Contudo o mais importante eram as características que esses indivíduos apresentavam em comum. Eram o que Maslow designava "auto-realizadores" — realizando todo o seu potencial pessoal. Esses homens e mulheres simplesmente romperam com as normas culturais, para ir em busca de suas autodescobertas criativas, emancipando-se das convenções e da "racionalidade" corrente. Mas também superaram o egocentrismo. Eram capazes, por exemplo, de mergulhar no trabalho e lutar pela concretização de seus projetos, indiferentes ao reconhecimento público de seus esforços. O reconhecimento do valor pessoal importava menos que o trabalho criativo em si. E essas pessoas auto-realizadoras agiam e maneira tão espontânea e expressiva, que lembravam a inocência e a vivacidade das crianças. Maslow enfatizou o paradoxo desta inocência, porque ela integrava inocência e julgamento maduro. "Se as crianças são inocentes", Maslow escreveu, "então as pessoas que estudei chegaram, nos termos de Santayana, a uma 'segunda inocência'. Sua inocência de percepção e experiência combinava com suas mentes sofisticadas."[9] Desde então, outros estudiosos confirmaram as descobertas de Maslow,[10] sublinhando a importância da inocência emancipada como uma tarefa da maturidade.

Embora mágica, a história do velho e sua verruga é mais que um conto de fadas. Reflete o imenso potencial do desenvolvimento humano que pode ser constatado em diferentes culturas, no mundo todo — uma perspectiva daquilo a que os adultos, na idade madura, podem aspirar e uma alternativa contra o espectro do declínio.

11

O Humilde Ceifador

(conto originário da Índia)

Há muito, muito tempo, num país distante, um velho morava sozinho, no limiar de uma floresta, ganhando a vida à custa de ceifar capim para forragem. Vivia com simplicidade e guardava, em um pote, quase todo o minguado dinheiro que ganhava. Uma noite, quis saber o quanto havia economizado ao longo dos anos e, quando olhou para dentro do pote, ficou perplexo ao constatar que guardara uma bela soma. Coçou a cabeça, imaginando o que fazer com sua pequena fortuna. Não desejava nada além do que já possuía, mas também não queria que suas moedas continuassem sem uso. Então, teve uma idéia.

No dia seguinte, foi a um joalheiro e comprou um lindo bracelete de ouro. Foi fazer uma visita a um amigo, que era mercador, e perguntou: — Qual a mais bela e virtuosa mulher do mundo?

O mercador respondeu imediatamente: — É a Princesa do Leste!

— Então dê-lhe este bracelete — falou o velho ceifador — e diga-lhe apenas que é um presente de alguém que admira a beleza e a virtude.

O mercador partiu em uma de suas muitas viagens e logo chegou ao palácio da Princesa. Entregou-lhe o bracelete e a mensagem do velho. A princesa ficou encantada com o lindo presente e intrigada com o anonimato do doador. Não obstante, retribuiu-lhe o regalo — rolos de precioso tecido. O mercador foi ao encontro do ceifador e lhe entregou os rolos de seda.

O velho não sabia o que fazer com aquele tecido precioso e não queria guardá-lo. Então, perguntou ao amigo: — Qual o homem mais belo e virtuoso do mundo? Sem dúvida, ele pode fazer melhor uso desse tecido do que eu!

— Deve ser o Príncipe do Oeste — o mercador replicou, e, a pedido do velho, entregou o precioso tecido ao nobre mancebo. O Príncipe ficou perplexo diante do anonimato do presente, mas em retribuição, confiou ao mercador uma dúzia de cavalos puro-sangue.

— O que vou fazer com eles! — o velho exclamou quando o amigo lhe presenteou os cavalos. Então, teve uma idéia. — Fique com dois cavalos, meu amigo, e dê os outros à Princesa do Leste. Ela cuidará deles melhor que eu.

O mercador riu e seguiu para o leste, dando os cavalos à Princesa. Atônita diante dessa nova e ainda mais generosa dádiva, perguntou ao pai o que fazer. — Dê-lhe um presente tão magnífico — ele disse —, de sorte que seu admirador se envergonhe de mandar qualquer outra coisa! E isto encerrará a questão. — Então a Princesa remeteu, pelo mercador, vinte mulas carregadas de prata.

— Vinte mulas, carregadas de prata! — o velho exclamou quando seu amigo voltou. — O que vou fazer com elas? — Então pediu ao amigo que ficasse com seis dos animais, com todo o seu tesouro, e levasse os outros para o Príncipe do Oeste.

Quando o Príncipe viu presente tão suntuoso, ficou assombrado. Para não parecer ingrato, retribuiu com vinte camelos e vinte elefantes, carregados de presentes preciosos. Quando o amigo voltou com a caravana, o velho ceifador exclamou: — Só há uma coisa a fazer! — e pediu ao amigo que guardasse dois camelos e dois elefantes e levasse o resto à Princesa do Leste.

Quando o mercador chegou ao palácio da Princesa, seus pais pasmaram ante a magnificência daquela dádiva. — Isto só pode significar uma coisa — o Rei e a Rainha disseram à Princesa. — Este homem quer se casar com você! — Então pediram ao mercador que os conduzisse até o misterioso cortejador da Princesa. O mercador ficou apavorado. Se o Rei e a Rainha viessem a descobrir que um pobre homem era a causa de toda aquela confusão, ficariam furiosos! Mas não podia se furtar ao pedido do Rei e, pesaroso, levou consigo o real casal em sua viagem de volta.

A um dia de distância da aldeia do velho, o mercador seguiu à frente para avisar o amigo. — O que faremos? — o mercador perguntou, lamentando-se. Então, juntos, ele e o ceifador, choraram sua sina, temendo o ódio do Rei. Tarde da noite, o mercador retornou, entristecido, para junto do real casal e o velho ceifador subiu a um rochedo. Já havia escurecido e ele queria se atirar de lá. — Melhor morrer à noite do que ser humilhado pela manhã! — pensou. Mas, por mais que tentasse, morria de medo de saltar. Extremamente envergonhado, caiu por terra.

Uma luz então brilhou no fundo do rochedo e apareceram dois seres angelicais. — Por que está desesperado? — perguntaram ao velho e ele lhes explicou o caso. Os seres luminosos sorriam e um deles tocou o velho, enquanto o outro fazia um gesto em direção à sua cabana. No mesmo instante, os farrapos que o velho vestia se transformaram em rico vestuário e, em lugar do seu casebre, surgiu um palácio maravilhoso. Então, os seres desapareceram.

O velho ficou pasmado e perambulou ao redor do palácio completamente confuso. Servos acorreram e o levaram para dentro, deitando-o sobre almofadas macias. Na manhã seguinte, acordaram-no e o vestiram no exato momento em que as trombetas soavam, nas muralhas, o toque de boas-vindas. O Rei e a Rainha do Leste acabavam de chegar com a filha! E quem os guiava era um mercador estupefato, que olhava atônito para o novo palácio. O ceifador saudou os hóspedes reis enquanto os servos preparavam uma festa magnífica. Então o Rei aproximou-se do velho.

— Acaso terei entendido que vossa senhoria deseja se casar com a minha filha? — o rei perguntou. — Se for assim, concordo de coração!

O velho foi tomado de surpresa, mas declinou: — Sou muito velho para ela — disse. Então, teve uma idéia. — Mas, sei quem será o esposo perfeito! — exclamou, e pediu ao mercador que fosse convidar o Príncipe do Oeste para lhes fazer uma visita. O Príncipe chegou e se apaixonou pela Princesa. Então os dois se casaram no palácio do velho e todos celebraram as bodas por dias sem fim. Finalmente, o Rei e a Rainha partiram e o Príncipe e a Princesa também, mas, antes de seguir, fizeram uma parada para saudar o velho. Os soldados do Rei soaram cem trombetas e agitaram mil bandeiras. O velho sorria, de pé à entrada do seu novo lar. E despediu-se deles, com carinho, acenando com um maço do capim mais novo e perfumado que colhera naquela mesma manhã.

Resumo do conto "Walidad, o Simples de Coração", da obra de A. Lang, The Brown Fairy Book *(Nova York: Longmans, Green, 1914).*

Reflexões: Integridade do Ego e Inocência

Em seu longo e encantador desenrolar, esta história recapitula muito dos temas que apareceram nas histórias precedentes. Esta repetição é importante sob dois aspectos: primeiro, confirma a natureza dos cruzamentos culturais dos temas dos contos de velhos; e, segundo, destaca o fato de que os temas se desenrolam numa certa progressão, evidente em muitos contos diferentes. Esta seqüência comum sugere que os mesmos expõem uma sucessão de tarefas de desenvolvimento da idade adulta: a autocorreção antecede a autotranscendência e a autotranscendência antecede a inocência emancipada que, por sua vez, leva a uma nova tarefa que a presente história introduz.

O conto começa com um pobre velho, sem esposa nem filhos, de forma que os temas da perda e da assustadora imagem de pobreza na velhice surgem de imediato. O velho também vive junto à floresta e lá corta capim para viver. Como lenhar e pescar, colher capim em sítios selvagens simboliza um meio de entrar em contato com o inconsciente, e esta é a primeira tarefa da velhice.

O velho desenterra as economias de toda sua vida, compra um bracelete de ouro e pede a um amigo que o dê à mais bonita e virtuosa Princesa do mundo. Dois temas são ressaltados aqui. Primeiro, o velho pede a um amigo que dê o presente anonimamente. O ceifador não espera nenhuma retribuição, ou algum reconhecimento para si mesmo. Simplesmente deseja recompensar a Princesa por sua bondade, beleza e sabedoria. A atitude do velho é altruísta e reflete sua capacidade de transcender desejos egocêntricos. Sua autotranscendência torna-se ainda mais evidente, se compararmos a atitude do velho com o ato de dar presentes nos contos de jovens. O jovem herói, tipicamente, coloca algum tipo de sinal em seu presente para uma Princesa, para que mais tarde ela o identifique como seu doador. Se isso não acontecer, ele tem, pelo menos, meios de tentar recuperá-lo! O presente do jovem consiste, ao mesmo tempo, em suborno e em cartão de visita. O presente do velho não é uma coisa nem outra — é generativo. E o desenvolvimento desse altruísmo é uma segunda tarefa da maturidade, simbolizado nos contos de velhos.

O ato do velho, na verdade, parece uma tolice. Ele dá à Princesa, que realmente nem precisa daquele presente, as economias de sua vida.

A prudência recomendaria que guardasse aquele dinheiro para si, sobretudo para quando não pudesse mais trabalhar. O velho, porém, não é tolo. Afinal de contas, ele economizou todo aquele dinheiro e somente um homem experiente e disciplinado o faria. De forma que o ato do ceifador lembra a do velho lenhador que perdeu sua verruga. Ambos mandam às favas a prudência e a cautela. Um dança com demônios e o outro presenteia as economias de uma vida. Agem espontânea, inocentemente e — ao que parece — tolamente. Este, claro, é o espírito da inocência emancipada, apresentado agora num conto originário da Índia e não do Japão. Simboliza a terceira tarefa da velhice — transcender a racionalidade prática e a convenção social.

Em agradecimento ao presente do velho, a Princesa retribui — também com magnificência. Inesperadamente, a fortuna bate à porta do velho, como sucedeu com o lenhador no conto "A Fortuna e o Lenhador". O conto presente, entretanto, prossegue revelando-nos o que acontece a seguir, simbolizando uma nova tarefa de desenvolvimento.

O velho dá a um Príncipe distante o presente que recebe da Princesa, e assim inicia um ciclo alegre de trocas de presentes. Observem como o drama está ligado a uma ilusão: o velho leva o Príncipe e a Princesa a pensarem que ele é um monarca fabulosamente rico, embora ele não tenha a intenção de enganar, nem consciência desse fato. O Príncipe e a Princesa não podem imaginar que seu doador viva em uma choupana, no limiar da floresta, e que ceife capim para viver! De forma que deparamos com o tema da ilusão, firmemente vinculado ao tema da sabedoria do mundo. Mas a chave para todas essas trocas reside na atitude do velho em relação aos presentes que recebe em retribuição. Ele os recusa, e por razões muito claras que nos expõem as novas considerações deste conto.

Antes de mais nada, o velho renuncia ao presente por altruísmo. Se precisássemos de outra prova de que ele havia transcendido o egoísmo e a egocentricidade, ela está aqui: ele dá uma fortuna fabulosa, sem desejar nada para si. Para reforçar esse ponto, podemos comparar a generatividade (*generativity*) do velho com a atitude do jovem Príncipe e da Princesa. Quando recebem seus presentes, oferecem outros em retribuição, mas por razões egoísticas — para manter sua honra e prestígio. O Príncipe e a Princesa agem levados pelo orgulho, pela etiqueta, pelo poder, não por altruísmo. De fato, se os dois tivessem tratado diretamente entre si, a troca de presentes teria, sem dúvida, terminado logo e eles nem teriam se conhecido. Foi a generatividade do velho que os uniu.

Existe ainda um outro significado para a renúncia do velho a toda aquela riqueza. Ele prefere viver como sempre viveu — simplesmente. Ele quer continuar a ser o que é — um humilde ceifador. Com os presentes que recebe, o velho poderia construir um palácio, contratar um sem-número de serviçais e viver como um rajá. Ele, porém, escolhe o contrário. A atitude do velho, nesse caso, é profundamente significativa. Ele aceita sua vida tal qual se apresenta. Sua atitude, porém, não é de resignação, de desespero ou algo semelhante. Tampouco rejeita os presentes por culpa ou amargura, achando que chegaram muito tarde para aproveitar, ou que não os merece. O velho recusa os presentes por possuir uma noção profunda de quem ele é, uma forte identidade pessoal. Ele aceita a vida como ela é. Não deseja ser outra pessoa. Sua forma de auto-aceitação é sobremodo impressionante, mas os contos de fadas costumam exagerar com um objetivo. Qual a mensagem no caso?

Erik Erikson nos dá uma explicação. Como vimos antes, Erikson arrolou diversas tarefas psicológicas que os adultos precisam realizar na segunda metade da vida. A generatividade é a mais importante e este conto bem o retrata. Mas à generatividade segue-se outra tarefa igualmente importante — o desenvolvimento do que Erikson denomina "integridade", atitude de auto-aceitação e de auto-afirmação que também poderia ser chamada de "integridade pessoal". O indivíduo maduro, argumentava Erikson, precisa aprender a aceitar a vida tal qual ela transcorreu, para o bem ou para o mal. Precisa compreender que a história da sua vida é, para citar Erikson, "algo que tinha que acontecer e que, necessariamente, não admitia outra versão".[1] Dotado dessa integridade, a pessoa não se compara, melancolicamente, com outras que lhe parecem mais afortunadas, nem chora oportunidades perdidas ao longo do caminho. Não se propõe perguntas sem resposta, como, "E se eu tivesse feito isso...?" "E se eu tivesse feito aquilo...?" Ao contrário, a pessoa diz serena, mas firmemente: "Eu sou quem eu sou. Vivi como vivi."

Uma série de pesquisas sistemáticas têm, desde então, confirmado as observações de Erikson. A integridade e a auto-aceitação crescem com uma maior maturidade. E, o que é mais importante, aparecem diretamente associadas a um maior prazer de viver e a uma melhor saúde mental.[2]

Um exemplo impressionante de integridade ocorre no conto "A Floresta Mágica", onde se concede à velha mãe, por magia do Rei da Floresta, a oportunidade de retornar ao tempo mais feliz da sua vida. Ela, porém, declina da oferta e opta por continuar a ser quem é e não abandonar o filho. A história mostra, claramente, que ela preferiu, a todas as alegrias do mundo, viver sua vida de amargura, e é essa determinação que livra a floresta do feitiço. Como o humilde ceifador, a velha mãe aceita a vida tal qual é, afastando a tentação de viver num mundo mágico. Assim, o conto ilustra, de modo muito sutil, quão difícil pode ser a tarefa referente à integridade pessoal. Na vida real, muitas pessoas preferem conviver com o mundo mágico das recordações, morar no passado, ao invés de encarar o presente.

"O Humilde Ceifador" compõe diversos aspectos da integridade pessoal. Em primeiro lugar, existe uma íntima analogia entre integridade e inocência emancipada. Afinal de contas, foi o gesto da inocência emancipada do velho — presenteando à Princesa suas economias — que deu origem a tudo. Ele recebe em retribuição mais e mais presentes, que lhe oferecem uma alternativa à sua vida de pobreza. Somente com tal oportunidade ele pode, com autenticidade, aceitar, ou rejeitar, sua vida. Seu ato de inocência emancipada abre, pois, o caminho para a integridade. Realmente, a integridade pessoal pressupõe a inocência emancipada e, sobretudo, a habilidade de ignorar as convenções sociais. Embora lhe tenha sido oferecido tudo o que a sociedade tanto valoriza — riqueza, enlace com uma Princesa — o velho tudo rejeita, preferindo manter-se fiel a si mesmo. (Uma analogia semelhante entre integridade e inocência emancipada encontramos no conto "A Floresta Mágica". Elfos vêm ao encontro da velha mãe e juntos eles riem, cantam e dançam. Emancipada por essa magia, a mãe tem possibilidade de, por alguns instantes, esquecer seus problemas. Somente então ela pode fazer uma escolha verdadeira e somente então aceitar, assumir, com autenticidade, sua vida tal qual se apresentava. O raciocínio convencional a aconselharia a esquecer o filho, principalmente depois de ele a ter expulsado de casa, mas, isso, ela não aceita.)

Psicologicamente muito astuta, a história prossegue transmitindo uma outra mensagem, nem sempre reconhecida, sobre a integridade pessoal. No conto, a Princesa, o Rei e a Rainha decidem visitar o ceifador. Se bem que o velho não ligue para a riqueza, preserva ainda o orgulho de ser um homem de bem e orgulho é a palavra-chave neste contexto. Sentir-se envergonhado diante da Princesa lhe parece intolerável. O velho podia, com facilidade, desprezar o luxo e a riqueza, porque nada significavam para si. Viveu sem eles durante toda a sua vida e poderia continuar a viver assim. Mas não podia, porém, com a mesma facilidade, pôr de lado sua honra pessoal. O orgulho representa o último — e talvez o mais secreto e pessoal — de seus anseios. Então, neste ponto, a história distingue a integridade pessoal do orgulho. A questão é importante porque ambos são fáceis de confundir.

Quando, na velhice, refletimos sobre a nossa trajetória pessoal, torna-se às vezes muito difícil não nos sentirmos consumidos pelo remorso, lamentando caminhos não trilhados, ou amigos que ficaram para trás. De fato, Erikson deixou bem claro que, se na velhice a pessoa não conseguir chegar a um sentido de integridade pessoal, segue-se o desespero. Por outro lado, através das lembranças, é fácil ser complacente com o passado. Com o transcorrer dos anos, a maioria dos adultos conquista algo de que se orgulha, seja por ter formado com sucesso uma família, ou por ter iniciado um novo ramo de negócios. Nesse retrospecto, é fácil exagerar os sucessos e desculpar os erros passados. Levado ao extremo, isso conduz à presunção. O indivíduo passa a considerar sua vida como exemplo de virtude, heroísmo, generosidade e beleza. De fato, uma pesquisa longitudinal, realizada em Harvard e Berkeley, revela muitos casos deste processo criador de mitos. As pessoas se recordam de quão maravilhoso um casamento "sempre foi", quando registros anteriores, cobrindo 20 anos, revelam uma espantosa discórdia matrimonial; ou alguém pode referir-se à sua carreira como um apelo pessoal jamais questionado, se bem que entrevistas pregressas indiquem constantes dúvidas vocacionais.[3]

A integridade pessoal ou o desespero não são os únicos resultados da velhice. Orgulho egocêntrico e presunção são igualmente possíveis e tão aterrorizantes quanto o desespero. A integridade pessoal requer, pois, um meio-termo, combinando, por um lado, a autotranscendência e, por outro, a auto-aceitação. Nossa história retrata, vivamente, o perigo do orgulho. Com medo de sentir-se envergonhado diante da Princesa, o velho resolve se matar. Falha e, desesperadamente, cai, renunciando, efetivamente, a seu orgulho. Como os demônios que a velha encontra no conto "O Presente do Pardal", o velho tem necessidade de uma crise trágica e sombria para desarraigar seu orgulho.

A esta altura, surgem os seres angelicais. Observem, entretanto, que os anjos aparecem *após* o orgulho do velho ter-se quebrado. De forma que eles são realmente o efeito, não a causa, de sua salvação. Nosso conto de velhos difere, pois, das histórias de jovens, em que seres mágicos proporcionam *meios* de evasão, ao invés de resultados ou recompensas por uma ação.

Os anjos concedem ao velho uma fortuna inacreditável. A esta altura, sabemos que riqueza material significa saúde psicológica. Sendo assim, nossa história sugere que a verdadeira integridade pessoal, purificada de toda presunção, implica riqueza psicológica — um novo nível de integração interior e de plenitude de vida. A situação aqui é semelhante à que aparece no conto "O Dragão Rei do Mar", no qual o opulento palácio do Dragão Rei simboliza harmonia e plenitude interior. A integridade pessoal, a que a presente história alude, consiste nesse estado. A riqueza que ele cria é a sua recompensa.

Neste conto, a riqueza do velho vem de seres angelicais, o que nos leva a suspeitar de um importante elo entre a riqueza do velho e algo espiritual ou divino. De fato, o palácio e seus jardins são tão maravilhosos que recordam o Paraíso e o Jardim do Éden, locais de máxima perfeição e plenitude. Nosso conto parece aqui insinuar que o velho recupera a divina inocência de Adão e Eva antes de sua queda bíblica. A inocência emancipada e a integridade pessoal estão, de certa forma, associadas à realização espiritual. O que isto quer dizer, exatamente, ainda não está bem claro, mas a história seguinte irá elucidá-lo mais plenamente.

12
As Seis Estátuas

(conto originário do Japão)

Há muito, muito tempo, viviam um bondoso velho e sua mulher. Eram paupérrimos. Numa véspera de Ano-novo, viram que não tinham dinheiro para comprar bolos de arroz para comemorar a festividade. Diante disso, lembraram-se de sete chapéus de palha que o velho havia tecido há algum tempo. — Vou até a aldeia vendê-los — disse o velho. Então a esposa pôs um dos chapéus em sua cabeça e os outros seis em seus ombros, e lá foi ele sob a neve.

Durante todo o dia, o velho andou, tentando vender seus chapéus, mas ninguém queria comprá-los. De forma que, à tardezinha, ele subiu penosamente a trilha nevada que levava à casa, envolto em tristeza. No caminho, viu seis estátuas de deuses, de pé, na neve. Eram as divindades guardiãs das crianças e pareciam tão geladas e sozinhas que o velho parou. — Não posso deixá-las aqui, tremendo de frio! — exclamou, e deu a cada uma um chapéu de palha, atando-os cuidadosamente à cabeça dos deuses. Então voltou para casa.

A velha suspirou quando o marido lhe disse que não trouxera bolos de arroz; no entanto, sorriu quando ele lhe contou que havia dado os chapéus para as seis estátuas. — Imagine o quanto devem estar felizes! — ela exclamou. Bem tarde, naquela noite, depois de uma magra ceia de Ano-novo, o velho e sua esposa foram se deitar.

À meia-noite acordaram com estranhos ruídos fora de casa. — Que pode ser? — o velho perguntou. Aprestaram os ouvidos e reconheceram o som de pessoas cantando.

Nesse momento, escancarou-se a porta e uma cestinha pousou no meio da choupana. Ao cair, abriu-se, mostrando os mais belos bolos de arroz que o velho casal já vira: eram frescos e perfumados. E quando olharam para a porta, viram as seis estátuas, cada qual com um chapéu de palha, cumprimentando-os, com uma reverência, pelo Ano-novo!

Resumo do conto "The New Year Gift from the Six Jizos", da obra de M. Ohta, Japanese Folklore in English *(Tóquio: Miraishi, 1955)* e de *F. H. Mayer,* Ancient Tales in Modern Japan *(Bloomington, Ind.: Indiana University Press, 1985).*

Reflexões: O Retorno do Encanto

Esta história é curta, meiga e (até poderíamos pensar) simples. Sua simplicidade, porém, é enganadora. O conto trata da natureza da inocência emancipada de uma forma intrigante.

Observem, em primeiro lugar, o modo pelo qual o velho dá seus chapéus de palha às seis estátuas de pedras. Ele não os oferece aos deuses apenas para livrar-se deles, como fazemos com as sobras da mesa que lançamos aos cães ou com as roupas velhas que damos aos pobres. Muito ao contrário, o velho os ata, respeitosamente, nas estátuas e dirige-se a elas. Suas ações são inesperadas e aparentemente irracionais. Afinal de contas, se ele pensava, sobretudo, em vender os chapéus, poderia guardálos e tentar de novo, em outra ocasião. Além do mais, o que iriam pensar as pessoas ao vê-lo conversar com as estátuas? O velho dá a impressão de ter perdido o juízo — como o que dançou com os demônios e como o ceifador de capim que deu à Princesa as economias de toda a sua vida. Pelo fato de ignorarem as considerações pragmáticas, de dispensarem as convenções sociais e de dignificarem um sentimento espontâneo, nascido do coração, essas criaturas são um símbolo da inocência emancipada.

A história salienta a combinação ímpar da espontaneidade das crianças e da praticidade do adulto que constitui a inocência emancipada. Por exemplo, o velho dá seus chapéus às estátuas *após* ter tentado vendêlos na aldeia, não antes. É um homem prático, não um tolo. Realmente, a ida do velho à aldeia e sua volta representam a metáfora de uma viagem ao seio da sociedade humana, prática, e depois sua superação. Quanto a este aspecto, o velho contrasta, fundamentalmente, com os heróis ou heroínas típicos dos contos de jovens. O protagonista jovem também se desfaz de coisas valiosas, mas de uma maneira impensada, e ainda *rumo a um desafio*. O jovem pode, por exemplo, dar a um animal esfomeado sua última côdea de pão, por pura generosidade. Essa magnanimidade, no entanto, é imatura. Ele assume que tudo, afinal, dará certo, mesmo com um terrível dragão à sua frente. Ou acredita em poder vencer suas provações sem necessidade de alimento ou descanso. Sua inocência é a de uma criança que ainda não enfrentou o mundo, que não lutou contra ele, que não aprendeu suas múltiplas lições, duras e humilhantes. O velho desta história, por outro lado, *está* no mundo, sabe como cuidar de si, e tem feito isso há muitos anos. Conhece seus limites e os do mundo também. De forma que nossa história mostra, muito claramente, que a inocência emancipada pressupõe anos de pragmatismo.

A história acrescenta um detalhe intrigante que apóia o tema da inocência da criança. As seis estátuas são singulares. Não são representações da Deusa da Misericórdia ou de Buda, a quem os adultos, na antiguidade, costumavam cultuar no Japão. Nossa história especifica — e jocosamente afirma — que as seis estátuas representam as deidades guardiãs das *crianças*!

Nessa noite, as seis estátuas adquirem vida e visitam o velho e sua esposa, trazendo, de presente, bolos de arroz. Os seis deuses pressagiam um maravilhoso Ano-novo para o velho casal. Assim tão calorosa e encantadora, qual seria o significado simbólico dessa visita miraculosa? Por um lado, o evento simboliza o rejuvenescimento. Estátuas frias e sem vida se transformam em seres vivos, sugerindo que, por mais árida e rígida que possa parecer a existência, subsiste a oportunidade de renovação. O cenário da história sublinha esse fato — é inverno, estação pálida e desolada, freqüentemente comparada à velhice. Mas a história também diz, especificamente, que o evento ocorre na véspera do Ano-novo. Como último dia do ano, a véspera do Ano-novo evoca uma imagem de declínio e morte. Como alvorada de um ano novo, aponta para um recomeço.

Não obstante, o tema de objetos inanimados que adquirem vida ocorre em outros contos de velhos. Particularmente encantadora é a história cossaca "O Boi de Palha",[1] na qual uma pobre velha faz um boi de palha que seu marido cobre de pixe para mantê-lo compacto. Ela o leva para o campo, tratando-o como se fosse de verdade e o boi adquire vida. Diferentes animais da floresta se achegam ao boi de palha e ficam presos no alcatrão. Então a mulher os leva para casa e o marido poupa-lhes a vida em troca da promessa de que eles ajudariam a ele e à sua esposa. Os bichos da floresta lhes trazem mel, frutas e verduras e o velho casal vive feliz a partir de então. Aparecendo como aparece em todo o mundo, o tema de objetos inanimados que ganham vida deve ser muito importante. Como de costume, um bom ponto de partida para a interpretação do tema é encarar o fato concreto como símbolo de um processo psicológico.

Tratar estátuas de pedra como se fossem seres vivos constitui um *animismo*. Um ótimo exemplo dessa atitude nos vem das crianças, que consideram seus ursinhos de estimação não como bichinhos de pelúcia, mas como seres vivos. Animismo é também a atitude que vivifica a consciência mítica,[2] e confere uma alma às árvores e às pedras, igual à das pessoas. O caçador, na antiguidade, pedia desculpas à sua presa antes de matá-la, porque acreditava que o animal tinha uma consciência e um espírito igual ao seu. E o lenhador aborígine aplaca a árvore que corta, falando com ela e fazendo-lhe oferendas, respeitando-a como a uma pessoa. A natureza, na consciência mítica, está cheia de duendes, dríades e ninfas.

As crianças quando crescem perdem esse animismo, predominando, em parte por necessidade, uma visão materialista, científica e pragmática do mundo. A natureza é medida e concretizada, para poder ser melhor manipulada.[3] A resolução de problemas é o que preocupa os adultos, não o falar com árvores. Daí o presente conto sugerir que a recuperação do animismo e da consciência mítica é tarefa da velhice.

Pesquisadores modernos, especializados em envelhecimento, observaram exatamente esse animismo na velhice. Os velhos com mais freqüência que os jovens, tratam os objetos inanimados como se fossem coisas vivas.[4] E ainda, as pessoas mais velhas vêem, com mais freqüência, qualidades mágicas nos acontecimentos e apelam para explicações sobrenaturais — descoberta que foi quantificada mediante o emprego do Teste de Apercepção Temática.[5] Este animismo dos adultos mais idosos é geralmente interpretado como uma regressão da capacidade intelectual, como uma perda da capacidade lógica. Entretanto, como vimos antes, um número crescente de psicólogos tem desafiado o modelo da simples regressão no tocante ao envelhecimento.[6] Isto suscita uma questão importante: existe, acaso, uma forma madura de animismo e de consciência mítica? Há um precedente para essa inocência emancipada que é a restauração, na idade madura, da inocência das crianças.

Martin Buber, um filósofo do século XX, tem para isso uma resposta afirmativa, se bem que teórica. O que ele chama de "Atitude Pessoal" é uma forma madura de animismo.[7] Esta Atitude Pessoal é a que adotamos em relação a amigos íntimos e pessoas queridas — tratamo-los com respeito, afeição e sensibilidade. Usamos, ao contrário, o que Buber denomina de "Atitude Impessoal" para animais e objetos, tratando-os como "coisas", ou objetos — como coisas para serem usadas. Claro que, às vezes, aplicamos a "Atitude Impessoal" também às pessoas, tratando-as como objetos comuns, o que é, via de regra, condenado. Realmente, o ideal tradicional de amor universal, ou *agape*, não passa da "Atitude Pessoal" aplicada a todos os povos. Buber sustenta que podemos estender esse amor às plantas e animais. Podemos empregar a "Atitude Pessoal" a árvores e cachorros, da mesma forma que à família e amigos. Então, passaremos pela experiência de considerar coisas e animais como indivíduos únicos, insubstituíveis. O cerne desta experiência é o encanto — a captação do mistério. De fato, para Buber, a "Atitude Pessoal" é quase uma experiência mística.

O problema crucial está em saber se esse espírito maduro de encanto e mistério ocorre na vida real. Observações empíricas respondem que "sim". Experiências numinosas, chegando às raias do misticismo, parecem se suceder na segunda metade da vida.[8] Tais experiências podem — e devem — ser distinguidas das experiências regressivas ou patológicas.[9] Testemunhos pessoais constituem, no entanto, as mais convincentes evidências dessa forma madura de encanto. Flora Arnstein, professora aposentada, escreveu aos 90 anos o seguinte poema:

Que não possa jamais ser conhecido,
Torna tudo mais atraente,
E intrigante também, para que continuemos tentando.
Cada manhã é um convite,
O sol amigo como uma criança sem medo,
Cada coisa insignificante, uma delícia: a calçadeira
saindo do sapato,
A pasta na escova de dentes;
Todas as pequenas coisas deleitáveis: o café coado,
mesmo a torrada queimada,
e a corrente de ar frio
quando se sai à rua.
Isto não é euforia, mas uma aura
de bem-estar.[10]

De seus versos assoma um espírito de mítico prazer. Ela canta o momento presente mais comum apreendendo o mistério e a divindade nele contidos. É o retorno do encanto e da sensação de descoberta que deve experimentar uma criança diante da primeira escova de dentes ou da primeira xícara de café. E o maior milagre está em que esse prazer retorne, à última hora.

O retorno da experiência mítica assume, freqüentemente, a forma de bem-estar junto à natureza. Por exemplo, uma senhora de 60 anos me consultou a respeito de seu marido que sofria do mal de Alzheimer. Apesar do cansaço resultante de tratá-lo, ainda se sentia com forças para gozar a vida. E ela descreveu sua experiência: "Caminho todas as manhãs, chova ou faça sol. Adoro fazer isso. O mundo parece tão fresco! Tudo está vivo — as árvores, os pássaros, a água do lago!" Para os outros, o encanto retorna quando avós. Eis como uma mulher descreveu sua reação ao contemplar o neto pela primeira vez: "Era um milagre, um mistério, e algo mais ainda — um assombro diante da natureza. Foi uma experiência espiritual ou religiosa. Sabe, exatamente como se você se sentasse e contemplasse uma flor durante muito tempo — esse tipo de sensação, uma sensação religiosa."[11]

As pessoas, e os homens em particular, se afastam de uma preocupação futura com a conquista de coisas para gozar o momento presente. Uma nova sensibilidade emerge, um esteticismo que freqüentemente surpreende indivíduos durante muitos anos dedicados a objetivos puramente pragmáticos.[12] Romano Guardini, um filósofo, descreveu sua experiência, escrevendo aos 70 anos:

A existência assume agora a fisionomia, podemos dizer, de uma natureza-morta, num quadro de Cezanne. Uma mesa. Sobre a mesa, um prato. Sobre o prato, algumas maçãs. Mais nada. Tudo está lá, claro e evidente. Nada restou por perguntar ou responder. E, no entanto, mistério por toda a parte. Há mais nessas coisas do que os olhos podem perceber: mais que a simples individualidade de cada coisa... Poderia mesmo ser que o mistério constitua o verdadeiro estofo da existência: das coisas, dos acontecimentos, de tudo o que sucede e que chamamos vida.[13]

Imprescindível a essa atitude de encanto é a aceitação, pela pessoa, da vida tal qual ela se apresenta no momento presente. A pessoa nem se lamenta por um passado perdido, nem anseia por um futuro que ainda há de vir.[14] Aqui chegamos a uma estreita relação entre a restauração do espírito de encanto na vida e o desenvolvimento da integridade pessoal. Como já foi mencionado, integridade é a aceitação da vida tal qual foi vivida em seus melhores e piores momentos. A integridade pessoal é, portanto, a aceitação do passado individual. O retorno do encanto envolve uma igual aceitação do presente, até em seus menores, mais comuns eventos. O retorno do encanto constitui uma extensão e um aprofundamento da integridade pessoal.[15]

A relação entre as duas atitudes pode ser constatada numa declaração do psicanalista Martin Grotjahn, escrevendo nos últimos anos de sua vida:

Eu não trabalho mais, não ando mais. Por mais estranho que pareça, sinto-me bem...

Sento-me ao sol, vendo as folhas caducas vogarem, lentamente, nas águas da piscina. Penso, sonho, desenho, sento — sinto-me livre de preocupações — quase liberto deste mundo de realidade.

Se alguém me tivesse dito que eu me sentiria tranqüilamente feliz apenas me sentando aqui, lendo um pouco, escrevendo um pouco e gozando a vida de forma quieta e modesta, eu, é claro, não teria acreditado. Que um passeio pela rua até a esquina do parque me satisfaça, quando sempre achei que uma caminhada de quatro horas não era suficiente, isso me surpreende.[16]

Uma espécie de magia calma, aprazível anima a experiência de Grotjahn. O mundo adquire vida de uma maneira tranqüila e mesmo pequenos incidentes tornam-se plenos de mistério e encanto. Grotjahn aceita a vida em sua simplicidade e naturalidade. Realizar algo notável ou alcançar um objetivo distante, como uma caminhada de quatro horas, importa pouco agora. As ambições da juventude foram substituídas por um maduro deleite no presente.

Nossa história, no entanto, não termina com o retorno da experiência mítica. Trata-se de um conto desusadamente profundo e que diz, especificamente, que as seis estátuas são *divindades*. Sendo assim, a história estabelece uma relação entre a inocência emancipada e algo divino. Não foi um mágico ou uma fada madrinha que vieram ter com o velho casal, mas seis *deuses*. E o que os deuses dão para o velho casal são bolos de arroz, comida ritual no Japão, oferecida costumeiramente nos templos para os deuses ou antepassados. De forma que bolos de arroz estão em analogia com a Eucaristia cristã ou com a Ceia da Páscoa dos judeus: as estátuas oferecem ao velho casal alimento espiritual, não apenas comida. A magia aqui não se consubstancia apenas na realização de um desejo — no sonho de um homem faminto por um alimento gratuito. A relação entre a inocência emancipada e o sagrado também ocorre no conto "O Humilde Ceifador", em que anjos aparecem no final da história e outorgam ao velho uma riqueza fabulosa, num cenário que recorda o Céu e o Paraíso.

De fato, a atitude de encanto e de inocência emancipada consiste num estado mental que lembra o que muitas tradições religiosas chamam de "iluminação".[17] De acordo com diversas escolas, um elemento-chave da iluminação está na apreensão do mundo em seu encanto e mistério, tal como ele é. Um poema de um erudito zen-budista esclarece a semelhança entre a iluminação espiritual e a experiência do mistério na velhice.

Silenciosamente a flor desabrocha,
e em silêncio perece;
no entanto agora, neste momento, neste lugar,
a flor inteira, o mundo
inteiro está desabrochando.

Esta é a linguagem da flor, a verdade da floração.
A glória da vida eterna está aqui, plenamente iluminada.[18]

Este poema é espantosamente parecido com o de Flora Arnstein e com os comentários de Martin Grotjahn e Romano Guardini. Relatos iguais de iluminação espiritual nos foram legados pelo cristianismo, pelo judaísmo e pelo hinduísmo.[19] Em conjunto, eles sugerem que a iluminação espiritual e a inocência emancipada envolvem uma forma madura de experiência mítica.

A iluminação espiritual é, sem dúvida, incomum e, via de regra, quanto mais elevada a fase de desenvolvimento, mais rara se torna.[20] Viver no limiar, entre a iluminação espiritual e o desenvolvimento da velhice, pode então parecer abstrato e pouco prático. Mas meu propósito é enfatizar o que *pode* acontecer na segunda metade da vida e não o que, *costumeiramente,* acontece. E esta é, de fato, a função dos contos de velhos: retratar as mais elevadas dimensões da humanidade, não a convencional — mais um ideal a ser alcançado que um hábito de acomodação.

"O Velho que Perdeu sua Verruga", "O Humilde Ceifador" e "As Seis Estátuas" têm uma única mensagem. Sugerem que o retorno do encanto na segunda metade da vida pode assumir a forma de consciência mítica e de iluminação espiritual. A iluminação pode ser a virtude que coroa a maturidade.

13

A Viúva e o Sapo

(conto tibetano)

Era uma vez uma velha viúva que morava sozinha numa pequena choupana. Um dia ela foi buscar água no riacho e um enorme sapo saltou à sua frente. O sapo abriu a boca e perguntou: — Cara senhora, quer ser minha mãe?

A viúva ficou chocada ao ouvir um sapo falar. — Não posso ser sua mãe — balbuciou assustada —, você é um sapo e eu sou um ser humano! — Dizendo isso saiu correndo, pensando que o sapo era, realmente, um demônio.

No dia seguinte, quando a velha estava tomando chá, sentiu como se alguém a estivesse observando. Ao olhar pela janela de sua casa, viu o enorme sapo que a fitava. — Por favor, cara senhora — ele repetiu —, quer ser minha mãe?

Seus olhos eram tão grandes e tristes que a velha viúva se comoveu. — Mas como posso ser sua mãe? — ela perguntou. — Você é um sapo e eu um ser humano! Onde você dormiria, o que você comeria?

— Eu dormiria na grelha do fogão — ele respondeu — e comeria o que você come! No fundo não somos todos iguais?

A velha viúva saiu correndo, pensando que o sapo a estava querendo enfeitiçar. No dia seguinte, quando foi ao riacho buscar água, o viu sentado lá, parecendo muito triste e solitário. — Cara senhora — o sapo tornou a pedir —, quer ser minha mãe?

A velha suspirou. Como podia abandonar a pobre criatura? Ela mesma conhecia o significado da solidão... — Muito bem — disse —, serei sua mãe! — O sapo coaxou alegremente e deu um salto no ar. Nesse dia, mudou-se para a choupana da velha e à noite dormiu na grelha do fogão. — Estranho — cismou a velha —, pensei que os sapos gostassem de lugares frescos e úmidos, não de lugares quentes e secos!

Na manhã seguinte a velha fez mingau de aveia. Era tudo o que tinha, por ser muito pobre. Então o sapo disse que iria buscar queijo para ela. E saiu pulando para o mercado. Esteve fora o dia inteiro e a velha viúva começou a se preocupar. — É tão pequeno! — pensava aflita. — Alguém pode tê-lo pisado! — Ao anoitecer, uma mula entrou no pátio com um carregamento de queijo. E montado na mula vinha o sapo.

Explicou que havia ido ao mercado e esperara durante horas; quando o mercador de queijos chegou, pulou sobre sua mula e começou a cavalgar ao redor do mercado. Os aldeões ficaram estupefatos ao verem um sapo guiar uma mula e saíram correndo. Então ele voltou para casa com os queijos.

No dia seguinte, o sapo declarou que ia procurar uma noiva. — Mas onde você vai encontrar um sapo-fêmea que possa falar? — a viúva perguntou.

— Sapo-fêmea? — ele riu. — Eu não preciso de sapo-fêmea! Vou à cidade em busca de minha noiva! — E se foi, pulando.

Tarde da noite, ele voltou. Anunciou que ia se casar com a filha do mercador da aldeia. A velha ficou abismada porque sabia o quão orgulhoso ele era — assim como a respectiva esposa —, pois sua filha era a moça mais bonita da aldeia. Então o sapo explicou que havia pedido a mão da donzela ao mercador. — Quando ele recusou — disse — tossi e ele mudou de idéia.

— Você tossiu? — a viúva perguntou.

— Sim — o sapo disse, e tossiu. Soprou um vento tão forte que carregou o telhado da choupana da viúva.

— Compreendo, compreendo! — ela exclamou. Então o sapo sorriu e, no mesmo instante, o vento cessou e o teto ressurgiu, como se nada houvesse acontecido.

— Então dirigi-me à mulher do mercador — o sapo prosseguiu — e quando ela recusou, eu chorei.

— Você chorou? — a viúva perguntou. Então o sapo chorou. Uma torrente inundou a casa e ameaçou carregar tudo. — Compreendo, compreendo! — exclamou a viúva. O sapo sorriu e a água sumiu, deixando tudo como antes.

— Finalmente — ele disse — perguntei à filha e, quando esta recusou, eu ri. Então o sapo riu e labaredas de fogo surgiram de todos os lados, queimando a choupana da velha viúva.

— Compreendo, compreendo! — a viúva gritou. O sapo sorriu, as chamas se apagaram e tudo voltou ao normal.

No dia seguinte, chegou a noiva. Estava com medo de se tornar esposa de um sapo, mas quando viu a velha viúva, sentiu-se melhor. De forma que logo acostumou-se à nova vida. Uns dias mais tarde, ia ter lugar uma grande corrida de cavalos perto da aldeia, à qual a velha viúva, o sapo e sua esposa decidiram ir. Quando saíam para a competição, o sapo lembrou-se de que não havia dado comida aos animais da cocheira. Por conseguinte, voltou e a velha viúva e a moça assistiram ao espetáculo sozinhas. Naquele dia, todas as disputas foram ganhas por um jovem misterioso que ninguém conhecia. Então a velha viúva e a moça correram para casa para contar ao sapo sobre o estranho campeão. O sapo lamentou ter perdido o espetáculo de forma que todos decidiram ir, no dia seguinte, assistir ao evento.

Na manhã seguinte, os três partiram para o torneio. Porém, o sapo lembrou-se de que havia deixado de dar água aos animais. Voltou, pois, pulando para casa e as duas mulheres foram sozinhas. Como no dia anterior, um misterioso cavaleiro ganhou todas as corridas. A essa altura, a velha viúva e a jovem esposa começaram a desconfiar do sapo.

No dia seguinte, todos saíram novamente para assistir à competição, mas o sapo, uma vez mais, lembrou-se de uma tarefa que ficara inacabada e voltou para casa. Desta vez, a viúva e a esposa o seguiram furtivamente. Quando chegaram em casa não o viram em parte alguma, mas encontraram uma pele de batráquio cuidadosamente pendurada atrás da porta. A jovem esposa, mais que depressa, pegou aquela pele e a queimou. Neste momento um jovem surgiu à porta. Não era outro senão o misterioso campeão. Viu a pele ardendo e correu para salvá-la. — O que está fazendo! — exclamou, mas a pele desaparecera nas chamas.

— Sou um ser mágico — explicou mais tarde à esposa e à mãe. Mas, desse dia em diante, conservou sua aparência humana. A esposa estava radiante, a mãe orgulhosa e os três viveram juntos e felizes. — Afinal de contas — dizia o antigo sapo —, no fundo não somos todos iguais?

Resumo do conto "O Sapo", da obra de F. e A. Hyde-Chambers, Tibetan Folk Tales *(Boulder, Colo.: Shambhala, 1981); mediante acordo com Shambhala Publications, 300 Massachusetts Ave, Boston MA 02115. Um conto semelhante pode ser encontrado na obra de F. H. Mayer,* Ancient Tales in Modern Japan *(Bloomington, Ind.: Indiana University Press, 1985).*

Reflexões: Mediação e Transcendência

O enredo deste conto de fadas deve ser conhecido da maioria dos leitores por consistir, basicamente, na história do príncipe-sapo, dela diferindo, porém, por envolver uma velha viúva. Este pequeno detalhe simboliza, no entanto, uma nova e importante tarefa da segunda metade da vida, isto é, o papel do idoso na sociedade.

O primeiro ponto a notar é que esta história se divide, com toda naturalidade, em duas partes. A primeira se refere à velha viúva e suas reações ao encontrar o sapo, enquanto que a segunda focaliza o sapo e suas aventuras. O conto começa com o tema usual da perda — a velha é uma pobre viúva. Então, inesperadamente, a magia invade sua vida, sob a forma de um sapo falante. Desde o princípio fica claro que o sapo é o símbolo dominante. Uma interpretação possível é a de que ele representa alguma parte da personalidade da velha. Vimos um exemplo desse simbolismo na história "O Dragão Rei", em que o menininho guia o velho pescador às profundezas do oceano, simbolizando a tarefa de recuperar, na velhice, a inocência das crianças.

No presente conto, o sapo é visivelmente um homem que se revela um grande cavaleiro, o que constitui um ótimo símbolo do lado masculino da velha. Como vimos, as mulheres, freqüentemente, renunciam à sua auto-afirmação e à sua liberdade na primeira metade de suas vidas, devido às pressões sociais. Após a meia-idade, esses negligenciados traços masculinos afloram do inconsciente, e a tarefa da mulher madura é a de integrá-los em sua vida. A história simboliza esse processo de modo encantador: o sapo pula do riacho e se acerca da viúva, assim como o oceano, riachos, embora de forma menos impressiva, freqüentemente simbolizam o inconsciente. Sendo o Tibete a fonte desta história — e estando a léguas de qualquer oceano —, a história fala em riacho. Ao se referir a um sapo, o conto também acrescenta um toque sutil. Os sapos começam a vida como girinos — criaturas aquáticas — que depois se tornam animais terrestres. Seu movimento da água para a terra simboliza a passagem do inconsciente para o consciente, um simbolismo observado tanto por mitólogos como por psicanalistas.[1]

O sapo, porém, não é apenas um símbolo da masculinidade sufocada da velha porque sua magia é, evidentemente, extraordinária. Ao cortejar a filha do mercador, ele tosse, chora e ri e suas ações provocam um terrível vendaval, uma horrível enchente e um incêndio desastroso. O sapo controla o vento, o fogo e a água, e isto é profundamente simbólico. Em muitas mitologias através dos continentes, os quatro elementos básicos do mundo são terra, ar, fogo e água e o folclore tibetano não constitui exceção. Se o sapo controla esses constituintes fundamentais do mundo deve ser mágico ou divino, o que nossa história confirma no final. Ao aceitar o sapo em sua vida, a viúva não somente recupera seu lado masculino, como entra em contato com uma realidade numinosa ou sobrenatural. Isto suscita uma importante tarefa, já discutida — a de transcender o eu consciente a fim de abranger as nobres visões de Deus, da sociedade e do Eu interior.

Notem que a viúva introduz o sapo na sua vida devido a um sentimento de compaixão — ela pensa como ele deve ser solitário e se preocupa com o seu bem-estar. Este é o espírito de generatividade e um exemplo de autotranscendência. A importância deste tema pode ser alcançada se compararmos a presente história com um conto de jovens da coleção dos Irmãos Grimm, "O Rei-Sapo". No conto alemão, uma jovem princesa deixa cair, por acaso, uma bola de ouro em um poço. Um sapo pula lá de dentro e promete ir buscar a bola, com a condição dela permitir que ele coma com ela na sala de jantar. Para recuperar seu brinquedo, a princesa concorda. Ela entra em contato com o sapo por puro interesse, não por autotranscendência. Quando a viúva adota o sapo como filho, sua atitude é, sobretudo, afrontosa, violando convenções sociais e considerações racionais. O fato lembra o velho que dançou com os demônios e o que deu seus chapéus às seis estátuas. Dessa forma, o conto alude ao tema da inocência emancipada.

Até aqui a história recapitulou os principais temas dos contos de velhos, desde a perda até o retorno da magia, a autotranscendência e a generatividade, chegando finalmente à inocência emancipada. Esta, porém, é apenas a primeira parte do conto! A história se desenrola rapidamente, descrevendo como o sapo arranja uma noiva, se casa e revela, por fim, sua verdadeira identidade. Ele passa a viver sua própria vida, bem independente da velha viúva. A história insinua, portanto, que não podemos considerá-lo apenas como um símbolo da masculinidade e da espiritualidade da velha viúva. É também, em si, uma pessoa. Realmente, como um jovem esposo, com sua jovem esposa, o sapo representa um belo símbolo da juventude em geral. Sugiro, conseqüentemente, que o relacionamento entre a viúva e o sapo simboliza o papel ideal que o idoso representa face à juventude. E este é o novo tema que a história focaliza.

Neste ponto, outros detalhes adquirem relevo. Embora o sapo mágico controle o fogo, o ar e a água, aparentemente não controla a terra — o quarto elemento mítico. Mas a terra também representa um excelente símbolo do reino terrestre, do mundo material, da sociedade secular e da realidade prática. E este é o território que a viúva dominou durante seus muitos anos de vida. (A sabedoria das coisas do mundo, como já foi exposto, é apanágio dos adultos na idade madura.) Não obstante seja o sapo uma criatura mágica, parece ainda frágil no tocante a questões terrenas até que a viúva o adota. Apesar de seus poderes, precisa dela. O mesmo tema aparece em outros contos de velhos, como a história árabe "A Cabeça Encantada" ou o conto japonês "A Princesa Luar".[2] Nestas histórias um jovem mágico ou divino pede a ajuda de uma pessoa mais velha para poder continuar a viver. E o que o velho proporciona é habilidade prática e conhecimento do mundo.

Os contos de velhos são aqui psicologicamente perceptivos. Homens e mulheres jovens são muitas vezes enredados por nobres visões, grandes ideais e paixões fulminantes. Têm energia, entusiasmo e sentimentos de sobra, os quais são bem simbolizados pelo fogo, pelo ar e pela água. O que lhes falta é um embasamento prático — o elemento terra — e é exatamente isso que uma pessoa madura proporciona: disciplina, conhecimento e paciência, as virtudes pragmáticas que ajudam a tornar o entusiasmo produtivo e as emoções turbulentas, toleráveis. Encontramos parte desse tema no conto "O Velho Alquimista", no qual o velho pai usou de sua sabedoria para canalizar as ambições quixotescas do genro, transformando os sonhos do rapaz num empreendimento prático. A presente história expõe um processo semelhante. Por intermédio da viúva, o jovem homem-sapo torna-se humano, encontra um lar, uma esposa e finalmente algum reconhecimento na sociedade.

A história portanto ilustra uma importante tarefa das pessoas maduras — a de mediar entre as visões transcendentes e as realidades mundanas, visando ao bem dos jovens. O velho chega a isso não por impingir necessidades práticas aos jovens, mas por oferecer um *modelo*. Idealmente, o velho revive seus próprios ideais transcendentes através dos jovens e depois os integra à experiência mundana, oferecendo exemplo e conselho.

Esse papel mediador próprio dos velhos pode ser detectado em diversas culturas ao redor do mundo.[3] Nas tribos caçadoras e nas sociedades agrícolas, o velho é o guardião dos arcanos sagrados. Os velhos presidem a iniciação dos meninos à puberdade e as velhas a das meninas, transmitindo-lhes as sagradas tradições de sua cultura. Mas, ao mesmo tempo, ensinam-lhes conhecimentos práticos vitais — os segredos da caça, da fiação, da previsão do tempo e assim por diante. Se os velhos intercedem junto ao mundo do além, aplacando os deuses e os espíritos dos mortos, também treinam os jovens para este mundo. Servindo-nos das palavras de David Gutmann, gerontólogo social, os velhos são "postos avançados do sagrado".[4] Eles ligam os jovens às realidades transcendentes e às realidades práticas.

Embora a importância dos velhos tenha decrescido muitíssimo nas sociedades industrializadas, o papel arquetípico subsiste. Em suas entrevistas, em profundidade, com pessoas idosas, o gerontólogo John Kotre descobriu, por exemplo, que muitos falam em tentar concretizar ideais e tradições em prol das gerações mais novas.[5] Lutam por serem modelos vivos para os jovens — e os jovens, moços e moças, correspondem. Muitos, por exemplo, abraçaram a ordem religiosa fundada por Madre Teresa. Trabalhando incansavelmente com os mais miseráveis dos pobres da Índia, Madre Teresa encarna um ideal inspirador de amor santificante. Mas, mais importante ainda, ela é a imagem viva da dedicação — integração de ideal e trabalho prático. Por intermédio de sua ordem, ajuda moças a transformarem seus próprios ideais espirituais numa atividade útil.

Os avós, freqüentemente, desempenham papel semelhante, se bem que menos impressionante, em relação aos netos — o que é válido nas culturas de todo o mundo.[6] Realmente, muitos indivíduos de sucesso citam seus avós, mais que seus pais[7], como modelos pessoais de inspiração. O filósofo francês Jean-Paul Sartre, por exemplo, lembra de seus avós com muito carinho, com respeito e como fonte de inspiração. E a pioneira antropóloga americana, Margaret Mead, recorda a influência que os avós exerceram em sua formação durante a infância. Para a criança, o avô freqüentemente parece sábio e heróico, maior que a vida, e, no entanto, acessível — ao mesmo tempo temível e amigo, mágico e, ainda assim, humano. E esta constitui a essência do papel mediador, que combina ideal transcendente e realidade cotidiana.

O papel do velho também se estende ao de mentor. Idealmente, o mentor transmite não apenas ensinamentos práticos ao aprendiz, mas também ideais éticos que imprimem significado, honra e disciplina à prática. Médicos e juristas veteranos, por exemplo, costumam salientar que o saber técnico não basta para o exercício da Medicina ou do Direito. O jovem profissional precisa desenvolver também um senso ético, fundamentalmente arraigado numa tradição de curar o paciente e de lutar pela justiça. Sem essa base idealista, o jovem pode abusar de seus novos conhecimentos, servindo-se deles para fins egoístas.[8] O ideal transcendente precisa estar integrado à prática mundana.

Um exemplo tirado da vida real talvez seja a melhor maneira de ilustrar a importância do desenvolvimento do papel mediador. O Sr. J., um negociante de sucesso, veio fazer terapia por volta de seus 60 anos, devido a uma depressão. Logo a seguir, começou a ter súbitos acessos de sentimentalismo, bem pouco condizentes com a sua costumeira atitude fleumática. O fato de ouvir o hino nacional, por exemplo, cantado em um jogo de beisebol ou em uma reunião política, comoviam-no até às lágrimas. Nesses momentos, o Sr. J. sentia-se parte do drama americano, movido por um patriotismo que não experimentava mais desde jovem. Sentia-se terrivelmente embaraçado com essas emoções e, a princípio, pensava que elas só traduziam um sentimentalismo tolo. Na verdade, reprimia suas reações para que a mulher não visse lágrimas em seus olhos. Entretanto, pouco a pouco, o Sr. J. começou a aceitar esses impulsos como válidos e importantes e a recordar os ideais que alimentara quando jovem e que pusera de lado em sua longa carreira comercial. Em parte como resposta a esses sentimentos, abandonou uma profissão, muito bem-sucedida nos negócios, e dedicou-se à consultoria e ao ensino. Fez um esforço especial para incentivar a carreira de jovens de ambos os sexos. "Desta forma", explicou, "posso contribuir para a realização do sonho americano!"

Como a velha viúva da nossa história que somente depois de muita hesitação aceitou o sapo, o Sr. J. abraçou seus ideais renascentes com constrangimento e relutância. E assim como a velha tornou-se mãe do sapo, o Sr. J. integrou o idealismo renovado à sua vida, tornando-se mentor de jovens de ambos os sexos. Assentou seus rasgos de emoção em bases altruísticas e concretas, evitando tornar-se uma vítima do mero sentimentalismo. Em suma, o Sr. J. construiu para o bem da sociedade uma ponte entre seus ideais pessoais — sua visão do sonho americano — e as necessidades práticas de jovens empreendedores.

A história "A Viúva e o Sapo" também mostra uma importante afirmação acerca do papel de mediador: ele não cabe a qualquer pessoa de idade, mas a uma pessoa de idade que tenha evoluído e se tornado sábia com o passar dos anos. Realmente, as civilizações de todo o mundo estabelecem uma distinção marcante entre o *idoso* e o *decrépito*, entre os que aprendem a servir de mediadores para verdades transcendentes e os que meramente se deterioram com a idade.[9] Nossa história transmite essa verdade de uma forma sutil, introduzindo a mediação *após* aludir à pobreza, à autotranscendência e à inocência emancipada, o que sugere ser o papel mediador — resultado de desenvolvimento e não somente efeito inevitável da velhice — um desafio e uma tarefa, não o simples acúmulo dos anos.

14

O Pescador e o Gênio

(conto árabe)

Há muito, muito tempo um velho pescador morava com a esposa perto do mar. Todo dia ele lançava sua rede quatro vezes, nem mais nem menos — ganhando a vida com o que tirava do mar. Um dia a má sorte o perseguiu. Na primeira vez em que jogou a rede, pescou um asno morto; na segunda, uma urna cheia de areia e, na terceira, apenas cacos de cerâmica. Desesperado, rezou a Alá, pedindo melhor sorte na sua última tentativa. E realmente, quando puxou a rede, viu nela emaranhada uma pequena ânfora de cobre.

O objeto estava selado e em sua tampa estavam gravados textos sagrados. Por mera curiosidade, o velho abriu a ânfora. Nada encontrou dentro dela mas, no instante seguinte, começou a vazar fumaça e um gênio horrível se materializou. O monstro curvou-se ante o pescador e disse: — Poderoso Salomão, eu vos saúdo e agradeço por me terdes libertado de minha prisão!

O pescador tremia aterrorizado. — Eu não sou Salomão — disse —, o grande rei está morto há milhares de anos!

O gênio parou e depois riu. — Neste caso, prepare-se para morrer, homenzinho!

O pescador estava apavorado. — Mas eu o libertei da ânfora! — ele gritou. — Que gratidão é essa?

— Salomão me prendeu nesta ânfora porque me rebelei contra ele — o gênio explicou — e então, durante os primeiros cem anos, fiz o voto de tornar a quem me libertasse mais rico do que se possa sonhar. Mas não apareceu ninguém. Nos cem anos seguintes, prometi conceder três pedidos ao meu libertador. Mas, de novo, não apareceu ninguém. Então fiquei zangado e fiz um juramento solene: que mataria, no ato, o homem que me libertasse. Portanto, mortal, prepare-se para morrer!

O pescador implorou em vão pela própria vida. Então pensou depressa e disse finalmente: — Muito bem, você pode me matar, monstro ingrato! Mas, invocando o Mais Terrível Nome de Alá, pelo menos me diga a verdade. — O gênio tremeu ao ouvir o nome de Alá. — Como pôde um gênio grande como você caber numa ânfora tão pequena? — O pescador perguntou. — Você deve ter vindo de um outro lugar.

O gênio se sentiu insultado. — Homem tolo — vociferou —, você não acredita em mim? Vou lhe mostrar o poder da minha magia e depois matá-lo! — Dizendo isso, o gênio transformou-se numa nuvem de fumaça e entrou de novo na ânfora. Imediatamente, o velho pescador fechou a tampa. Uma voz metálica partiu do objeto. — Deixe-me sair! — o gênio gritava.

— Jamais! — respondeu o pescador.

Então o gênio falou com mais delicadeza. — Eu o recompensarei generosamente, se você me soltar! — ele prometeu.

— Você é um assassino — retrucou o pescador — e eu vou jogar sua ânfora no mar, construir minha casa neste lugar como um aviso às pessoas para que nunca mais pesquem aqui.

— Não, não! — implorou o gênio. — Eu só o estava testando! Agora que sei que você é um homem temente a Alá, vou recompensá-lo!

— Você me toma por algum tolo? — o pescador disse rindo. Acendeu o cachimbo, sentou-se na areia e então sorriu. — Isto me lembra a história do "Rei Ingrato" — o velho ponderou.

— Eu não conheço essa história — disse o gênio. — Por favor, conte-a para mim! Porém não posso ouvir bem, dentro desta ânfora, por isso você precisa, primeiro, abrir a tampa.

— Eu não vou libertá-lo — disse o pescador rindo —, mas vou contar-lhe a história. — E assim ele contou a história de um rei que fora vitimado por uma horrível doença, pior que a lepra. Nenhum de seus médicos e magos o puderam curar até que, um dia, passou por lá um médico que diagnosticou o mal... Esse médico o tratou e o Rei, em sinal de gratidão, distinguiu-o com honrarias que jamais concedera a nenhum homem em seus domínios. Isso suscitou a inveja do Vizir que segredou aos ouvidos do Rei sobre a facilidade com que o médico poderia envenená-lo. O tolo Rei atentou à mentira do Vizir e atirou o médico à prisão. Todos os rogos do bom homem foram vãos e o Rei condenou-o à morte. Antes de morrer, ele fez menção a um livro que possuía e que continha toda a sabedoria do mundo. Então, o Rei apossou-se do livro do defunto e folheou-o simplesmente para descobrir que o volume não trazia uma palavra escrita. Pelo contrário, suas páginas estavam envenenadas e logo depois o Rei morreu, em agonia. — Da mesma forma, Alá se vingaria de você, se você me tivesse matado! — o pescador concluiu.

— Mas nosso caso não tem nada que ver com essa história — protestou o gênio. — É mais parecida com a história do Príncipe e o Ogre.

— Ah! — murmurou o pescador. — Essa eu não conheço. Conte-a para mim.

— Não consigo lembrar-me dela dentro desta ânfora — disse o gênio. — Solte-me e tenho certeza de que a relembrarei melhor.

— Outros milhares de anos no fundo do mar refrescarão talvez a sua memória? — perguntou o pescador.

— Não, não — respondeu o gênio. — Agora me lembro dela.

— E então ele contou a história que era, por sinal, maravilhosa. Quando o gênio terminou, o pescador sorriu.

— Essa foi uma bela história — disse —, mas não tão boa quanto esta aqui... — E assim os dois passaram a tarde trocando histórias até que o pescador notou a hora avançada. — Preciso deixá-lo em breve, meu amigo — ele disse ao gênio.

— Por favor, me liberte! — o gênio insistiu. — Prometo que não lhe farei nenhum mal e que o ajudarei. Diante do Mais Terrível Nome, eu juro! — A ânfora sacudiu-se toda quando o gênio tremeu lá dentro.

O pescador fez uma pausa e depois disse: — Muito bem, eu vou libertá-lo.

O velho tirou a tampa e o gênio reapareceu. No mesmo instante, com um pontapé, jogou a ânfora ao mar. — Lembre-se do seu juramento! — balbuciou o pescador, cujos joelhos começaram a tremer.

O gênio franziu o sobrolho e depois ordenou mal-humorado: — Siga-me.

O gênio conduziu o velho ao mais profundo seio da floresta e pararam junto a um lindo lago rodeado por quatro montanhas. Nas águas nadavam peixes de quatro cores — vermelhos, amarelos, azuis e brancos. — Lance a sua rede aqui — o gênio disse ao velho —, mas somente uma vez por dia. Depois leve ao sultão o que pescar. — Com isso, o gênio bateu o pé no chão, a terra se abriu e ele desapareceu.

O pescador lançou a rede no lago e pescou imediatamente quatro peixes, um de cada cor. Eram a coisa mais bonita que já vira, de forma que ele correu ao palácio do sultão e os deu de presente ao monarca. O sultão ficou encantado com a beleza dos peixes e recompensou o velho regiamente. Depois entregou-os a um cozinheiro para que os fritasse. Quando este os colocou sobre o fogão, a parede da cozinha rompeu-se com violência e dos escombros saiu uma mulher. — Vocês foram fiéis a seus compromissos? — perguntou aos peixes, e todas as criaturas responderam sim, e a mulher e os peixes desapareceram.

O cozinheiro relatou o fato ao sultão, mas ele não acreditou. De forma que pediu ao pescador que trouxesse no dia seguinte mais quatro peixes, o que o velho fez. Porém, aconteceu o mesmo: no momento em que o cozinheiro estava prestes a fritar os peixes, a mulher saiu de dentro da parede, dirigiu-se às criaturas e depois desapareceu juntamente com elas. O Sultão decidiu constatar o estranho fato por si mesmo, de forma que pediu ao pescador que trouxesse mais quatro peixes e o velho novamente atendeu. Desta vez o Sultão ficou observando, enquanto o cozinheiro se aprestava para fritá-los. A parede se escancarou e um negro surgiu, perguntando aos peixes: — Vocês foram fiéis aos seus compromissos? — Todos responderam: — Sim — e depois desapareceram juntamente com o estranho.

— Aqui tem magia! — o Sultão falou. Então chamou o pescador ao palácio e perguntou: — Onde você pesca seus peixes? — O velho guiou o Sultão até o lago rodeado pelas quatro montanhas. — Acho — pensou o Sultão — que vou explorar esta área pessoalmente.

Nessa noite o Sultão enveredou pessoalmente pelas encostas das montanhas até que, afinal, chegou a um castelo. Aventurou-se por aquele lugar sombrio onde não havia viva alma. Então ouviu alguém gemer e, seguindo o som, chegou a um jovem cuja cintura e pernas estavam petrificadas e que se contorcia de dor!

— Alá tenha piedade! — o Sultão exclamou. — O que aconteceu com você? — O jovem espantou-se ao ver um rosto humano no castelo encantado, mas logo lhe contou a história de sua desdita. Ele era o Príncipe das Ilhas Ocidentais, explicou, e havia desposado uma mulher maravilhosa. Porém, sua esposa era, na verdade, uma terrível feiticeira, e, pior ainda, amava um outro homem. — Quando soube desse caso maldito — o Príncipe continuou — saquei a espada e golpeei o vilão. — Em vingança, a bruxa transformara metade de seu corpo em pedra e enfeitiçara todo o seu reino. Suas ilhas se converteram em montanhas, o mar, num deserto e seu povo querido, nos peixes do lago — rubis, amarelos, azuis e brancos, devido aos quatro compromissos assumidos pelo reino.

O infeliz Príncipe contou que toda noite a feiticeira aparecia e o açoitava; que em algum lugar do palácio jazia seu amante, nem morto, nem curado de seu ferimento. — Você precisa partir depressa, antes que a bruxa o encontre aqui! — o Príncipe concluiu.

— Não — respondeu o Sultão —, se puder vou ajudá-lo.

Estudou a situação e arquitetou um plano. Vasculhou todo o castelo até que descobriu o amante da bruxa, semi-adormecido, em um quarto escuro. O vilão tomou o Sultão pela feiticeira e sussurrou por alguns minutos. O Sultão ouviu atentamente e depois matou o desgraçado, afastou o infame cadáver e deitou-se na cama, puxando o cortinado. Logo depois a bruxa chegou.

O Sultão imitou a voz de seu amante: — Querida do meu coração — ele disse —, agora, enquanto dormia, soube em sonhos por que não saro de meu sofrimento. É porque todas as noites você atormenta o moço e não ficarei bom até que você o liberte!

A malvada regozijou-se e correu a libertar o jovem do feitiço. Voltou depois para junto do amado. O Sultão sussurrou em voz mais audível: — Sinto que as forças estão me voltando, mas ainda não estou curado. O povo que você transformou em peixe, todas as noites clama a Alá e até que você não o liberte desse sofrimento, Alá não terá compaixão de mim.

A feiticeira correu para o lago. Pronunciou umas palavras mágicas e, no mesmo instante, as montanhas se transformaram em ilhas, o deserto, em mar, o lago em cidade e, em lugar dos peixes, surgiram todos os súditos. A bruxa correu ao encontro de seu amado e o Sultão a matou.

No momento seguinte, o castelo sombrio converteu-se em um palácio cheio de fontes e de flores. O Príncipe e toda a sua corte apressaram-se em agradecer ao Sultão por libertá-los e entoaram louvores à sua inteligência e bravura. O Sultão, porém, era um homem honesto e justo, de forma que mandou chamar o velho pescador. — Este é o homem a quem devemos homenagear — declarou. O Sultão não era casado e quando conheceu a filha mais velha do pescador, apaixonou-se e casou-se com ela, fazendo-a sua Rainha. Depois, o Príncipe conheceu a filha mais moça do pescador, apaixonou-se e casou-se com ela. Finalmente, o Sultão concedeu ao pescador uma túnica de honra e uma riqueza fabulosa. — Você nunca mais precisará pescar — declarou o Sultão. E assim o velho e sua esposa passaram o resto de seus dias cercados de conforto e honrarias. O velho, porém, ia freqüentemente pescar — para matar as saudades.

Resumo do conto "O Pescador e o Gênio", extraído da tradução de R. Burton, dos Tales from the Arabian Nights *(Nova York: Avenel, 1978).*

Reflexões: Mediação e a Emancipação da Sociedade

A história "O Pescador e o Gênio" é extraordinariamente rica. Ela reintroduz muitos dos temas discutidos até agora e adiciona mais um. Em seu desenvolver, a história mostra como todos os temas dos contos de velhos se encaixam. Muitas histórias ressaltam um ou dois motivos e, como as peças de um mosaico, cada conto constitui apenas um fragmento de um grande quadro. Poucas histórias, como a atual, retratam quase todos os temas, revelando o drama subjacente nos contos de velhos — a saga da segunda metade da vida. E, ainda mais importante, a presente história nos mostra por que os contos de velhos tornaram-se tão fragmentados e ignorados pela cultura moderna. "O Pescador e o Gênio" conta a própria história dos contos de velhos.

A história principia com um velho pescador que é, naturalmente, muito pobre. Em um dia de especial má sorte, por mais que tentasse, só recolhia lixo em sua rede. Dois aspectos logo sobressaem nesta abertura. Primeiro, os fatores pobreza e perda, que constituem a colocação habitual dos contos de velhos e, segundo, o velho mora na praia, entre a terra e o mar. Como já visto, essa localização simboliza a fronteira entre o consciente e o inconsciente e alude a uma importante tarefa da segunda metade da vida — a recuperação do que foi esquecido ou reprimido na juventude. E é daí, exatamente, que parte o conto: após vários incidentes frustrantes,[1] o velho pesca uma ânfora encantada e a abre.

O gênio que se materializa ao sair do objeto, ameaça matar o pescador, tão grande é a raiva que o espírito sente por ter sido aprisionado. O gênio, assim, proporciona um símbolo impressionante da raiva reprimida, que foi aumentando, aumentando até explodir sob a forma de cólera. Na confrontação do pescador com o monstro, a história suscita um tema comum nos contos de velhos — o encontro com sua própria maldade. A velha que cortou a língua do pardal, lembrem-se, teve um encontro semelhante com demônios.

No entanto, é mais profundo o simbolismo do gênio nesta história. Ele fora aprisionado por Salomão, séculos antes do pescador surgir em cena. Ao referir-se a tempos antigos e a poderes sobrenaturais, o gênio revela sua natureza numinosa. Ele não simboliza apenas a raiva reprimida pelo velho, mas todo o reino sobrenatural. Esse é o tema de um encontro transcendental que testemunhamos nos contos "O Arrependimento da Velha Mãe" e "O Dragão Rei". No conto atual, o gênio, em vez de ser serviçal ou inspirador, é medonho e é natural querer saber por que esse gênio é tão horrível. Afinal, a história deixa claro que o pescador não merece punição... A obra de Rudolph Otto, teólogo alemão, oferece uma possível explicação. Ele observou que experiências transcendentais suscitam, tipicamente, um misto de fascínio, de mistério e horror.[2] Não é por acaso que nos referimos ao temor a Deus, assim como ao medo de fantasmas e de duendes. Ambos estão intimamente ligados. As revelações transcendentes nem sempre são belas e celestiais. Podem também ser opressivas.

De fato, essa é uma razão importante que leva as pessoas a aceitarem as experiências numinosas na velhice, quando não as podiam tolerar na mocidade: a maturidade e a experiência fortalecem o indivíduo, permitindo que suporte tanto as dimensões extasiantes quanto as apavorantes das revelações transcendentais.

Diante do gênio, o velho parece perdido e procura salvar-se, enganando o espírito e aprisionando-o novamente na ânfora.

A salvação do pescador dependeu da sua compreensão da psicologia da vaidade e o gênio é muito vaidoso. Então nossa história retoma o tema da sabedoria como estratagema, combinada com discernimento, como vimos nos contos "O Velho Alquimista" e "O Sábio Mercador".

Depois de ter, sem maiores problemas, prendido o gênio de novo na ânfora, o velho pescador faz algo notável: senta e conversa com o gênio. Dialoga calmamente com o monstro que havia prometido matá-lo poucos momentos antes. O que podemos inferir dessa conversa singular? A coisa racional e convencional que o velho deveria fazer seria atirar a ânfora de volta ao mar. Afinal, quem sabe o que o gênio pode fazer mesmo lá de dentro? O próximo passo é, pois, assombroso. O gênio promete não fazer mal ao pescador; o velho pensa um pouco e, depois, solta o gênio. Esta parece ser uma atitude tola e o próprio pescador fica assustado quando o gênio ressurge em toda a sua apavorante majestade. A decisão do velho, porém, nasceu do coração. É espontânea e ponderada, o que nos leva ao tema da inocência emancipada. Realmente, esta história é impressionantemente parecida com a de "O Velho que Perdeu sua Verruga". Ambos os protagonistas deparam com horrendos seres demoníacos e depois, após a devida deliberação — afrontando toda a lógica — colocam suas vidas nas mãos dos monstros.

Notem que o pescador e o gênio não conversam da forma costumeira. Trocam contos de fadas. Esse detalhe poderia facilmente passar despercebido, mas tem uma conotação muito profunda. O pescador e o gênio se servem de parábolas e metáforas para comunicarem-se entre si. Invocam mais a mediação da imagem que da lógica, mais do mito que da razão. Longe de constituírem uma forma de comunicação infantil ou tola, as parábolas oferecem um rico manancial de comunicação. As metáforas se servem de emoções e intuições — de coração e de alma, se preferirem. Realmente, a maioria das religiões tradicionais conhece o poder da metáfora e faz uso de "contos educativos" para atingir seus objetivos. Além dos Dez Mandamentos, a Bíblia contém muitas parábolas impressionantes.

Considerando que o pescador é um homem velho e que o gênio é ainda mais velho, podemos conjecturar se o emprego de parábolas se desenvolve na segunda metade da vida. Pesquisas recentes ligadas à velhice confirmam essa impressão.[3] Com a maturidade, as pessoas adultas começam a entender as metáforas, mesmo que se apresentem sob formas mais complexas, como provérbios ou parábolas. Por exemplo, diante do provérbio, "não acenda a vela nas duas extremidades", um jovem adulto poderia dizer que significa "não faça muitas coisas ao mesmo tempo" e ficar por isso mesmo. Um adulto, na idade madura, prosseguiria mais tipicamente acrescentando: "Mas algumas vezes você é obrigado, se, por exemplo, estiver comprometido com a sua família e com o seu trabalho. Lembro-me de ter lutado contra isso logo que me casei. Era duro, mas tinha que ser feito, a despeito do que dissesse o provérbio." Com maior experiência de vida, o adulto amadurecido percebe muito mais afinidades entre os provérbios e a vida real e capta verdades psicológicas mais complexas.

O mesmo processo de enriquecimento interpretativo aplica-se às parábolas. Uma história que, quando ouvida na mocidade, não passa de um divertido conto popular, freqüentemente se transforma mais tarde numa metáfora profundamente significativa. John Kotre cita diversos exemplos impressionantes de pessoas que entrevistou em sua pesquisa.[4] Por exemplo, uma mulher, quando criança, sentia-se fascinada pela história do Barba Azul. Na ocasião, ficara sobretudo impressionada com a moral do conto — a importância de resistir à tentação sexual. Com 55 anos, porém, compreendeu que a história tinha um significado muito mais amplo. Era realmente a sua biografia. Ela havia sido "massacrada" pelos homens de sua vida, que representaram o papel de Barba Azul. Diante dessa descoberta decisiva e com a ajuda da terapia, teve condições de começar de novo, modificando sua "história". O conto deixou de ser meramente uma história, para transformar-se na súmula de todas as experiências da sua vida.

Então, no conto, o gênio leva o velho a um lago secreto. Rodeado por quatro montanhas e contendo quatro tipos de peixes, nas quatro cores primárias, o lago é, obviamente, um lugar incomum. De fato, tem as características de uma mandala, símbolo geométrico simétrico que representa, nos mitos e nos sonhos, a plenitude numinosa. Como Jung explicou exaustivamente,[5] as mandalas simbolizam freqüentemente o Eu supremo ou interior. De forma que o lago mágico equivale ao palácio do Dragão Rei no conto anterior — ambos representam o reino supraterreno da plenitude psicológica.

O gênio, a seguir, diz ao velho que lance a rede ao lago e leve ao Sultão tudo o que pescar. Ele assim o faz e, dessa forma, exerce o papel de intermediário, de mediador entre o reino numinoso, simbolizado pelo lago enfeitiçado, e o reino mundano, personificado pelo jovem Sultão. A história contém, pois, ainda outro tema próprio dos contos de velhos — a mediação com o sobrenatural. Como a velha do conto "A Viúva e o Sapo", o pescador representa o elo decisivo entre o humano e o supra-humano, entre um protagonista mais jovem e uma realidade transcendente.

Notem a sutil mudança operada no tipo de mediação que o pescador exerce. Inicialmente, ele entra em mediação com o gênio, contando histórias para a criatura. Se, a esta altura, interpretarmos o gênio como um símbolo de sentimentos inconscientes, como raiva, a mediação do velho deve ser considerada pessoal e introspectiva. Quando o pescador vai ao encontro do Sultão, seu papel muda: agora, ele passa a servir de mediador entre a sociedade laica e a ordem divina e esta função já não é meramente psicológica, mas social e espiritual. A mesma mudança ocorre no conto "A Viúva e o Sapo". Na primeira parte da história, o sapo simboliza o lado masculino da velha e o relacionamento da viúva com o sapo —

processo introspectivo, pelo qual ela compactua com aspectos esquecidos de sua personalidade. Na segunda metade, porém, o sapo emerge, mais claramente, como um ser independente — um homem moço com sua própria esposa. Ele representa a juventude em geral e o relacionamento dele com a viúva reveste-se de cunho social. Esta torna-se a mediadora entre a esfera transcendental e a ordem secular, ajudando o jovem sapo a realizar essa transição.

A lição aqui passa freqüentemente despercebida. Muitos psicólogos especializados em envelhecimento, inclusive Jung, têm enfatizado a importância da introspecção.[6] De fato, muitas tarefas descritas nos contos de velhos requerem introversão — entrar em acordo com a própria maldade ou resgatar a criança interior, por exemplo. No entanto, a presente história, como "A Viúva e o Sapo", ressalta que essa introspecção representa apenas o prelúdio de uma outra tarefa — a de mediação entre a sociedade secular e a verdade transcendente, para, em última análise, ajudar a nova geração. De fato, a mais desafiadora tarefa da velhice pode ser considerada a de conciliar a análise interior e o bem social. Isso, embora difícil, não é impossível, e pesquisadores como Erikson e Kotre relatam muitos exemplos extraídos de suas entrevistas com pessoas idosas, particularmente entre os que exercem o papel de mentores ou de avós.[7]

Quando o pescador presenteia o Sultão com os quatro peixes, este se transforma no protagonista principal. Omitiremos suas aventuras, fixando-nos no resultado final. Uma terra amaldiçoada é emancipada, seu Príncipe libertado e aos súditos é devolvida a forma humana. O pescador é pessoalmente recompensado pelo Sultão e pelo Príncipe, porém os mais beneficiados foram o próprio Príncipe e seu povo. Assim a emancipação da sociedade e a boa sorte do pescador ocorreram ao mesmo tempo.

Este tema não constitui apenas uma fantasia, encontrada nos contos de fadas. Na velhice, muitas pessoas se voltam conscientemente para causas sociais e trabalham pela emancipação da sociedade.[8] Benjamin Spock oferece um exemplo impressionante. Ele foi, talvez, o mais famoso pediatra americano e toda uma geração de pais seguiu sua orientação para criar os filhos. Aos 80 anos, entretanto, Spock participou, ao lado de moços e moças, dos protestos contra a guerra do Vietnã, numa época em que tais protestos eram ainda impopulares. Ele se arriscou a ser preso e a perder uma reputação conseguida à custa de muito esforço. A inocência emancipada e a emancipação da sociedade convergiram na sua direção.

Pelo fato de estar ocorrendo um importante movimento jovem, poder-se-ia pensar que Spock tenha meramente se deixado influenciar por outras pessoas e que seu caso reflita mais a turbulência dos anos 60 do que um desenvolvimento pessoal. Spock, porém, não é um exemplo isolado. Dois séculos antes, o satírico francês, Voltaire, passou por uma experiência semelhante.[9] Embora destemido em suas obras, ele era muito cauteloso — até tímido — em sua vida pessoal. Entretanto, já perto dos 70 anos, abandonou a prudência e envolveu-se, pessoalmente, em diversas causas controvertidas. Tentou modificar o que ele acreditava serem enormes injustiças, e pelo fato de defender essas causas foi, diversas vezes, forçado a fugir da França. Renunciou a uma vida segura e confortável em prol da emancipação da sociedade.

Um exemplo ainda mais frisante encontramos na vida de Okubo Hikozayemon; nobre japonês do século XVI.[10] Já velho, Okubo era o homem de confiança do Shogun, o supremo soberano no Japão feudal. Em recompensa aos inestimáveis serviços prestados por Okubo, o Shogun quis fazer dele um grande nobre, cercado das honras e do poder que lhe corresponderiam. Okubo declinou da oferta. Pediu, no entanto, que lhe fosse concedido um favor especial — o de gozar de imunidade em caso de qualquer punição legal, pouco importando o que fizesse. Era uma solicitação sem precedentes, mas também o era a gratidão do Shogun. O Shogun concordou. Okubo, então, percorreu o país, punindo os nobres e príncipes do império, sempre que faziam algo errado. Okubo exerceu o papel de crítico das instituições vigentes, como o velho Sócrates, ridicularizando as pessoas para endireitar o que estava errado. Okubo teria sido capturado e executado sumariamente pelos orgulhosos senhores, como aconteceu com Sócrates, só que, claro, a Okubo havia sido, de antemão, concedida imunidade. A lenda narra que Okubo ridicularizou o próprio Shogun. Este possuía uma cerejeira que adorava, tendo ordenado que fosse executado quem maltratasse a árvore. Okubo, então, chegou até a árvore e, em protesto a tão cruel e absurdo edito, quebrou-lhe um galho. O Shogun reconheceu seu erro e aboliu o decreto.

Existe um derradeiro, e sobremodo importante, aspecto, no conto "O Pescador e o Gênio". Trata-se da própria história dos contos de velhos e de como eles se perderam e foram olvidados em tempos recentes.

Bruno Bettelheim analisou "O Pescador e o Gênio" em seu penetrante livro.[11] A história, segundo Bettelheim, contém uma importante mensagem para as crianças. O gênio simboliza a raiva que a criança sente

— raiva que ela, às vezes, teme não poder conter. Mas o inteligente estratagema do pescador prende o gênio de novo na ânfora, assegurando à criança que ela pode, na verdade, dominar sua própria raiva e controlar suas emoções. Como um psicanalista que trabalhava com crianças, Bettelheim, compreensivelmente, salientou ser a história mais importante para jovens que para adultos. Sendo assim, não comentou a psicologia da velhice entranhada no conto. De fato, quando Bettelheim sumarizou o conto de fadas, apresentou uma versão truncada, na qual o pescador joga a ânfora no mar depois de ter, ardilosamente, prendido nela o gênio.

Mas é exatamente neste ponto que a história original começa a ficar interessante. Nem esse corte irrefletido é incomum. Desde os tempos em que os contos de fadas foram, pela primeira vez, publicados, passaram a ser simplificados e mutilados — não só por editores como por compiladores.[12] Neste processo, o papel dos velhos nos contos de fadas parece ter sido degradado ou mesmo eliminado. Provas dessas mutilações podem ser encontradas se compararmos "O Pescador e o Gênio" com outros contos de fadas. Observem que a presente história se divide em duas partes. A primeira focaliza o velho e suas aventuras; a segunda contempla um protagonista mais jovem — o Sultão. A história caracteriza muito bem a diferença de idade entre os dois homens, chamando o pescador de "bem avançado em anos" e especificando que ele tem três filhos *adultos*. O Sultão, ao contrário, aparentemente ainda não formou uma família. E mais, o Sultão não é chamado nem de moço, nem de velho, o que caracteriza, em outros contos de fadas, os indivíduos de meia-idade.[13] Vimos a mesma coisa suceder no conto "A Viúva e o Sapo", onde a primeira parte destaca o papel da viúva e a segunda, o papel do jovem, aliás, do sapo. O aspecto importante dessas duas histórias é que elas concedem *um tempo de igual duração*, tanto para o protagonista mais velho como para o mais jovem, estrutura típica dos contos de velhos em geral.

Realmente, se examinarmos cuidadosamente a maioria dos contos de fadas, descobriremos a mesma estrutura dupla. Mas a maioria dos contos de jovens abreviou, impiedosamente, a primeira parte da história, de forma que as lutas e os problemas dos protagonistas mais velhos foram tratados sumariamente. A história dos Irmãos Grimm sobre o Pequeno Polegar ilustra esse ponto. No conto, um velho casal lamenta a falta de filhos. A velha diz que sentir-se-ia feliz mesmo tendo um filho do tamanho de seu dedo polegar e logo dá à luz uma criança assim. Após dedicar ao velho casal umas doze linhas, a história se desvia para uma longa crônica sobre as aventuras do Pequeno Polegar. A história de seus pais recebe pouca atenção e os conflitos pessoais deles são apenas mencionados. Outros exemplos são fáceis de encontrar.[14] Todos, em conjunto, sugerem que a maioria dos contos de fadas que conhecemos, constituem versões simplificadas ou fragmentadas de histórias em que os velhos desempenharam um papel de maior destaque. Para falar a verdade, este raciocínio é inferido e pode parecer pouco consistente, mas assemelha-se às deduções de paleontologistas ao reconstituírem dinossauros a partir de fragmentos fósseis. E ainda, a hipótese de que os contos de fadas derivam de sagas mais completas não é nova: os próprios irmãos Grimm insistiam em que os contos de fadas que compilaram, eram remanescências de mitos mais antigos e mais complexos.[15] Afortunadamente, um número suficiente de contos de velhos sobreviveu até nossos dias, a fim de que pudéssemos resgatá-los da obscuridade. E, mais importante ainda, como estudiosos do folclore têm salientado: os contos de fadas se mostraram bastante resistentes, tendo mantido intacta a compreensão que têm da natureza humana.[16] Mesmo no caso em que as intrigas e os personagens sofreram alterações, os contos de velhos ainda proporcionam uma orientação inestimável para a segunda metade da vida.

15

O Velho que Fazia as Árvores Mortas Florescerem

(conto japonês)

Há muito tempo, um velho bondoso e sua esposa viviam sozinhos na companhia de um cachorrinho branco. Eles tinham tudo de que precisavam, menos filhos, de forma que dedicavam sua afeição ao animalzinho.

Um dia, o cachorrinho não parava de latir no quintal e o velho foi ver do que se tratava. O cachorro corria insistentemente para um lugar situado bem debaixo de uma grande árvore e o velho compreendeu que seu animalzinho de estimação havia encontrado algo enterrado ali. Pegou pois a pá e cavou. Para sua surpresa, achou um esconderijo de moedas de ouro!

Chamou a esposa e os dois abraçaram o cachorrinho branco.

Acontece que o velho bondoso e sua esposa tinham um vizinho que era um homem mau e invejoso. Este vizinho, freqüentemente, quando ninguém estava olhando, atirava pedras no cachorrinho ou lhe dava pontapés. O malvado vizinho ouvira o cão ladrar e ficara espiando o velho desenterrar o tesouro. Na manhã seguinte, perguntou ao velho bondoso se este podia lhe emprestar o cachorro durante todo o dia. O velho bondoso achou aquilo estranho, pois seu vizinho jamais gostara de animais, mas era generoso demais para recusar um pedido.

O malvado levou então o cachorrinho branco para o seu jardim. — Se você encontrou um tesouro para seu dono, pode encontrar um para mim também! — e o invejoso forçou o pobre animal a farejar o solo. O cão parou junto a uma grande árvore e o vizinho malvado começou imediatamente a cavar. Labutou por muitas horas e por fim descobriu um monte de lixo fedorento. O vizinho malvado ficou todo sujo e isto o enraiveceu a tal ponto que bateu no cãozinho com a pá e o matou. A seguir, enterrou o animal no buraco.

Alguns dias mais tarde, o velho bondoso fez-lhe uma visita e pediu seu cachorrinho de volta. — Tive que matar seu cão perverso em legítima defesa! — disse o malvado vizinho —, e enterrei a desgraçada criatura sob a árvore.

O velho bondoso ficou consternado. Sabia que seu cão jamais atacaria alguém, mas não disse nada. Apenas pediu que o vizinho lhe desse a árvore sob a qual o cachorrinho estava enterrado. — Vou fazer uma lembrança para ele. — O malvado vizinho não pôde recusar e o velho levou a árvore para casa.

O velho então esculpiu um pilão e uma mão com aquela madeira. — Desta forma — explicou à esposa — podemos fazer bolos de arroz em memória do nosso cão. — Ambos recordaram o quanto o cachorrinho apreciava aquela iguaria. Então o velho e a esposa colocaram arroz no pilão para amassar com farinha adocicada. Mas antes que fizessem qualquer coisa, os bolos foram saindo prontinhos do pilão. — É o espírito do nosso querido cachorro! — exclamaram. E quando experimentaram os bolos de arroz, viram que eram a coisa mais gostosa que já haviam provado.

A tudo o vizinho malvado presenciou e então veio pedir o pilão mágico emprestado. O velho bondoso sentiu-se relutante em emprestá-lo, mas era bom demais para recusar. Assim, o mau vizinho levou o pilão para casa. Quando porém tentou amassar o arroz, somente lixo malcheiroso saiu dele. Num acesso de raiva, queimou o pilão. Alguns dias mais tarde, o velho bondoso pediu o pilão de volta e o malvado lhe respondeu que o havia queimado. — Ah — lamentou o velho —, era uma lembrança do meu cachorrinho! — Pensou uns instantes e então pediu as cinzas do pilão. — Elas também podem ser uma lembrança. — O vizinho malvado não pôde recusar e o velho voltou para casa, guardando as cinzas num cesto.

Um dia, o vento soprou um pouco daquela cinza por sobre as cerejeiras do velho. Era inverno e as árvores estavam nuas. Porém, no momento em que as cinzas tocaram seus ramos, estes se abriram em flor, como se fosse a primavera. A notícia se espalhou e, em breve, chegava gente de todas as partes para admirar as cerejeiras. Um dia, um samurai veio visitá-lo e disse-lhe que o Soberano daquelas terras queria vê-lo. Explicou-lhe que a cerejeira favorita do Soberano havia murchado e morrido e que este gostaria de saber se o velho poderia fazê-la reflorir. O bondoso velho disse que iria tentar e pegou sua cinza mágica.

O samurai conduziu-o ao palácio e lá, perante todos os nobres e guerreiros, o velho subiu na árvore morta. Ergueu o cesto e despejou o pó por sobre seus galhos secos. A árvore imediatamente se cobriu de flores, inundando o palácio de cores alegres e doces perfumes. O soberano, profundamente grato, concedeu ao velho uma grande fortuna e o título de "Aquele que Faz Árvores Mortas Florescerem".

De tudo isso o vizinho malvado teve notícia. De forma que juntou as cinzas de sua lareira e, no dia seguinte, saiu andando pela aldeia, clamando: — Eu sou o homem que faz as árvores mortas florescerem. — O Soberano o ouviu e o chamou.

— Mas você não é o mesmo homem com quem falei ontem! — exclamou.

— Não — respondeu o vizinho malvado —, sou o professor dele. — Então, o Soberano pediu-lhe que fizesse uma outra árvore morta florir. O ganancioso vizinho subiu ansiosamente à árvore e atirou cinza em seus ramos. Nada, porém, aconteceu. Atirou mais cinza até que todas voaram para cima do Soberano e dos nobres presentes. E a árvore não floriu. Então o soberano o condenou à prisão como impostor.

Quanto ao bondoso velho e sua esposa, viveram felizes e honrados até o fim de seus dias. E todos os dias, mesmo no rigor do inverno, sua casa estava cercada de flores perfumadas.

Resumo do conto "O Velho que Fazia as Árvores Mortas Florescerem", extraído das obras de Y. T. Ozaki, The Japanese Fairy Book (Tóquio: Tuttle, 1970) *e F. H. Mayer,* Ancient Tales in Modern Japan *(Bloomington, Ind.: Indiana University Press, 1985).*

Reflexões: Retorno e Transfiguração

Esta história encantadora trata de um último desenvolvimento, ao qual nos referimos em vários contos de velhos. É o tema da restauração da magia e do encanto da infância, retornando, no final da vida, ao princípio, mas a um princípio transfigurado e luminoso.

Nossa história apresenta o tema do retorno e da transfiguração através de uma incomum e complicada seqüência de objetos mágicos. O velho e sua esposa dedicam seu carinho a um cachorro que descobre um esconderijo de moedas de *ouro* para eles, e apenas lixo fedorento para o vizinho malvado. Depois que o vizinho malvado mata o cão, o velho faz um *pilão,* o qual, então, magicamente, produz *comida* para ele e só lixo para seu vizinho, de forma que este malvado queima o pilão, deixando as *cinzas* para o velho. Por mero acaso, num dia de inverno, o velho descobre que as cinzas transformam *árvores mortas* em árvores cobertas de *flores.*

Esta seqüência é impressionante desde o início, porque a maioria dos contos de velhos não se fixa tanto em objetos mágicos. Como já foi dito, os contos de jovens se atêm, alegoricamente, a *coisas,* enquanto que os contos de velhos enfatizam aspectos psicológicos. Sendo assim, podemos inferir que essa seqüência tem um especial significado simbólico.

Cada um desses objetos capta um importante e terrível estereótipo da velhice. Consideremos, em primeiro lugar, o cão. A história nos relata que o velho casal queria muito ter tido filhos, mas sem sucesso. Então devotaram seu afeto a um cão, como se fosse um filho, o que evoca um doloroso, pungente estereótipo da velhice — o velho ou a velha solitários que sobreviveram à família e aos amigos e que precisam, agora, dedicar-se a um cão para viver melhor. De fato, de todas as privações da velhice, a solidão e a desolação estão, sem dúvida, entre as mais duras.

No conto, o cão é vivaz e alegre, trazendo vida nova para o velho e sua esposa. Dessa forma, o cão contrasta com o ouro que, a seguir, aparece na história. Frio e inerme, o ouro, guardado há muito tempo por alguém, indica um outro estereótipo da velhice — o estereótipo do avarento, que se interessa apenas por dinheiro e despreza o valor do convívio humano, valorizando mais as posses que a sabedoria. A história põe em relevo o tema da avareza, introduzindo o ganancioso vizinho da casa ao lado, que quer também um tesouro para si e que, quando frustrado, mata o cãozinho. O vizinho malvado valoriza mais o ouro que a vida.

A história introduz, em seguida, o pilão mágico que faz comida, o que toca num outro ponto temível da velhice: o das pessoas de idade só preocupadas com comer. Isso é comum e pode ser tristemente constatado nos asilos, onde as pessoas não têm família ou amigos que os visitem. Faltando-lhes a oportunidade do calor humano ou a capacidade para se dedicarem a atividades prazerosas, os frágeis idosos só se interessam por comida. As cinzas que aparecem a seguir na história comportam um simbolismo igualmente triste — elas apontam para o declínio e a extinção, assim como as árvores mortas e o cenário hibernal do conto.

Ao apresentar essa seqüência de objetos simbólicos, nossa história retrata um espectro que a maioria dos adultos teme na velhice: a deterioração progressiva até o ponto de se tornar, novamente, uma criança indefesa, tendo que ser lavada e alimentada. Esse medo de regressão na velhice está profundamente enraizado no folclore. Muitas culturas falam com desgosto de uma "segunda infância". E poetas, desde tempos imemoriais, têm feito freqüentes — e de um modo geral, horríveis — comparações entre velhos decrépitos e crianças indefesas.[1] Essa regressão ocorre em casos de doenças, como a de Alzheimer[2], em que a capacidade de relacionamento com outras pessoas deteriora a ponto do doente se comunicar apenas com bonecas ou bichinhos de estimação. Com o recrudescimento do declínio, a pessoa pode passar a acumular coisas, como comida e, finalmente, torna-se incapaz de alimentar-se sozinha.

Embora apenas um número pequeno de pessoas se deteriore de modo tão atroz, psicólogos têm registrado perdas mais sutis que acompanham o envelhecer. Como já foi mencionado, testes padronizados sobre memória, percepção e raciocínio abstrato demonstraram que essas faculdades tendem a declinar com a idade, e essas alterações foram, inicialmente, interpretadas como sinais de regressão *intelectual* na velhice — como a perda da função mental mais elevada.[3] Por seu turno, psicanalistas têm discutido a regressão *emocional* na velhice e, particularmente, como as pessoas idosas retornam aos primeiros e imaturos níveis emocionais.[4] As teorias psicanalíticas do desenvolvimento são sobretudo importantes aqui, porque proporcionam uma outra interpretação à singular sucessão de objetos que ocorre em nossa história.

É possível que os leitores estejam familiarizados com a teoria de Freud de que as crianças se desenvolvem através de fases distintas, começando com a oral, depois a anal, a seguir a fálica e a genital. A fase oral corresponde à primeira infância, quando a criança põe tudo na boca, quer seja algo comestível ou não. A fase anal é característica da criança que está aprendendo a andar, e sobretudo do período em que está sendo treinada no banheiro, quando então o controle anal constitui o foco das atenções. A fase fálica vem mais tarde, quando os meninos gostam de exibir seu pênis e de ver o sexo dos outros. As crianças nesse estágio estão preocupadas em dar vazão à sua energia e agressividade. Finalmente, a fase genital é a do adulto, envolvendo a sexualidade procriativa.[5] Psicanalistas de várias escolas têm observado que a velhice reverte a seqüência, de forma que o velho vai regredindo da fase genital madura para a fálica, a anal e, finalmente, a oral. Pesquisas mais sistemáticas têm confirmado essa observação.[6] Por exemplo, pessoas idosas, respondendo ao teste Rorshach Inkblot, fazem mais referências orais. A presente história, com sua seqüência extraordinária de objetos, simboliza essa regressão psicológica.

A história começa dizendo que o velho casal não tem filhos e que, devido a isso, dedica seu afeto a um cachorro. Considerando que as crianças resultam de sexualidade genital, o fato de o velho e a mulher não terem prole sugere que já regrediram do estágio genital de desenvolvimento. O cãozinho é, de fato, um símbolo aceitável do estágio fálico, pois é uma criatura forte, agressiva, aspectos característicos dessa fase. A seguir surge o ouro, o qual é costumeiramente interpretado, em termos psicanalíticos, como um símbolo da fase anal. Os avarentos em geral, de acordo com a teoria psicanalista, estão preocupados com aspectos da fase anal de desenvolvimento e, sobretudo, com acumular bens. A história confirma a tese anal de uma forma hilariante, quando o homem malvado, procurando um tesouro, desenterra um lixo fétido, sugerindo excrementos. O pilão, que vem a seguir, faz comida e representa um símbolo transparente de gratificação oral. Por conseguinte, os objetos do conto podem ser interpretados, de um só golpe, pela teoria do desenvolvimento psicanalítico tradicional — ilustram um processo de regressão psicológica, partindo da fase genital para a fálica, a anal e a oral.

O conto, no entanto, não termina no tema da regressão, pelo contrário, encontra uma saída. Depois de perder o cão e o pilão mágicos, ao velho só restam cinzas, mas essas cinzas fazem as árvores mortas florescerem. Então, em vez de terminar em nada, a história aponta para renovação e rejuvenescimento: surge a primavera em pleno inverno. Ao fazer as árvores mortas florescerem, as cinzas mágicas recordam um tema que já discutimos — o de coisas inanimadas adquirirem vida e o de despertar da magia no mundo. Sendo assim, as cinzas mágicas podem ser interpretadas como um símbolo do retorno do encanto na velhice. A história não ilustra apenas regressão, mas, certamente, a recuperação de virtudes há muito perdidas — inocência, espontaneidade e encanto.

Como já expusemos, pesquisas mais cuidadosas no campo da psicologia da velhice sugerem que, o que, a um primeiro relance, parece ser regressão, consiste, na verdade, em escolha consciente.[7] Se adultos de mais idade mencionam, para resolver problemas, exemplos excêntricos, extraídos de sua própria experiência pessoal, mais do que regras lógicas abstratas — como o fazem os jovens adultos — é, no mais das vezes, porque o adulto maduro adota, deliberadamente, uma forma mais simples de raciocínio, para solucionar um problema imediato. Como uma pessoa mais idosa disse, expondo seu modo de pensar: "Por que usar um computador para somar 2 + 2?" "Agora sei que posso confiar na minha intuição", disse outra, explicando como tomava decisões que se contrapunham às análises lógicas, gradativas de problemas. O que parece ser regressão constitui, na verdade, a afirmação consciente de um tipo de raciocínio mais mítico, mais intuitivo.[8]

O retorno a antigas formas de consciência freqüentemente assume, na velhice, o aspecto de reminiscência. Como observou o romancista francês, Charles Nodier: "O mais generoso privilégio que a natureza concede ao homem, na velhice, é o de recordar fatos de sua infância com a maior facilidade."[9] E pesquisas modernas confirmam essa observação: as reminiscências se tornam cada vez mais importantes às pessoas, à medida que envelhecem.[10] Porém, ao recordar o passado, os velhos o transformam. O indivíduo ponderado chega a um acordo quanto a erros e oportunidades perdidas, aprendendo, idealmente, a perdoar a si — e a outros. Fatos e atitudes que antes pareciam inexplicáveis, em retrospecto, fazem sentido. O retorno do passado, através das memórias, transfigura o efeito do passado sobre o presente.

Sob muitos aspectos, porém, as lembranças pessoais oferecem apenas uma forma diminuta de reminiscência. Nas culturas tradicionais, os velhos recontavam as lendas, os mitos — e os contos de fadas — do seu povo. A narrativa proporcionava-lhes a oportunidade de retornar psicologicamente "ao princípio dos tempos", antes da criação do mundo e do aparecimento do homem — não apenas a um passado pessoal, mas a um passado coletivo, que é uma mais profunda e mais tocante reminiscência[11], difícil de experimentar na sociedade contemporânea secular. Entretanto, essa memória coletiva não é impossível mesmo agora, porque a mitologia, a história, a filosofia e a arte subsistem. Cada uma delas oferece-nos a oportunidade de experimentarmos uma forma coletiva de retorno e de transfiguração.

O processo também pode ser observado no caso de avós brincando com seus netos. De fato, como já foi observado, em muitas culturas, o vínculo entre duas gerações é um vínculo especial. Avós e netos gracejam, se atiçam, brincam entre si, relativamente livres das inibições ou reservas que os pais mantêm.[12] Se os velhos transmitem conhecimentos vitais para os netos, os netos retribuem, transmitindo aos velhos a magia da infância. O Dr. C., um profissional, meu colega, demonstrou isso, aos 60 anos. Um distinto cientista acadêmico por profissão, sério, de cabelos grisalhos, o Dr. C. mudou completamente com o nascimento de sua primeira neta. Quando brincava com ela, engatinhava alegremente, corria com o cachorro e o gato da família, lia-lhe histórias e ria tanto quanto ela. Devido aos momentos que passavam juntos, foi aos poucos recuperando a espontaneidade e a alegria que havia perdido durante os anos de sua vida profissional. A transformação logo foi sentida pelos membros de sua equipe. Antes severo e formal, o Dr. C. começou a fazer pequenas, joviais brincadeiras com seus assistentes, e eles retribuíram. O tom rígido, cerebral da sua pesquisa laboratorial tornou-se consideravelmente mais descontraído.

A história de "O Velho que Fazia as Árvores Mortas Florescerem" ilustra um paradoxo. O adulto maduro retorna, tarde da vida, à primeira fase do seu desenvolvimento psicológico. Esta fase, porém, se transforma em algo "mais elevado". O velho abraça o passado, não para regredir, mas para iluminar toda a sua vida. O fim equivale a um princípio transfigurado.

16

O Peixe Luminoso

(conto italiano)

Há muito, muito tempo, um velho e sua esposa viviam numa casa junto ao mar. Com o passar dos anos, todos os seus filhos morreram, condenando o velho casal à pobreza e à solidão. O velho mal ganhava para viver, catando lenha na floresta e vendendo-a na aldeia. Um dia, na mata, encontrou um homem de longas barbas. — Conheço todos os seus problemas — disse o estranho — e quero ajudá-lo. — Deu ao velho uma pequena bolsa de couro e quando este olhou dentro dela, desmaiou de espanto: a bolsa estava cheia de ouro! Quando voltou a si, o estranho havia desaparecido. Então o velho jogou a lenha fora e correu para casa. No caminho, começou a pensar: — Se eu contar à minha esposa sobre esse dinheiro, ela vai gastá-lo todo — disse a si mesmo.

Quando chegou em casa, não mencionou nada à esposa. Em vez disso escondeu o dinheiro sob um monte de estrume.

No dia seguinte, ao acordar, o velho viu que a esposa havia preparado um esplêndido desjejum, com pão e chouriço. — Onde você arrumou dinheiro para tudo isto? — perguntou à esposa.

— Ontem você não trouxe lenha para vender — ela disse —, de forma que vendi o estrume para o fazendeiro lá de baixo. — O velho fugiu, gritando desolado. Então, tristemente, foi trabalhar na floresta, resmungando consigo mesmo.

No fundo da mata, encontrou novamente o estranho. O homem das longas barbas riu. — Sei o que você fez com o dinheiro, mas ainda quero ajudá-lo. — Então deu ao velho outra bolsa cheia de ouro. O velho correu para casa, mas no caminho de novo começou a pensar. — Se eu contar à minha esposa, ela vai esbanjar esta fortuna... — E ele, então, escondeu o dinheiro na lareira, sob as cinzas. No dia seguinte, ao acordar, viu que sua esposa havia preparado outro delicioso desjejum. — Como você não trouxe lenha, eu vendi as cinzas para o fazendeiro lá de cima.

O velho correu para a floresta, arrancando os cabelos de desespero. No fundo da floresta, encontrou o estranho pela terceira vez. O homem de longas barbas sorriu tristemente. — Parece que você não está destinado a ser rico, meu amigo — disse o estranho —, mas ainda quero ajudá-lo. — Deu ao velho uma grande sacola. — Pegue estas duas dúzias de rãs e vá vendê-las na aldeia. Então use o dinheiro para comprar o maior peixe que encontrar — nada de peixe seco, moluscos, chouriço, bolos ou pão. Apenas o maior peixe! Dizendo isso, desapareceu.

O velho correu à aldeia e vendeu as rãs. Com o dinheiro na mão, viu coisas estupendas que poderia comprar no mercado e achou peculiar o conselho do estranho. Apesar disso, decidiu seguir as instruções à risca e comprou o maior peixe que encontrou. Voltou para casa muito tarde para limpá-lo, de forma que o pendurou do lado de fora da casa, nos caibros do telhado. Então ele e sua esposa foram dormir.

Naquela noite, caiu uma forte tempestade e o velho e a mulher podiam ouvir as ondas reboando nos penhascos sob sua casa. No meio da noite, alguém bateu à porta. O velho foi ver quem era e deu de cara com um grupo de jovens marinheiros, dançando e cantando à entrada.

— Obrigado por salvar nossas vidas! — disseram ao velho.

— Do que estão falando? — ele perguntou. Então os pescadores contaram que haviam sido surpreendidos no mar pela tempestade e não sabiam para que lado remar, até que o velho acendeu uma luz para eles. — Uma luz? — perguntou. Então eles mostraram. E o velho viu seu peixe pendurado no caibro, brilhando com uma luz tão forte que podia ser vista a milhas ao redor.

Desse dia em diante, o velho, todas as noites, pendurava o peixe para trazer os jovens pescadores de volta, e eles dividiam o produto de sua pescaria com ele. E assim ele e a esposa viveram confortavelmente e gozando de grande estima até o fim de seus dias.

Resumo do conto "O Peixe Luminoso", extraído da obra de I. Calvino. Italian Folk Tales *(Nova York: Pantheon, 1978).*

Reflexões: O Ciclo Concluído da Velhice

A história do "Peixe Luminoso" põe termo a esta antologia e o conto é duplamente qualificado para servir de conclusão. A história contém todos os temas que discutimos até agora e ilustra o drama completo dos contos de velhos. Este drama, por sua vez, simboliza as tarefas psicológicas que os adultos têm de vencer na maturidade. Este último conto ilustra, em essência, uma viagem ideal através da segunda metade da vida. E mais, é uma das poucas histórias européias de velhos que sobreviveram às mutilações, o que a converte em raridade no folclore ocidental. Só isso já a torna muito significativa.

A história começa com um velho e sua mulher vivendo pobremente — tema presente em, virtualmente, todos os contos de velhos. Para imprimir a este espectro de perda maior dramaticidade, a história narra que todos os filhos do casal morreram. Assim sendo eles suportaram, talvez, a maior dor que um adulto pode sofrer.[1] Por principiar com um quadro tão sombrio, esta história nos avisa, como acontece com outros contos de velhos, que não vai suavizar os problemas da velhice. E prossegue mostrando como o indivíduo pode se relacionar com as perdas da idade.

O velho casal vive perto do mar, à entrada da floresta. De forma que residem na fronteira entre a terra e o mar, por um lado, e a floresta e a civilização, por outro. Deparamos com a mesma situação em "A Fortuna e o Lenhador", "O Humilde Ceifador" e "O Pescador e o Gênio". O caráter fronteiriço da sua localização simboliza o limite entre o consciente e o inconsciente e representa um tema central nos contos de velhos: a confrontação com aspectos esquecidos do eu, ocultos no inconsciente. A presente história confirma esta tese, dizendo que o velho cata lenha na floresta para ganhar a vida. Como vimos, catar lenha — e, igualmente, pescar — aparece nos contos de velhos de todo o mundo e simboliza o processo de recuperação material do inconsciente.

O velho, então, encontra um estranho que lhe dá uma bolsa cheia de ouro. Este é o tema seguinte dos contos de velhos. A magia retorna inesperadamente e no transcurso de acontecimentos cotidianos. Como o velho do conto "A Fortuna e o Lenhador" ou a velha do conto "A Viúva e o Sapo", o protagonista deste conto não busca a fortuna em terras distantes. O estranho vem ao seu encontro, espontaneamente, e a tarefa do velho é a de *reconhecer* e *aceitar* a magia. Afinal de contas, se o velho ficasse desconfiado ou fosse hostil e fugisse do estranho, nada teria acontecido. Ele não teria dado um passo à frente em seu desenvolvimento.

Depois de receber o ouro do estranho, o velho o esconde sem contar à mulher. Ele age levado por suspeita e ganância e o fato de esconder o ouro sob estrume bem denota a natureza odiosa de suas intenções. Quando a esposa do velho, inadvertidamente, vende o estrume no dia seguinte, o velho é punido pela sua avareza. Embora este seja o castigo comum reservado às pessoas malvadas nos contos de fadas que tratam de jovens, o conto presente não termina aí. O velho ganha do estranho outra bolsa cheia de ouro e torna a escondê-la, ainda movido por suspeita e ganância, mas em menor intensidade: as cinzas sob as quais ele esconde o ouro não são tão abjetas como o estrume. Mas, de todo jeito, o velho perde o dinheiro. Desgraças repetidas como estas são comuns nos contos de jovens. No entanto, de modo característico, nesses contos, o jovem falha porque encontra pela frente um adversário poderoso, como uma bruxa malvada ou um anel funesto. Neste, o velho conta com um estranho, como aliado mágico. Realmente o inimigo do velho é sua própria ganância e desconfiança. Perder o ouro força-o a encarar sua própria face sombria e este é o tema seguinte dos contos de velhos: autoconfrontação e autocorreção. Se ele continuasse a insistir em suas intenções gananciosas, não teria comprado o peixe, como o estranho sugeriu e, novamente, nenhum outro desenvolvimento teria ocorrido.

Neste ponto, a história também ilustra o tema do estratagema e da sabedoria. O velho esconde o ouro em estrume e cinzas pensando, com certa razão, que ninguém iria procurar um tesouro entre eles. Nos contos de velhos como "O Velho Alquimista", este tipo de ardil significa sabedoria — o uso, psicologicamente astuto, de ilusões. Aqui o tiro sai pela culatra e podemos conjecturar que isso acontece porque o velho age movido pela ganância. Ainda não dominou sua Sombra, e esse autodomínio é um pré-requisito da verdadeira sabedoria, como ilustrada nos contos "O Sábio Mercador" e "O Velho Alquimista". Astúcia não é sabedoria, dizem os contos de velhos — astúcia aliada à cautela o é.

Quando o estranho aparece pela terceira vez, dá ao velho uma sacola com rãs e um conselho. Voltarei em breve ao simbolismo das rãs, depois de comentar o conselho do estranho. Esse conselho parece um tanto peculiar como o velho pondera, ao ver quanta coisa poderia comprar com aquele dinheiro. Mas obedece ao estranho e compra o maior peixe que encontra. Podemos inferir que o velho segue o conselho porque tem agora noção de quão falho seu raciocínio pode ser: perdeu uma fortuna duas vezes. Em suma, o velho finalmente supera sua ganância e sua egocentricidade. Esta autotranscendência é o próximo tema dos contos de velhos.

A identidade do estranho fica, agora, mais fácil de interpretar. Um ser mágico, aparentemente a par de tudo que acontece, o estranho constitui um excelente símbolo de algo que transcende o eu consciente, racional. A partir de uma perspectiva junguiana, o estranho simboliza o Eu interior — uma imagem da inteireza e da integração psicológica, como o Dragão Rei na história de mesmo nome. Sob um ponto de vista religioso, o estranho poderia ser uma representação de Deus, possuindo sabedoria transcendente, como a tia do conto "O Arrependimento da Velha Mãe". De qualquer forma, ele parece representar algo mais elevado que a normal consciência do ego.

Após comprar o maior peixe que encontrou, o velho volta para casa e o pendura do lado de fora, nos caibros do telhado. Esse ato parece estranho mesmo numa época em que não havia geladeira. Com o peixe pendendo ao ar livre, o velho corre o risco de ser roubado por um homem, por um gato ou uma ave! Mas o velho acredita que não perderá essa dádiva, sendo sua confiança ao mesmo tempo ingênua e inocente. Essa atitude paradoxal retoma o tema da inocência emancipada. Após ter-se defrontado com sua ganância, tê-la vencido e superado a si mesmo, o velho agora pode confiar nas intuições de seu coração. Ele não mais tenta guardar os presentes do estranho só para si e, pelo contrário, simbolicamente oferece o peixe para o mundo.

Nessa noite, cai uma terrível tempestade e ameaça a vida de vários pescadores jovens. Eles são salvos pelo peixe luminoso do velho. A história, portanto, retrata a etapa final de desenvolvimento, transmitida pelos contos de velhos: o velho traz magia para o mundo, com a qual ajuda a nova geração. Ele é o mediador entre este reino e o próximo, beneficiando a sociedade. Este é, sem dúvida, o papel do velho nos contos de fadas que tratam de jovens — como a boa feiticeira ou a prestativa fada madrinha, que salva o moço ou a moça de algum terrível perigo. "O Peixe Luminoso" é importante por mostrar como o velho chega à "magia" e à sabedoria através de um longo processo de desenvolvimento psicológico.

Notem, agora, como o papel mediador do velho se transforma. De início, ele medeia entre si mesmo e o estranho, visando seu próprio benefício, guardando o ouro para si. Neste ponto, o estranho pode ser interpretado como um símbolo do inconsciente do velho, de forma que o relacionamento entre eles implica introspecção. O diálogo com o estranho simboliza um processo de auto-análise. Como já exposto, tal introversão é importante na segunda metade da vida, quando as lembranças pessoais e a reflexão filosófica se intensificam, mas a história acrescenta uma nova introvisão. Ao pendurar o peixe fora todas as noites, o velho medeia entre os poderes sobrenaturais, por um lado, e a mocidade, pelo outro. Este novo papel é social, não solitário — orientado para outras pessoas, não para seu eu interior. Em suma, a nova geração sai beneficiada. A história, dessa maneira, enfatiza que a emancipação da sociedade, e não apenas o eu, constitui o objetivo final da segunda metade da vida.

À medida que a história "O Peixe Luminoso" se desenrola, revela aos poucos um retorno a níveis anteriores de desenvolvimento, de forma que o fim equivale ao princípio, transfigurado. Este é o tema subjacente nos contos de velhos, introduzido por uma sucessão de coisas, simbólicas, presentes nesta história. A narrativa começa com *ouro* mas passa para *rãs,* e termina em um *peixe* que logo se transforma numa *luz* brilhante. Aqui, uma estrutura mitológica torna-se útil para a interpretação porque ouro, rãs e peixes aparecem freqüentemente em mitos e lendas de todo o mundo. O ouro, por exemplo, é um símbolo típico da cultura e da consciência humana.[2] A cor do sol é dourada e o sol — na verdade, a luz em geral — simboliza a consciência. O ouro é também usado como dinheiro em, virtualmente, todas as sociedades. De forma que ele simboliza vida secular e civilização: o mais alto patamar da consciência humana.

A história rapidamente descarta o ouro, não uma, mas duas vezes, mostrando-nos a relevância do fato. Recompensas naturais e realizações mundanas não são os objetivos da segunda metade da vida. As rãs aparecem, a seguir, na história, e seu simbolismo é complexo e profundo. Considerando que elas são animais anfíbios, habitantes do limite entre a água e a terra, constituem símbolos excelentes da transição do inconsciente para o consciente. Vimos o mesmo no conto "A Viúva e o Sapo", e as rãs no presente conto desempenham igual papel, só que em sentido inverso. O velho parte do consciente para o inconsciente. Em primeiro lugar, ele perde o ouro, que simboliza cultura e consciência, e acaba com as rãs que representam um estado de transição. Troca, então, as rãs por um peixe. Como criaturas aquáticas, ocultas à vista, os peixes são, com freqüência, interpretados por psicanalistas e mitologistas[3] como símbolos do *inconsciente*. E mais, os peixes são muito menos evoluídos que as rãs, faltando-lhes todos os membros, de forma que simbolizam um nível primitivo de existência. Conseqüentemente, nossa história ilustra um retrocesso a estágios de desenvolvimento muito e muito anteriores, exatamente como no conto "O Velho que Fazia as Árvores Mortas Florescerem".

As rãs incorporam ainda um outro significado simbólico — o da renovação e da transfiguração. O folclore italiano associa as rãs com a Páscoa e com a transfiguração de Cristo,[4] provavelmente porque elas sofrem uma profunda transformação física por essa época, passando de girinos a rãs. As rãs, portanto, constituem um excelente símbolo da transmutação do material para o espiritual, do natural para o numinoso. Devo acrescentar que essa associação é reconhecida em outras culturas, como na do Tibete.[5]

O presente conto, logo de início, confirma a tese da transfiguração, ao introduzir o peixe — um símbolo fundamental de Cristo. (Esse significado deve ter sido do conhecimento dos italianos e, ao que se presume, de narradores católicos, que contavam esta história.)[6] O peixe converte-se, assim, num farol numinoso, simbolizando uma metamorfose espiritual, em analogia com a transfiguração de Cristo.

Por conseguinte, o peixe simboliza duas coisas ao mesmo tempo — um tipo de experiência anterior, básica e primitiva, inconsciente e subdesenvolvida, por um lado e, por outro, renovação espiritual. A rã representa uma transição tanto para os mais baixos como para os mais altos estados que o homem pode alcançar, o princípio e o fim. Este tema de retorno e transfiguração aparece sob várias formas, em todos os contos de velhos. Constatamos, por exemplo, o tema da recuperação da inocência e da espontaneidade da infância, nos seguintes contos: "O Velho que Perdeu sua Verruga", "A Floresta Mágica" e "As Seis Estátuas".

"O Peixe Luminoso" engloba, deste modo, todos os temas dos contos de velhos e revela-lhes a trama subjacente — a jornada além do eu, na segunda metade da vida, rumo à iluminação da sociedade. Os temas simbolizam tarefas vitais que se apresentam ante o indivíduo, a partir da meia-idade, e talvez seja interessante recapitulá-las.

O primeiro desafio consiste em relacionar-se com o espectro do declínio e com a realidade de múltiplas perdas na velhice: a perda da saúde, dos amigos, da riqueza, do poder. Por mais dolorosas que sejam, estas perdas franqueiam o caminho que conduz a novos desenvolvimentos — quebram velhas rotinas e abrem espaço a desenvolvimentos inesperados. Neste processo, o indivíduo precisa estar desejoso de esmiuçar o inconsciente, ligando-se, novamente, a aspectos psicológicos que lhe eram intoleráveis na juventude. Idade e experiência proporcionam novas forças para enfrentar velhos medos, e o desafio da maturidade consubstancia-se em usar esses créditos para crescer. O perigo aqui reside em abdicar da vida, por desespero ou amargura.

Esta abertura para novas experiências, em última análise, depende da confrontação com o lado oculto da natureza humana e com a Sombra em cada um de nós: como revolta contra as indignidades do envelhecer, desespero na tentativa de recuperar as perdas, inveja do que as pessoas mais jovens possuem e cobiça por mais coisas na vida. Autoconfrontação e autocorreção englobam a segunda tarefa, e falhas nessa missão conduzem à mesquinhez espiritual e ao retraimento da alma.

Da autoconfrontação resulta a compreensão do mal, que, por sua vez, conduz à sabedoria no que tange às coisas do mundo: a habilidade de criar, em benefício de terceiros, ilusões convincentes, baseadas em introvisões psicológicas. Esta é a terceira tarefa da velhice: abandonar a juvenil preocupação com coisas — como manusear objetos e acumular posses — e dedicar-se à compreensão empática da natureza humana. Essa sabedoria em relação às coisas do mundo ajuda o indivíduo a proteger-se de adversários mais poderosos e a adaptar-se às tensões da velhice. Em suma, a sabedoria é a recompensa de uma honesta autoconfrontação. Adaptação e sobrevivência, porém, não representam os últimos anseios da vida e a pessoa, logo a seguir, enfrenta um novo e mais difícil desafio — o da autotranscendência.

Esta quarta tarefa consiste em libertar-se das ambições e dos sonhos pessoais que comandam a mocidade. Por ironia, se a meta da primeira metade da vida estava em consolidar o eu, o desafio da maturidade consubstancia-se em ultrapassar esse eu, erigido de modo vitorioso. O conceito de Erikson sobre a generatividade é um exemplo de autotranscendência, mas existem muitas outras formas, psicológicas ou religiosas. De uma forma ideal, o adulto maduro retorna aos ideais transcendentes de sua mocidade, mas de uma maneira mais profunda, com maior entendimento e com meios para realizar alguns desses sonhos. Esses ideais transcendentes podem ser opressivos em sua intensidade, de forma que energia, paciência e a sabedoria da idade são imprescindíveis. Nobres aspirações, em todos os seus aspectos enaltecedores e temíveis, sobrepujam, agora, os desejos puramente pessoais. O Eu Superior, a Sociedade ou Deus substituem o ego, como diretriz da vida.

Devido à habilidade de transcender uma perspectiva puramente egocêntrica, o velho pode agora abandonar, com segurança, as convenções sociais e esta vem ser a quinta tarefa: desvincular-se da racionalidade pragmática que impera na meia-idade e livrar-se de hábitos sociais. A inocência emancipada — a recuperação da espontaneidade da criança — constitui, idealmente, o resultado. E, no entanto, nem a racionalidade do adulto, nem as convenções sociais são sacrificadas. A inocência e a sagacidade precisam ser integradas e a criatividade inata da criança, combinada com uma opinião amadurecida. O desafio aqui consiste em atender aos naturais apelos da alma, purificada através de um longo processo de autoconfrontação e autotranscendência. O indivíduo pode agora aceitar sua vida tal qual ela se apresenta. E esta é a atitude que Erikson denominou integridade. Sem tal aceitação, o desespero e a estagnação aguardam o indivíduo que vai envelhecendo — hipocondria e uma queda natural rumo à infelicidade. A inocência emancipada não é apenas uma virtude da velhice: é uma necessidade.

Compreendida e cultivada, a inocência emancipada se abre para uma renovação da forma mítica de experiência. E esta é a sexta tarefa descrita nos contos de velhos: a recuperação do encanto e do prazer de viver. O mundo deixa de ser o que é, e cada coisa se transforma num motivo de deleite. O adulto retorna a uma forma madura de animismo e de experiência mítica — de natureza quase mística. O retorno do encanto lembra o que muitas tradições chamam de iluminação e, embora rara, é uma das mais elevadas formas pela qual a magia retorna na segunda metade da vida.

E, no entanto, a iluminação pessoal não constitui a meta final. O verdadeiro desafio vem agora: abraçar os ideais transcendentes da velhice e usá-los em benefício da nova geração. Este é o papel do velho como mediador, servindo de ponte entre este mundo e o próximo. A sétima e última tarefa é não somente ministrar conselhos práticos, como insuflar nobres sentimentos à mocidade, ajudando-a a contrabalançar as revelações numinosas com as necessidades pragmáticas da sociedade humana.

Em geral, no transcorrer de todos os contos de velhos, a magia aparece com freqüência, como acontece com qualquer conto de fadas. Nos contos de velhos, porém, a magia é psicológica e espiritual, não meramente física e material. É o milagre da autocorreção, da autotranscendência, da inocência emancipada e da emancipação da sociedade. A magia é uma promessa de renovação e um desafio ao aprimoramento. Nessa tecla, "O Peixe Luminoso" termina, tangendo o acorde final dos contos de velhos: o último estágio da vida se transforma no primeiro, combinando sabedoria e inocência, pragmatismo e magia. O fim equivale ao princípio renovado e restaurado.

17 Conclusão: *"...E foram felizes para sempre"*

Os contos de velhos diferem, fundamentalmente, de histórias conhecidas como "A Bela Adormecida" ou "O Pequeno Polegar". E por trás desses dramas contrastantes residem dois ideais divergentes da vida humana — o Herói e o Velho Sábio.

O conto do herói ou da heroína começa quando um jovem ou uma jovem deixa o lar para fugir à opressão ou à miséria. O sonho juvenil de tesouros fabulosos, ou de amor verdadeiro, só pode se realizar em plagas distantes. O significado simbólico da partida é compreensível, porque os adolescentes precisam se afastar da segurança psicológica de suas famílias para encontrarem-se "a si mesmos". Ação é aqui a palavra-chave; luta é o motivo; independência é o objetivo supremo.

Como o jovem herói, também o velho, nos contos de fadas, luta contra a pobreza. De fato, o tema transparece muito mais no caso de protagonistas idosos. Entretanto, não importa quão pobre seja o jovem, o futuro, pelo menos, parece infinito e cheio de promessas. O mesmo não acontece com o adulto mais velho, que confronta o espectro do declínio. E, ao contrário do herói, o velho não abandona sua triste situação no encalço de melhor fortuna. É, ao invés, a fortuna que vem ao seu encontro, em meio aos afazeres ordinários e cotidianos, e a tarefa do velho consiste em estar aberto a esta magia inesperada. Se as virtudes do jovem são coragem, perseverança e confiança, as do velho são espírito alerta, abertura e curiosidade.

Ao longo do caminho, o jovem herói ou heroína encontra alegoricamente um terrível inimigo — uma bruxa malvada, um ogre monstruoso ou um dragão. O jovem pega em armas contra esse terrível oponente. E o mesmo acontece na vida real: os adolescentes culpam os pais pelos seus problemas, os desafiam e, assim, aprendem a ser independentes. Os velhos, nos contos de fadas, ao contrário, não enfrentam inimigos externos: o inimigo está dentro deles. Batalhar contra a morte é impossível, nem é a vitória o ponto em questão — mas sim, a dolorosa percepção, o autoconhecimento honesto e a autêntica regeneração. Se o herói porfia para mudar o mundo, o velho procura transformar-se a si mesmo.

Às vezes, o velho contende com um oponente, mas o inimigo não é um monstro fabuloso. É alguém com motivos completamente plausíveis, como um indivíduo ganancioso, que planeja roubá-lo. Onde o herói empunha a espada, o velho usa o discernimento.

Faltando-lhe a força do jovem, ele se apóia na sabedoria e evita o ataque inimigo, ao invés de enfrentá-lo. O jovem herói ou heroína, nos contos de fadas, não contando com esse recurso, são quase derrotados pelo vilão — até que alguém vem em seu socorro. Esse alguém é, geralmente, um velho sábio. Aos olhos do jovem, o auxílio do velho parece mágico, mas isso porque o herói ou heroína desconhecem a longa história do desenvolvimento psicológico do velho — a experiência, a ponderação e o crescimento que alicerçam sua sabedoria.

Os enormes perigos que o herói enfrenta representam a consciência da vulnerabilidade do eu contra a qual o jovem luta e sua batalha simboliza o esforço para solidificar e defender esse eu.

O desafio que o velho enfrenta é diferente — não em relação à consciência que ele tem de seu *eu*, mas em relação à consciência que ele tem de sua auto-importância. Autotranscendência é a tarefa do velho, auto-encontrar-se, a do herói.

Quando o herói ou a heroína derrotam o inimigo, conquistam um grande tesouro ou o amor verdadeiro. Um novo mundo, que é agora o *seu* mundo, se abre ante eles. A vitória é o tema e a recompensa pessoal, a conseqüência. E estes são, na vida real, os sonhos dos jovens. Para o velho, a palavra-chave é a *emancipação*, não vitória; e inocência é a conseqüência. De fato, as aventuras do jovem terminam, alegoricamente, quando este conquista um tesouro dourado. Em contraste, a saga do velho começa, alegoricamente, quando ele, ou ela, *perdem* esse tesouro. A meta da segunda metade da vida não é a riqueza particular, mas a iluminação da humanidade.

Em suma, a busca do jovem o leva para longe de casa, ao encontro do mundo. Sua meta está à frente: da obscuridade para o prestígio, do presente para o futuro e de ideais abstratos para obras concretas. O drama do velho segue outro rumo: de volta ao lar, de volta ao passado, e em direção aos mais profundos e essenciais estratos da experiência humana. O herói e o velho têm, entretanto, algo em comum: ambos ampliam as fronteiras da consciência humana. O herói vence as forças do inconsciente, personificado por monstros e dragões, e seu triunfo é uma vitória da razão. O herói ergue a consciência até o ápice. O velho a aprofunda, revelando as bases da experiência humana. De fato, o jovem é a flor da humanidade, o velho é a raiz, escondida nas sombras do coração humano — e o mais sublime potencial do espírito humano.

Ao transmitir essas mensagens, tanto os contos de jovens como os de velhos empregam metáforas, mas seus propósitos diferem. A juventude é um período espinhoso em que a noção individual do eu é muito delicada. Os rapazes e as moças guardam, zelosamente, sua independência e rejeitam o conselho explícito. E a juventude nem sempre está em condições de haver-se, diretamente, com conflitos emocionais, porque as conseqüências são muito desastrosas. Por isso é que os contos de fadas apresentam parábolas. Como o velho alquimista, estas histórias usam de artifícios para ajudar o jovem a enfrentar seus conflitos interiores.

Devido a uma experiência de muitos anos, o velho sabe como lidar diretamente com conflitos emocionais e é menos sensível quanto a ouvir conselhos. Porém, arrosta um novo desafio: o de romper com as convenções sociais e com a racionalidade prática, com a sujeição a planos, compromissos e "enquadramentos". Os contos de fadas ajudam nessa tarefa. Levam o velho de volta ao mundo da imaginação. E aí, nesse reino encantado, os indivíduos podem se afastar da racionalidade, relembrar ideais esquecidos e ver o que *pode* ser, mais do que simplesmente *é*.

A mocidade é uma época de heroísmo. Os homens e mulheres jovens raciocinam em termos de luta e vitória, esforço e triunfo. Esta, porém, não é uma atitude meramente psicológica, pessoal. O modelo do herói domina grande parte da cultura moderna e repercute profundamente na sociedade.[1] Admiramos os astronautas, os atletas olímpicos, os exploradores do Ártico porque são, todos, heróis: enfrentam enormes perigos, ou sobrevivem a duras provações, visando um grande triunfo. Mas existe um lado negro na imagem dourada do herói — a fascinação pelo domínio e pelo poder. O herói primeiro desembainha a espada, depois negocia.

Se o herói é inerentemente um guerreiro, é também intrinsecamente macho: o modelo heróico coloca o homem acima da mulher. Nos mitos e contos de fadas, é o moço que, alegoricamente, se aventura, não a moça. De fato, de um modo geral, o papel da mulher é o de esperar em casa pelo herói e de ser o belo prêmio. Nos contos de fadas, assim como nas sociedades tradicionais, glória e poder cabem ao homem, não à mulher. Nossa própria linguagem fortalece esse ponto — a palavra "heroína" deriva de herói, como se a heroína fosse um personagem secundário, um apêndice do herói.

Os contos de velhos apresentam uma alternativa a este paradigma heróico.[2] Essas histórias transmitem uma mensagem não apenas a indivíduos, mas à sociedade como um todo. Os contos de velhos ilustram uma nova série de virtudes e sabedoria, não heroísmo. Como nossas histórias demonstraram, os velhos representam mediação e comunicação mais que batalha e conquista. Confrontado com o gênio, o pescador conversa e conta histórias. Ele não tenta destruir o monstro, como o jovem herói, alegoricamente, o faria. O papel do velho é o de erguer pontes, não o de empunhar a espada.

Os contos de velhos designam as mesmas tarefas para os homens e para as mulheres na segunda metade da vida: autoconfrontação, autotranscendência e a emancipação da sociedade. Nem o homem nem a mulher são reciprocamente colocados numa posição superior. O importante, na velhice, é ser humano, não apenas macho ou fêmea. Outra vez, nossa linguagem reflete essa imagem. Enquanto distinguimos entre "heróis" e "heroínas", em termos de sexo, não existe diferença de gênero para "velhos". Porém, uma nova dicotomia emerge — entre indivíduos que continuam a crescer e a se desenvolver e aqueles que estagnam, entre o "velho sábio" e o "idoso".

Ao decantar as virtudes do velho sábio, eu, certamente, não sugiro um retorno à gerontocracia. Em primeiro lugar, isso só serviria para confundir o papel do velho com a autêntica velhice. Muita idade não torna uma pessoa necessariamente sábia. O velho sábio é uma imagem arquetípica, como a do jovem herói. Nem todos os jovens são heróis, nem todos os heróis são jovens. Porém, dentro de todos os indivíduos jaz um herói em potencial. E, da mesma forma, nem todos os adultos se tornam sábios e esclarecidos à medida que crescem em anos. Mas dentro de cada pessoa se abriga a figura do velho sábio — um desafio e uma promessa.

Nem é o velho sábio melhor que o herói. A sociedade precisa de ambos, e, como indivíduos, precisamos, na vida, do equilíbrio de ambos. Tanto o herói como o velho encerram aspectos poderosos do potencial humano. Cada um, de per si, é incompleto e unilateral, apto para determinadas situações da vida. Precisamos de coragem e de heroísmo quando lutamos por grandes ideais, seja qual for a fase da vida. Mas necessitamos de clarividência e transcendência após a vitória. Sobretudo precisamos de sabedoria para saber quando pegar e quando largar — e esta é a sabedoria do velho.

Na maioria dos contos de fadas que conhecemos, o Príncipe e a Princesa lutam contra terríveis inimigos e sobrevivem a angustiantes provações. Depois encontram-se, casam e vivem felizes para sempre. E, sem dúvida, o verdadeiro amor e o encontro do próprio reino constituem os objetivos simbólicos de todos os indivíduos. Mas, resta, no "...e foram felizes para sempre" muito mais da vida e talvez a parte mais importante: ou seja, devolver a inocência e o encanto a um mundo que os esqueceu. Esta é a mensagem suprema dos contos de velhos e seu desafio — o de reintroduzir a magia do mito e da infância na vida real. O fim, então, equivale a um princípio transfigurado e iluminado, em prol do Eu, da Sociedade e de Deus.

Notas

CAPÍTULO 1

1. Bruno Bettelheim, *The Uses of Enchantment: The Meaning and Importance of Fairy Tales* (Nova York: Knopf, 1976), 166-183, 194-215.

Ver também os trabalhos de Dieckmann, Heuscher, Jones e Luthi na bibliografia. De particular interesse é a obra de M. Tatar, *The Hard Facts of the Grimms' Fairy Tales* (Princeton: Princeton University Press, 1987), publicada após concluído este original.

2. Dos livros de Von Franz, *Individuation in Fairy Tales* (Dallas: Spring Publications, 1977) é aqui de particular relevância. Ver também os trabalhos de Hart, Heuscher e Luthi na bibliografia.

É importante notar que as interpretações psicanalíticas dos contos de fadas têm sido rigorosamente criticadas, por ignorarem os contextos históricos e sociais dos contos de fadas. Ver Jack Zipes, *Don't Bet on The Prince* (Nova York: Methuen, 1976), 1-8. Devido a isso, incluirei em minhas argumentações aspectos históricos e sociais, se bem que maior ênfase será dada às interpretações psicológicas.

3. Dieckmann é especialmente claro neste ponto. Ver os casos em vinheta em seu livro, *Twice-Told Tales: The Psychological Use of Fairy Tales*, trad. B. Matthews (Wilmette, Ill.; Chiron Publications, 1986). Ver também os trabalhos de Campbell, Grolnick, Heuscher, Jones, Neumann, Von Franz e Tatar na bibliografia. Tatar ainda observa que a segunda parte da meia-idade é o período em que os adultos tornam-se novamente interessados nos contos de fadas — *The Hard Facts of the Grimms' Fairy Tales*, xiii.

4. Simone de Beauvoir, *The Coming of Age*, trad. P. O'Brian (Nova York: G. P. Putnam's Sons, 1972), 221.

A menor expectativa de vida e a relativa escassez de pessoas idosas em certos períodos históricos encontram paralelo em civilizações pré-industriais no século XX; por exemplo, os membros da tribo !Kung da África, ou os Quechuas dos Andes. Ver Megan Biesele e Nancy Howell, "'The old people give you life': Aging Among !Kung Hunter-Gatherers", edição de Pamela Amoss e Stevan Harrell, em *Other Ways of Growing Old* (Palo Alto Calif.: Stanford University Press, 1981), 81 e Allan Holmberg, *"Age in The Andes"*, in Robert Kleemeier, org., *Aging and Leisure: A Research Perspective into the Meaningful Use of Time* (Nova York: Oxford University Press, 1961), 88.

5. Somente foram examinadas coleções escritas em inglês. Os índices comuns em pesquisa folclórica, como o de S. Thompson, *Motif-Index of Folk Literature*

(Bloomington, Ind.: Indiana University Press, 1955-8) e o de A. Aarne e S. Thompson, *The Types of The Folktale: A Classification and Bibliography* (Helsinki: Academia Scientarium Finnica, 1961), estranhamente, em nada ajudaram a localizar contos em que figurem protagonistas "velhos". As histórias deste volume foram localizadas durante a simples leitura de coleções já disponíveis publicadas.

6. Marie-Louise Von Franz, *Shadow and Evil in Fairy Tales* (Dallas: Spring Publications, 1974), 10-12, e *The Psychological Meaning of Redemption Motifs in Fairy Tales* (Toronto: Inner City Books, 1980), 10-14. O folclorista A. Dundes salienta a natureza oral dos contos de fadas. Ver seu artigo "Fairy Tales From a Folkloristic Perspective" na obra *Fairy Tales And Society: Illusion, Allusion and Paradigm*, de R. Bottigheimer, org. (Filadélfia: University of Pennsylvania Press, 1986), 259-70. M. Tatar observa a sucessão contínua entre os contos transcritos apenas oralmente e os totalmente literários. Ver *Hard Facts of the Grimms' Fairy Tales*, 33.

Outros escritores enfatizam que as *introvisões* psicológicas contidas nos contos de fadas sobreviveram às inevitáveis alterações que as histórias sofreram com o decorrer dos anos. Ver M. Luthi, *Fairy Tales as Art Form and Portrait of Man* (Bloomington, Ind.: Indiana University Press, 1984), 134 ss, 158 ss; e S. S. Jones, "The Structure of Snow White", em *Fairy Tales and Society*, 178, 181.

7. Bettelheim, *The Uses of Enchantment*, 117. J. R. R. Tolkien faz uma afirmação semelhante. Ele argumenta que os contos de fadas são apresentados como verdades, mas não do mundo humano, comum — e sim do reino das Fadas. Ver J. R. R. Tolkien, *Tree and Leaf* (Londres: Allen and Unwin, 1976), 40-41. Dundes também enfatiza o elemento fantasioso dos contos de fadas. Ver seu artigo "Fairy Tales from a Folkloristic Perspective". In *Fairy Tales and Society*, 259-70.

8. Zong In—Sob, org. *Folk Tales from Korea* (Nova York: Grove, 1979), 14.

9. Bettelheim salienta este ponto em *The Uses of Enchantment*, 37. Ver também M. Tatar, *Hard Facts of the Grimms' Fairy Tales*, XV-XVI.

10. Ver Bettelheim, *Uses of Enchantment*, 26 e Julius A. Heuscher, *Psychiatric Study of Myths and Fairy Tales: Their Origin, Meaning and Usefulness* (Springfield, Ill.: Charles C. Thomas, 1974), 18.

Dessa forma, os contos de fadas diferem das *fábulas*, que têm como protagonistas animais em vez de pessoas.

11. Robert Butler, *Why Survive?* (Nova York: Harper and Row, 1975).

12. Trad. P. O'Brian (Nova York: G. P. Putnam's Sons, 1972).

13. Citado por Simone de Beauvoir em *The Coming of Age*, 100.

14. O mesmo exemplo pode ser encontrado em civilizações pré-industriais, nos dias de hoje. Entre os membros da tribo !Kung da África, por exemplo, as histórias folclóricas descrevem as pessoas mais velhas como figuras poderosas, importantes, capazes de conceder e de tirar a vida dos homens e mulheres mais jovens. Ver Biesele e Howell, "Aging Among !Kung Hunter-Gatherers", in Amoss e Harrell, orgs., *Other Ways of Growing Old*, 77-8.

15. Um exemplo recente é tocante: os velhos sábios das tribos Kirghiz do Afeganistão eram, tradicionalmente, os que entretinham e educavam suas comunidades, recitando os antigos épicos, canções e poesias. A simples introdução do rádio-transistor minou esse papel social. M. Nazif Shahrani em "Growing in Respect: Aging

Among the Kirghiz of Afghanistan", in Amoss e Harrell, orgs., *Other Ways of Growing Old*, 189.

A mudança histórica de atitude em relação aos velhos reflete-se também na história da língua inglesa — cada vez mais termos pejorativos têm, progressivamente, sido usados nos últimos três séculos. H. C. Covey, "Historical Terminology Used to Represent Older People", *The Gerontologist* 28 (1988): 291-7.

16. N. L. Mergler, M. Faust e M. D. Goldstein "Storytelling as an Age-Dependent Skill", *"International Journal of Aging And Human Development* 20 (1984-1985): 205-28.

17. Jack Zipes comenta o processo de um modo geral in *Fairy Tales and the Art of Subversion: The Classical Genre for Children and the Process of Socialization* (Nova York: Heinemann, 1983), 47, 67; e *Breaking the Magic Spell: Radical Theories of Folk and Fairy Tales* (Austin: University of Texas Press, 1979), 3, 8. M. Tatar discute o caso particular dos contos de Grimm e como eles foram sendo, aos poucos, alterados para agradar mais às crianças e, dessa forma, aumentar a venda da obra. Ver *Hard Facts of the Grimms' Fairy Tales*, 19.

R. Schenda sumariza os usos dos contos de fadas em seus lugares históricos. Ver seu artigo, "Telling Tales — Spreading Tales: Change in the Communicative Forms of a Popular Genre", in *Fairy Tales and Society*, 81ss. K. Rowe observa como a dimensão feminina foi cortada através dos anos, em seu artigo, "To Spin a Yarn: The Female Voice in Folklore and Fairy Tales", in *Fairy Tales and Society*, 62.

18. A. Dundes, "Fairy Tales from a Folkloristic Perspective", in *Fairy Tales and Society*, 259, 261; A. Tavis, "Fairy Tales from a Semiotic Perspective", in *Fairy Tales and Society*, 198.

19. Jack Zipes, *Don't Bet on the Prince*, 27; Breaking the Magic Spell, 21, 160 ss; A. Dundes, "Fairy Tales from a Folkloristic Perspective", in *Fairy Tales and Society*, 262; R. Schenda, "Telling Tales — Spreading Tales: Change in the Communicative Forms of a Popular Genre", in *Fairy Tales and Society*, 79. Grolnick dirige algumas de suas críticas às interpretações psicanalíticas dos contos de fadas. Ver seu artigo, "Fairy Tales and Psychotherapy", in *Fairy Tales and Society*, 205, 208.

A fim de evitar a insistência na interpretação de detalhes específicos, ater-me-ei aos *temas* básicos das histórias e, em particular, àqueles encontrados em diferentes contos de velhos. A unidade da análise reside não tanto em uma dada história e suas muitas versões quanto nos motivos comuns a diferentes contos de velhos, especialmente oriundos de diversas culturas. No entanto, detalhes específicos, freqüentemente, acrescentam uma ênfase dramática ou pungente a um tema comum. Nestes casos, fixar-me-ei nos detalhes mas, sobretudo, para trabalhar o tema básico. Este enfoque combina aspectos da análise estrutural de Propp com interpretações psicodinâmicas e é similar ao de M. Tatar. Ver *Hard Facts of the Grimms' Fairy Tales*, xv-xx.

CAPÍTULO 2

1. As sociedades pré-industriais de hoje proporcionam os mais vívidos exemplos deste fato. Ver Megan Biesele e Nancy Howell, "'The old people give you life': Aging Among !Kung Hunter-Gatherers", in Pamela Amoss e Stevan Harrell orgs. *Other Ways*

of Growing Old (Palo Alto, Calif.: Stanford University Press, 1981), 82 e Charles C. Hughes, "The Concept and Use of Time in the Middle-Years: The St. Lawrence Island Eskimos", in Robert Kleemeir, org., *Aging and Leisure: A Research Perspective into the Meaningful Use of Time* (Nova York: Oxford University Press, 1961), 93.

2. Ver, especialmente, E. F. Raymond e T. J. Michals, "Prevalence and Correlates of Depression in Elderly Persons", *Psychological Reports* 47 (1980): 1055-61; e de B. Gurland e P. Cross, "Epidemiology of Psychopathology in Old Age: Some Implications for Clinical Services", *Psychiatric Clinics of North America* 5 (1982): 11-26.

Esses estudos revelam coeficientes mais altos de sintomas depressivos do que os encontrados pelo Departamento de Captação de Epidemias do Instituto Nacional de Saúde Mental. Ver J. K. Myers, M. M. Weissman, G. L. Tischler, C. E. Holzer, III, P. J. Leaf, e H. Orvaschel, "Six-Month Community Prevalence of Psychiatric Disorders in Three Communities 1980-1982". *Archives of General Psychiatry* 41 (Oct. 1984): 959-67.

O estudo epidemiológico, porém, não se preocupou com os sintomas, mas com o diagnóstico das desordens depressivas, como definidas pelos critérios formais. E mais, tem sido aventado que estes critérios foram elaborados a partir de dados baseados em adultos jovens, de modo que podem faltar, neles, as formas que a depressão assume na velhice. Ver, por exemplo, D. Blazer, *Depression in Later Life* (St. Louis: Mosby, 1982), 19-22; T. Brink, "Geriatric Depression and Hypochondriasis: Incidence, Interaction, Assessment and Treatment", *Psychoterapy: Theory, Research and Practice* 19 (1982): 506-11, e de G. Klerman, "Problems in the Definition and Diagnosis of Depression in the elderly", in L. D. Breslau e M. R. Haug orgs., *Depression and Aging: Causes, Care and Consequences* (Nova York: Springer, 1983), 7. Ver também Kielholz, Gerner e Blazer na bibliografia.

3. Ver, por exemplo, T. McAllister, "Overview: Pseudodementia", *American Journal of Psychiatry* 140 (1983): 528-33 e F. Carp, "Senility or Garden-variety Maladjustment?", *Journal of Gerontology* 24 (1969): 203-8.

4. John McLeish, *The Ulyssean Adult Creativity in the Middle and Later Years* (Nova York: McGraw-Hill Ryerson, 1976). Ver também os trabalhos de Gerald O'Collins e Hugo Munsterberg na bibliografia.

CAPÍTULO 3

1. C. G. Jung, "The Stages of Life" (1931) in *Collected Works*, vol. 8 (Princeton: Princeton University Press, 1960), par. 775. Os comentários de Jung vêm dispersos ao longo de toda a sua volumosa obra. Exposições mais integradas e acessíveis podem ser encontradas em fontes secundárias, e.g. Edward Whitmont, *The Symbolic Quest* [*A Busca do Símbolo*, Editora Cultrix, São Paulo, 1990] (Princeton: Princeton University Press, 1969), 160-9 e Robert Johnson, *He: Understanding Masculine Psychology* (Nova York: Perennial Library, 1976), 66.

2. C. G. Jung, "The Personal and Collective Unconscious" (1943), in *Collected Works*, vol. 7 (Princeton: Princeton University Press, 1953), par. 103n.

3. Ver, por exemplo, R. Anshin, "Creativity, Mid-life Crisis and Herman Hesse", *Journal of the American Academy of Psychoanalysis* 4 (1976): 215-216; L. Davidson, "Mid-life Crisis in Thomas Mann's *Death in Venice*", *Journal of the American Academy of Psychoanalysis* 4 (1976): 203-14; e P. Newton, "Samuel Johnson's

Breakdown and Recovery in Middle-age. A Life-span Developmental Approach to Mental Illness and its Cure", *International Review of Psychoanalysis* 11 (1984): 93-117.

Gould, cita, em especial, exemplos pungentes extraídos do cotidiano da vida de casados — R. Gould, *Transformations: Growth and Change in Adult Life* (Nova York: Simon and Schuster, 1978), 294-307.

4. H. Segal, "Joseph Conrad and the Mid-Life Crisis", *International Review of Psychoanalysis* 11 (1984): 3-9.

5. P. Blos, *On Adolescence: A Psychoanalytic Interpretation* (Nova York: Free Press, 1966), 60, 97, 183. Ver também C. G. Jung, "Marriage as a Psychological Relationship" (1925), in *Collected Works*, vol. 17 (Princeton: Princeton University Press, 1954), par. 337.

6. George Vaillant, *Adaptation to Life: How the Best and the Brightest Came of Age* (Boston: Little, Brown, 1977).

7. Dorothy Eichorn, John Clausen, Norma Haan, Marjorie Honzik e Paul Mussen, orgs., *Present and Past in Middle Life* (Nova York: Academic Press, 1981). Ver em especial, os seguintes capítulos: J. B. Brooks "Social Maturity in Middle Age and its Developmental Antecedents", 244-69; N. Haan, "Common Dimensions of Personality: Early Adolescence to Middle Life", 117-54; e P. Mussen e N. Haan, "A Longitudinal Study of Patterns of Personality and Political Ideologies", 393-414.

8. Casos semelhantes são descritos por Vaillant in *Adaptation to Life*, 187, 191.

9. Vaillant, *Adaptation to Life*, 108, 128.

10. Ver, por exemplo, os estudos de Baker e Wheelwright, Grotjahn (1951, 1955), Gutmann (1981), King e Zinberg na bibliografia.

CAPÍTULO 4

1. C. G. Jung, "Psychological Types" (1921), in *Collected Works*, vol. 6 (Princeton: Princeton University Press, 1971), par. 800-2.

2. Hugo Munsterberg, *The Crown of Life: Artistic Creativity in Old Age* (Nova York: Harcourt Brace Jovanovich, 1983), 20-2, 27-9, 34-5.

3. O psicanalista Otto Kernberg estudou intensamente este fenômeno. Ver, por exemplo, *Object Relations Theory and Clinical Psychoanalysis* (Nova York: Jason Aronson, 1976).

4. Ver Peter Blos, *On Adolescence: A Psychoanalytic Interpretation* (Nova York: Free Press, 1966), 101, 122; D. O. Offer e J. B. Offer, *From Teenage to Young Manhood: A Psychological Study* (Nova York: Basic Books, 1976), 62, 79.

5. Ver especialmente P. M. King, K. S. Kitchener, M. L. Davidson, C. A. Parker e P. K. Wood, "The Justification of Beliefs in Young Adults: A Longitudinal Study", *Human Development* 26 (1983): 106-16, e os trabalhos de Clayton, Labouvie-Vief, Perry, Riegel, e Sinnott na bibliografia.

6. Ver especialmente D. Levinson, C. N. Darrow, E. B. Klein, M. H. Levinson e B. McKee, *The Seasons of a Man's Life* (Nova York: Ballantine, 1978), 245-51.

7. Ver por exemplo, W. Tseng e J. Hsu, "The Chinese Attitude Toward Parental Authority as Expressed in Chinese Children's Stories", *Archives of General Psychiatry* 26 (1972): 28-34; N. I. Khan, *Twenty Jataka Tales* (Nova York: Inner Traditions International, 1985), 29-33; e Gerald Friedlander, *The Jewish Fairy Book* (Nova York: Frederick Stokes, 1920), 49-61.

8. E. Hodgetts, *From the Land of the Tsar* (Londres: Gilbert and Rivington, 1890), 53-64.

9. Nathan Ausubel, *A Treasury of Jewish Folklore: Stories, Traditions, Legends, Humor, Wisdom and Folk Songs of the Jewish People* (Nova York: Crown, 1948), 612-15.

CAPÍTULO 5

1. Ver especialmente os trabalhos de Clayton na bibliografia.

2. Gisela Labouvie-Vief apresenta um excelente exame teórico deste ponto no artigo "Beyond Formal Operations: Uses and Limits of Pure Logic in Life-Span Development", "*Human Development* 23 (1980): 141-61. Ver também, G. Labouvie-Vief e M. Chandler, "Cognitive Development and Life-Span Developmental Theory: Idealistic versus Contextual Perspectives", in Paul Baltes, org. *Life-Span Development and Behavior*, Volume 1, (Nova York: Academic Press, 1978), 181-210.

Um apoio empírico é dado pela pesquisa de Jan Sinnott, por exemplo, intitulada, "Individuals' Strategies in Everyday Problem Solving: Noncognitive and Cognitive Parameters", ensaio apresentado no Encontro Anual da Sociedade Americana de Gerontologia, em São Francisco, em 1983. Donald Schon também trata da diferença entre razão pura e razão prática in *The Reflective Practitioner: How Professionals Think in Action* (Nova York: Basic Books, 1983).

3. "The Deluded Dragon" in Ruth Manning-Sanders, *The Red King and the Witch: Gypsy Folk and Fairy Tales* (Nova York: Roy, 1964), 10-15. Uma história semelhante, "Uncle Trak and the Last Dragon", pode ser encontrada in A. Nicoloff, *Bulgarian Fairy Tales* (Cleveland: Nicoloff, 1979), 99-102.

"The Groom's Crimes", in Moss Roberts, *Chinese Fairy Tales and Fantasies* (Nova York: Pantheon, 1979), 212-13; ver também, "Buying Loyalty", 209-12.

"The Ungrateful Children", in R. Nisbet Bain, *Cossack Fairy Tales and Folk Tales* (Nova York: Stokes, 1895), 212-21; cf. com uma versão, em fábula, do mesmo conto, com animais idosos como protagonistas — "The Old Dog", in *Cossack Fairy Tales*, 127-9. Contos semelhantes são "Keep Your Property", in A. Nicoloff, *Bulgarian Fairy Tales*, 151-3; e "The Foolish Wolf", in A. N. Afanasev, *Russian Fairy Tales* (Nova York: Pantheon, 1945), 450-2.

4. Ver especialmente os trabalhos de Clayton na bibliografia.

5. Citado in J. McLeish, *The Ulyssean Adult: Creativity in the Middle and Later Years* (Nova York: McGraw-Hill Ryerson, 1976), 126.

CAPÍTULO 6

1. Andrew Lang, *The Yellow Fairy Book* (1894; reedição, Nova York: Dover, 1960), 100-7.

2. "The Deluded Dragon", in Ruth Manning-Sanders, *The Red King and the Witch: Gypsy Folk and Fairy Tales* (Nova York: Roy, 1964), 10-15.

3. "The Ungrateful Children", in R. Nisbet Bain, *Cossack Fairy Tales and Folk Tales* (Nova York: Stokes, 1895), 212-21.

4. O mesmo tema ocorre in "The Old Dog", encontrado in Bain, *Cossack Fairy Tales*, 127-9, onde um velho cão é expulso da casa para morrer. Só que um lobo ajuda o cão a enganar seu dono e o traz de volta. O lobo é, alegoricamente, um personagem

mau no folclore, de forma que seu auxílio altruístico torna-se mais ainda impressionante.

CAPÍTULO 7

1. O conto ilustra também claramente os maus-tratos a velhos — um problema só recentemente reconhecido mas retratado em diversos contos de velhos.

2. Erick Erikson, *Identity and the Life Cycle* (Nova York: International University Press, 1959).

3. E. Erikson, J. M. Erickson e H. G. Kivnick, *Vital Involvement in Old Age* (Nova York: Norton, 1986), 91.

A. Kornhaber e K. Woodward, *Grandparents/Grandchildren: The Vital Connection* (Garden City: Doubleday, 1981), 149-50.

4. D. J. Levinson, C. N. Darrow, E. B. Klein, M. H. Levinson e B. McKee, *The Seasons of a Man's Life* (Nova York: Ballantine 1978), 97-101.

5. Else Frenkel, "Studies in Biographical Psychology", *Character and Personality* 5 (1936): 1-34. Jung também fez uma observação semelhante in "Marriage as a Psychological Relationship" (1925) in "*Collected Works*, vol. 17 (Princeton: Princeton University Press, 1954), par. 331a-c.

6. George Vaillant, *Adaptation to Life: How the Best and The Brightest Came of Age* (Boston: Little, Brown, 1977), 80, 112-14, 232; e N. Haan, "Common Dimensions of Personality: Early Adolescence to Middle Life", in Dorothy Eichorn, John Clausen, Norma Haan, Marjorie Honzik e Paul Mussen orgs. *Present and Past in Middle Life* (Nova York: Academic Press, 1981), 136.

Resultados semelhantes foram encontrados em outros estudos com outros grupos sócio-econômicos. Ver M. Thurnher, "Continuities and Discontinuities in Value Orientations", in M. F. Lowenthal, M. Thurnher e D. Chiriboga, orgs. *Fours Stages of Life* (San Francisco: Jossey Bass, 1975), 180-1; G. Vaillant e E. Milofsky, "Natural History of Male Psychological Health: IX. Empirical Evidence for Erickson's Model of the Life Cicle", *Psychiatry* 137 (1980): 1348-59; e L. Viney, "A Sociophenomenological Approach to Life-Span Development Complementing Erikson's Sociodynamic Approach", *Human Development* 30 (1987); 125-36; D. Heath, "The Maturing Person", in R. Walsh e D. Shapiro, orgs. *Beyond Health and Normality: Explorations of Exceptional Well-being* (Nova York: Van Nostrand Reinhold, 1983), 173.

7. A. B. Chinen, "Self-contexting and Psychoterapy with Older Adults", *Psychotherapy: Theory, Research, Practice* 240 (1986): 411-16.

8. Este é o mesmo tema que aparece no conto "O Presente do Pardal", onde a velha foi de livre e espontânea vontade à floresta, simbolizando o inconsciente. Notem que, no presente conto, a velha também vive junto da floresta mágica.

CAPÍTULO 8

1. Charles E. Curran, "A Theological Perspective", in C. LeFevre e P. LeFevre, orgs., *Aging and the Human Spirit: A Reader in Religion and Gerontology* (Chicago: Exploration Press, 1981), 68-82. Ver também os trabalhos de Bianchi, Brewi e Brennan, e Van Kaam na bibliografia.

2. R. L. Katz, "Jewish Values and Socio-psychological Perspectives on Aging",

in S. Hiltner, org., *Toward a Theology of Aging* (Nova York: Human Sciences Press, 1975), 135-50.

3. D. Gutmann, "The Cross-cultural Perspective: Notes on a Comparative Psychology of Aging", in J. Birren e W. Schaie, orgs., *Handbook of the Psychology of Aging* (Nova York: Van Nostrand Reinhold, 1977), 302-26; D. Gutmann, "Observations on Culture and Mental Health in Later Life", in J. E. Birren e R. B. Sloane, orgs., *Handbook of Mental Health and Aging* (Nova York: Prentice-Hall, 1983), 429-47.

4. M. Biesele e N. Howell, " 'The old people give you life': Aging Among !Kung Hunter-Gatherers", in P. T. Amoss e S. Harrell orgs., *Other Ways of Growing Old* (Palo Alto, Calif.: Stanford University Press, 1981), 155-74; M. Nazif Shahrani, "Growing in Respect: Aging Among the Kirghiz of Afghanistan", in P. T. Amoss e S. Harrell, orgs., *Other Ways of Growing Old*, 175-92.

Ver também de Beauvoir.

5. T. Wei-ming, "The Confucian Perception of Adulthood", in E. Erikson, *Adulthood* (Nova York: Norton, 1978), 121.

6. S. Kahar, "Setting the Stage: The Traditional Hindu View and the Psychology of Erik H. Erikson", in S. Kahar, org., *Identity and Adulthood* (Delhi: Oxford University Press, 1979), 2-33; S. Rhadakrishnan, C. A. Moore, *A Sourcebook in Indian Philosophy* (Princeton: Princeton University Press, 1957), 175-84.

7. K. Wilber, "The Pre/Trans Fallacy", *Revision* 5 (1980): 51-71.

8. R. Johnson, *He: Understanding Masculine Psychology* (Nova York: Perennial Library, 1976); E. Jung e M.-L. Von Franz, *The Grail Legend* [*A Lenda do Graal — Do ponto de vista psicológico*, Editora Cultrix, 1989.] (Boston: Sigo, 1986).

9. D. Levinson, C. N. Darrow, E. B. Klein, M. H. Levinson e D. McKee, *The Seasons of a Man's Life* (Nova York: Ballantine, 1978), 91-7. Ver também R. Johnson, *He*, 49-54; e A. Van Kaam, *The Transcendent Self: Formative Spirituality of the Middle, Early and Later Years of Life* (Denville: N. J.: Dimension Books, 1979), 24-5.

10. Altruísmo intensificado e preocupação humanitária podem ser observados em estudos longitudinais como nos de G. Vaillant, in *Adaptation to Life* (Boston: Little, Brown, 1977), 330-1, 345-6; de N. Haan, in "Common Dimensions of Personality: Early Adolescence to Middle Life", in D. Eichorne, J. Clausen, N. Haan, M. Honzik e P. Mussen, orgs., *Present and Past in Middle Life* (Nova York: Academic Press, 1981), 133. A mesma evolução pode ser observada em estudos em secções transversais como no artigo de M. Thurnher, "Continuities and Discontinuities in Value Orientations", in M. F. Lowenthal, M. Thurnher e D. Chiriboga, *Four Stages of Life* (San Francisco: Jossey Bass, 1975), 180 e R. Kuhlen, "Developmental Changes in Motivation during the Adult Years", in Bernice Neugarten, org., *Middle Age and Aging* (Chicago: University Press, 1968), 136.

Existe uma vasta e um tanto polêmica literatura sobre a intensificação do interesse religioso na velhice. Ver por exemplo, A. Vinson sobre "The Role of Religion in the Maturation of the Autonomous Adult", in J. A. Thorson e T. C. Cook, orgs., *Spiritual Well-Being of the Elderly* (Springfield, Ill: Charles C. Thomas, 1978), 127-36 e W. M. Swenson "Attitudes Toward Death in an Aged Population", *Journal of Gerontology* 16 (1961): 49-52.

11. H. Koenig, J. Kvale e C. Ferrel, "Religion and Well-being in Later Life", *The Gerontologist* 28 (1988): 18-28. Um bom resumo de outras pesquisas sobre este tópico pode ser encontrado in H. Koenig, L. George e I. Siegler, "The Use of Religion and Other Emotion-Regulating Coping Strategies Among Older Adults", *The Gerontologist* 28 (1988): 303-10.

12. C. Mindel e C. Vaughan, "A Multidimensional Approach to Religiosity and Disengagement", *Journal of Gerontology* 33 (1978): 103-8.

D. Moberg, "Religiosity in Old Age", *Gerontologist* 5 (1965), 78-87.

G. Young e W. Dowling, "Dimensions of Religiosity in Old Age: Accounting for Variation in Type of Participation", *Journal of Gerontology* 42 (1987): 376-80.

13. A. Chinen, "Adult Cognitive Development: The Case of Alfred North Whitehead", in *Beyond Formal Operations*. Volume 3: *Models and Methods in the Study of Adolescent and Adult Thought* (Nova York: Praeger, In Press).

A evolução do pensamento de Whitehead pode ser acompanhada através dos seguintes trabalhos de sua autoria: *Organization of Thought, Educational and Scientific* (Londres: Williams and Norgate, 1917); *An Enquiry Concerning the Principles of Natural Knowledge* (Cambridge: Cambridge University Press, 1919); *The Concept of Nature* (Cambrige: Cambridge University Press, 1920); *Science and the Modern World* (Nova York: Macmillan, 1925); *Religion in the Making* (Nova York: Macmillan, 1926) e *Modes of Thought* (Nova York: Macmillan, 1938).

14. Else Frenkel, "Studies in Biographical Psychology", *Character and Personality* 5 (1936): 17.

15. J. Funk, "Beethoven: A Transpersonal Analysis", *ReVision* 5 (1982): 29-41.

16. Hugo Munsterberg, *The Crown of Life: Artistic Creativity in Old Age* (Nova York: Harcourt Brace Jovanovich, 1983), 7-8, 21, 24-5, 29, 32.

17. "The Land Where One Never Dies", in I. Calvino, *Italian Folktales*, trad. por G. Martin (Nova York: Pantheon, 1978); "The Story of the Man who Did Not Wish to Die", in Y. T. Ozaki, *The Japanese Fairy Book* (Tóquio: Charles Tuttle, 1970).

18. "The Castle of Life" de E. Laboulaye, *Laboulaye's Fairy Book: Fairy Tales of All Nations* (Great Neck, N. Y.: Core, 1976).

19. G. T. Reker, E. J. Peacock e T. P. Wong, "Meaning and Purpose in Life and Well-being: A Life-span Perspective", *Journal of Gerontology* 42 (1987): 43-9.

N. Woods e K. Witte, "Life Satisfaction, Fear of Death and Ego Identity in Elderly Adults", *Bulletin of the Psychonomic Society* 18 (1981): 165-8.

D. Gutmann, "The Post-parental Years: Clinical Problems and Developmental Possibilities", in William Norman e Thomas Scaramella, orgs., *Mid-life: Developmental and Clinical Issues* (Nova York: Brunner/Mazel, 1980), 38-52.

CAPÍTULO 9

1. C. G. Jung, "Symbols of the Mother and Rebirth" (1952), in *Collected Works*, vol. 5 (Princeton: Princeton University Press, 1956), par. 320. Ver também Marie-Louise Von Franz, *The Psychological Meaning of Redemption Motifs in Fairy Tales* (Toronto: Inner City Books, 1980), 24, 28; e B. Bettelheim, *Uses of Enchantment* (Nova York: Knopf, 1976), 94.

2. R. Peck, "Psychological Developments in the Second Half of Life" in B.

Neugarten, org., *Middle Age and Aging* (Chicago: University of Chicago Press, 1968), 79-83; R. Peck e H. Berkowitz, "Personality and Adjustment in Middle Age", in B. L. Neugarten, org., *Personality in Middle and Late Life: Empirical Studies* (Nova York: Atherton, 1964), 15-43.

3. Três diferentes estudos, usando independentemente métodos longitudinais e seccionais transversais, ressaltaram a importância da flexibilidade psicológica depois da meia-idade. Ver D. Spence e E. Lurie, "Style of Life", in M. F. Lowenthal, M. Thurnher e D. Chiriboga, *Four Stages of Life* (San Francisco: Jossey Bass, 1975), 10; J. Stroud, "Women's Careers: Work Family and Personality", in D. Eichorn, J. Clausen, N. Haan, M. Honzik e P. Mussen, *Present and Past, in Middle Life* (Nova York: Academic Press, 1981), 379; e G. Vaillant, *Adaptation to Life* (Boston: Little, Brown, 1977), 220-2.

4. "The Demon with Eight Faces", in R. Dorson, *Folk Legends of Japan* (Tóquio: Tuttle, 1962), e "The Kind Woodcutter", in I. Zheleznova, *Tales of the Amber Sea: Fairy Tales of the Peoples of Estonia, Latvia and Lithuania* (Moscou: Progress Publishers, 1974).

5. C. G. Jung, "The Stages of Life" (1931), in *Collected Works*, vol. 8 (Princeton: Princeton University Press, 1960), 773 ss; "Marriage as a Psychological Relationship" (1925), in *Collected Works*, vol. 17 (Princeton: Princeton University Press, 1954), 338 ss e "The Psychology of the Unconscious" (1916), in *Collected Works*, vol. 7 (Princeton: Princeton University Press, 1953), par. 114-6.

6. A inversão de papéis pode explicar por que mais velhas do que velhos são, inicialmente, descritas como rabugentas nos contos de velhos — as mulheres revelam seu lado agressivo, enquanto os homens se tornam mais dóceis, de forma que as mulheres podem parecer indubitavelmente más. Porém, tanto o homem como a mulher enfrentam as tarefas de autoconfrontação e autocorreção.

7. Estudos sistemáticos sobre as populações americanas incluem: B. Neugarten e D. Gutmann, "Age-sex Roles and Personality in Middle Age: A Thematic Apperception Study", *Psychological Monographs: General and Applied* 17 (1958): 2-34; D. Chiriboga e M. Thurnher, "Concept of Self", in M. F. Lowenthal, M. Thurnher e D. Chiriboba, orgs., *Four Stages of Life*, 64, 71, 74; e mais recentemente R. Hefner, M. Rebecca e B. Oleshansky, "Development of Sex-Role Transcendence", *Human Development* 18 (1975): 142-58; Giele observa o contexto sócio-histórico da permutação genética de cromossomos entre gêneros em "Woman's Work and Family Roles", in J. Z. Giele, org. *"Woman in the Middle Years: Current Knowledge and Directions for Research and Policy* (Nova York: John Wiley, 1982), 128.

Estudos clínicos incluem: R. Gould, *Transformations* (Nova York: Simon e Schuster, 1978), 234-5, 246-51; R. Lewis e C. Roberts, "Postparental Fathers in Distress", in Kenneth Solomon e Norman Levy, orgs. *Men in Transition: Theory and Therapy* (Nova York: Plenum, 1982), 199-204; e B. Turner e L. Troll, "Sex Differences in Psychotherapy with Older People", *Psychoterapy: Theory Research and Practice* 19 (1982): 419-28.

8. D. Raybeck, "A Diminished Dichotomy: Kelantan Malay and Traditional Chinese Perspectives", in J. K. Brown e V. Kerns, orgs., *In Her Prime* (South Hadley, Mass: Bergin and Garvey, 1985), 155-70; K. P. Sinclair, "A Study in Pride and Prejudice: Maori Women at Mid-life", in J. K. Brown e V. Kerns, orgs., *In Her Prime*,

117-34; C. Hughes, "The Concept and Use of Time in the Middle Years: The St. Lawrence Island Eskimos", in Robert Kleemeier, org., *Aging and Leisure* (Nova York: Oxford University Press, 1961), 94; H. S. Sharp, "Old Age Among the Chipewyan", in P. T. Amoss e S. Harrell, orgs., *Othe Ways of Growing Old* (Palo Alto, Calif.: Stanford University Press, 1981), 101.

Um exemplo particularmente impressionante pode ser encontrado na vida de Mary Baker Eddy, fundadora da Ciência Cristã; ver J. Silberger, "Mourning and Transformation: How Mary Baker Eddy Found in Middle Age a Way of Making a New Life for Herself", *Journal of Geriatric Psychiatry* 12 (1979): 9-26.

9. R. Gould, *Transformations*, 260-2, 265; F. Livson, "Paths to Psychological Health in the Middle Years; Sex Differences", in D. Eichorn et al., *Present and Past in Middle Life*, 207-8, 214-5; Else Frenkel cita o caso da Rainha Vitória in "Studies in Biographical Psychology", *Character and Personality* 5 (1936): 18; C. Malatesta e L. Culver, "Thematic and Affective Content in the Lives of Adult Women: Patterns of Change and Continuity", in C. Malatesta e C. Izard, orgs., *Emotion in Adult Development* (Beverly Hills, Calif.: Sage Publications, 1984), 186-7.

10. C. G. Jung, "The Psychology of the Child Archetype" (1951), in *Collected Works*, vol. 9i (Princeton: Princeton University Press, 1959), par. 268.

11. D. J. Levinson, C. N. Darrow, E. B. Klein, M. H. Levinson e B. Mckee, *The Seasons of a Man's Life* (Nova York: Ballantine, 1978), 209-13.

12. C. G. Jung, "Psychological Types" (1921), in *Collected Works*, vol. 6 (Princeton: Princeton University Press, 1971), par. 789-91; R. Assagioli, *Psychosynthesis: A Manual of Principles and Techniques* (Nova York: Hobbs, Dorman, 1965), 86-89.

13. C. G. Jung, "The Relations between the Ego and the Unconscious" (1928), in *Collected Works*, vol. 7 (Princeton: Princeton University Press, 1953), par. 404; "General Problems of Psychotherapy" (1935), in *Collected Works*, vol. 16 (Princeton: Princeton University Press, 1954), par. 110; cf. "The Psychology of the Unconscious" (1916), in *Collected Works*, vol. 7 (Princeton: Princeton University Press, 1953) par. 114-6.

14. Maitland, Van Kaam, Brown e Vinson (ver bibliografia) discutem transcendência e idade em termos religiosos tradicionais, enquanto Buhler e Giele reconceituam o processo em termos puramente psicológicos. Edinger e Henderson acrescentam seus comentários independentes sobre o modo pelo qual a psicologia, recentemente, substituiu a religião como veículo de autotranscendência.

15. Allan Chinen, "Fairy Tales and Transpersonal Development in Later Life", *Journal of Transpersonal Psychology* 17 (1985): 99-122; para um estudo mais amplo, ver Ken Wilber, *No Boundary Eastern and Western Approaches to Personal Growth* (Boston: Shamballa, 1981).

CAPÍTULO 10

1. C. Malatesta, "Affective Development Over the Life-span: Involution or Growth?", *Merril-Palmer Quarterly* 27 (1981): 149.

2. M. Luthi, *The Fairy Tale as Art Form and Portrait of Man*, trad. J. Erickson (Bloomington, Ind.: Indiana University Press, 1984), 29.

3. M.-L. von Franz, *Individuation in Fairy Tales* (Dallas: Spring Publications, 1977), 35-7.

4. E. B. Palmore e D. Maeda, *The Honorable Elders Revisited* (Durham: Duke University Press, 1986), 95-6; R. J. Smith, "Japan: The Later Years", in Robert Kleemeier, org., *Aging and Leisure* (Nova York: Oxford University Press, 1961), 97.

5. K. Soddy, *Men in Middle Life* (Filadélfia: Lippincott, 1967), 10; C. Rustom, "The Later Years of Life", in Robert Kleemeier, org., *Aging and Leisure*, 103.

6. M. Biesele e N. Howell, "The old people give you life", in P. T. Amoss e S. Harrell, orgs., *Others Ways of Growing Old* (Palo Alto, Calif.: Stanford University Press, 1981), 92; R. B. Lee, "Work, Sexuality and Aging Among !Kung Women", in J. K. Brown e V. Kerns, orgs., *In Her Prime* (South Hadley, Mass.: Bergin and Garvey, 1985), 30-1.

7. M. Block, J. Davidson e J. Grambs, *Women Over Forty: Visions and Realities* (Nova York: Springer, 1981), 15; D. A. Counts, "Tamparonga: 'The Big Women' of Kaliai", in J. K. Brown e V. Kerns, orgs., *In Her Prime*, 51, 61; S. de Beauvoir, *The Coming of Age*, trad. P.O'Brien (Nova York: G. P. Putnam's Sons, 1972), 488-9.

8. C. G. Jung, *Memories, Dreams, Reflections* (Nova York: Pantheon, 1961), 173-5.

9. A. Maslow, *Toward a Psychology of Being* (Princeton: Van Nostrand, 1962), 138.

10. C. Buhler, "The General Structure of the Human Life Cycle", in C. Buhler e F. Massarik, orgs., *The Course of Human Life* (Nova York: Springer, 1968), 25; D. Heath, "The Maturing Person", in R. Walsh e E. Shapiro, orgs., *Beyond Health and Normality: Explorations of Exceptional Well-Being* (Nova York: Van Nostrand Reinhold, 1983), 187-9; P. Newton, "Samuel Johnson's Breakdown and Recovery in Middle-age", *International Review of Psychoanalysis* 11 (1984): 114; P. Pruyser, "Aging: Downward, Upward or Forward", *Pastoral Psychology* 24 (1975): 114-116; A. Vinson, "The Role of Religion in the Maturation of the Autonomous Adult", in J. A. Thorson e T. C. Cook, orgs., *Spiritual Well-Being of the Elderly* (Springfield, Ill.: Charles C. Thomas, 1978), 131.

CAPÍTULO 11

1. E. Erikson, *Identity and the Life Cycle* (Nova York: International Universities Press, 1959), 104. Cf. a tese mais recente de Erikson, in E. Erikson, J. M. Erickson e H. Q. Kivnick, *Vital Involvement in Old Age* (Nova York: Norton, 1986), 70-72.

2. Erikson, Erickson e Kivnick, *Vital Involvement*, 45, 74; W. Gruen, "Adult Personality: An Empirical Study of Erikson's Theory of Ego Development", in B.L. Neugarten, org. *Personality in Middle and Late Life* (Nova York: Atherton, 1964), 11; L. Viney, "A Sociophenomenological Approach to Life-span Development", *Human Development* 30 (1987): 125-36; N. Woods e K. Witte, "Life Satisfaction, Fear of Death, and Ego Identity in Elderly Adults", *Bulletin of the Psychonomic Society* 18 (1981): 165-8.

3. *Vital Involvement*, 108-12; V. Revere e S. Tobin, "Myth and Reality: The Older Person's Relationship to His Past", *International Journal of Aging and Human Development* 12 (1980): 15-26.

CAPÍTULO 12

1. R. N. Bain, *Cossack Fairy Tales and Folk Tales* (Nova York: Stokes, 1895).

2. M. Berman, *The Re-enchantment of the World* (Ithaca, N. Y.: Cornell University Press, 1981), 83; M. Eliade, *Shamanism: Archaic Techniques of Ecstasy*, trad. W. R. Trask (1951; reedição, Princeton: Princeton University Press, 1964), 94; C. G. Jung, "After the

Catastrophe" (1945), in *Collected Works*, vol. 10 (Princeton: Princeton University Press, 1964), par. 431; E. Neumann, *The Origins and History of Consciousness* [*História da Origem da Consciência*, Editora Cultrix, São Paulo, 1990] (Princeton: Princeton University Press, 1954), 266-7.

3. M. Berman suscita um vivo debate sobre as dimensões histórico-culturais deste processo in *The Re-enchantment of the World*, 117.

4. N. W. Sheehan, D. E. Papalia, Finlay e F. H. Hooper, "The Nature of the Life Concept Across the Life-span", *International Journal of Aging and Human Development* 12 (1981): 1-13; e D. E. Papalia e D. D. Bielby, "Cognitive Functioning in Middle and Old Age Adults: A Review of Research Based on Piaget's Theory", *Human Development* 17 (1974): 424-43.

5. D. Gutmann, "An Exploration of Ego Configurations in Middle and Later Life", in B. L. Neugarten, org. *Personality in Middle and Late Life* (Nova York: Atherton, 1964), 125-30, 135-7.

6. Debates teóricos podem ser encontrados in: C. Adams, G. Labouvie-Vief, C. J. Hobart e M. Dorosz, "Adult Age Group Differences in Story Recall Style", original sob revisão; e G. Labouvie-Vief, J. Hakim-Larson e M. DeVoe, "The Language of Self Regulation: a Life-Span View", original sob revisão. Estudos empíricos incluem, entre outros: A. Chinen, A. Spielvogel e D. Farrel, "The Experience of Intuition", *Psychological Perspectives* 16 (1985): 186-209; N. Kogan, "Categorizing and Conceptualizing Styles in Younger and Older Adults", *Human Development* 17 (1974): 218-230; e K. Waddell e B. Rogoff, "Effect of Contextual Organization on Spatial Memory of Middle-aged and Older Women", *Developmental Psychology* 17 (1981): 878-85.

7. M. Buber, *I and Thou*, trad. W. Kaufmann (Nova York: Scribner's, 1970), 56-7.

8. Else Frenkel, "Studies in Biographical Psychology", *Character and Personality* 5 (1936): 8-9; E. Erikson, J. M. Erickson, e H. Q. Kivnick, *Vital Involvement in Old Age* (Nova York: Norton, 1986), 225. Como já observado, o "estilo maduro" dos grandes artistas reflete, freqüentemente, um sentido numinoso de encantamento — ver H. Munsterberg, *The Crown of Life* (Nova York: Harcourt Brace Jovanovich, 1983), 7-8, 21, 24-5, 29, 32.

A emergência de experiências místicas na velhice podem ser observadas de maneira mais impressionante em outras culturas mais voltadas para a espiritualidade. Ver M. Biesele e N. Howell, "The old people give you life", in P. T. Amoss e S. Harrell, orgs., *Other Ways of Growing Old* (Palo Alto, Calif.: Stanford University Press, 1981), 91. Ver Também, K. Sinclair, "Maori Women at Midlife", in J. K. Brown e V. Kerns, orgs., *In Her Prime* (South Hadley, Mass.: Bergin e Garvey, 1985), 128.

9. Esta é a diferença entre as experiências "pré-pessoal" e "transpessoal". A primeira envolve a pessoa que não tenha ainda desenvolvido um adequado funcionamento do ego, i.e., um vigoroso senso do eu, habilidade de modular os instintos e a capacidade de separar a realidade da fantasia. As experiências "transpessoais" envolvem estados místicos, intuitivos ou alterados de consciência, com relação a uma pessoa dotada de um adequado funcionamento do ego e, portanto, capaz de integrar estes episódios extraordinários às exigências da sociedade humana e do cotidiano. Ver K. Wilber, *No Boundary: Eastern and Western Approaches to Personal Growth* (Boston, Shambhala, 1981).

10. F. Arnstein, *Time Out of Mind* (San Francisco: Cragmont, 1986). Mediante permissão do autor.

11. A. Kornhaber e K. Woodward, *Grandparents/Grandchildren: The Vital Connection* (Garden City: Doubleday, 1981), 54.

12. O. G. Brim, "Theories of the Male Mid-life Crisis", *Counseling Psychologist* 6 (1976): 2-9; E. B. Palmore e D. Maeda, *The Honorable Elders Revisited* (Durham: Duke University Press, 1986), 15; B. J. Horacek, "Life Review: A Pastoral Counseling Technique", in J. A. Thorson e T. C. Cook, orgs., *Spiritual Well-Being of the Elderly* (Springfield, Ill.: Charles C. Thomas, 1978), 105; P. Pruyser, "Aging: Downward, Upward or Forward?" *Pastoral Psychology* 24 (1975): 102-18; M. Thurnher, "Continuities and Discontinuities in Values", in M. F. Lowenthal, M. Thurnher e D. Chiriboga, orgs., *Four Stages of Life* (San Francisco: Jossey Bass, 1975), 187, 192; P. Mussen e N. Haan, "A Longitudinal Study of Patterns of Personality and Political Ideologies", in D. Eichorn, *Present and Past in Middle Life* (Nova York: Academic Press, 1981), 403.

13. R. Guardini, "The Stages of Life and Philosophy", *Philosophy Today* (1957): 78-9.

14. P. Cameron, K. G. Desai, D. Bahador e G. Dremel, "Temporality Across the Life-span", *International Journal of Aging and Human Development* 8 (1977-8): 229-59; W. Clements, "The Sense of Life Time in Human Development", *Journal of Religion and Health* 18 (1979): 88-92.

15. A. B. Chinen, "Eastern Wisdom, Western Aging", tese apresentada na Sociedade Gerontológica, San Antonio, 1984.

16. M. Grotjahn, "The Day I Got Old", *Psychiatric Clinics of North America* 5 (1982): 234.

17. Debates comparativos sobre "iluminação" e experiência mística podem ser encontrados in: B. Scharfstein, *Mystical Experience* (Baltimore: Penguin, 1974); F. Staal, *Exploring Mysticism* (Berkeley: University of California Press, 1975); e John White, org., *O Mais Elevado Estado da Consciência* (São Paulo, Ed. Pensamento, 1992), e em especial os capítulos 6, 15, 16 e 31.

Jung e Maslow de modo implícito vinculavam iluminação e maturação. Jung, por exemplo, interpretava a iluminação como a integração do ego e do Self, que representava a meta da individuação na segunda metade da vida. Ver "Foreword to 'An Introduction to Zen Buddhism'" (1939), in *Collected Works*, vol. 11 (Princeton: Princeton University Press, 1958), par. 884-8, 903-4, 906; Maslow, por sua vez, estudou indivíduos auto-realizados e descobriu que todas as pessoas qualificadas tinham mais de 50 anos. Ver *Toward a Psychology of Being* (Nova York: Van Nostrand, 1968) e *Motivation and Personality* (Nova York: Harper and Row, 1970).

Um claro debate sobre iluminação e maturação pode ser encontrado in M. Washburn, *The Ego the Dynamic Ground* (Albany, N. Y.: State University of New York Press, 1988), em especial no capítulo 9.

18. Z. Shibayama, *A Flower Does Not Talk* (Tóquio: Tuttle, 1970), 205.

19. Ver, por exemplo, W. T. Stace, *Teachings of the Mistic* (Nova York: Mentor, 1960), 40, 45; W. James, *The Varieties of Religious Experience* [*As Variedades da Experiência Religiosa*, Editora Cultrix, São Paulo, 1990.] (1902, reeditado, Nova York: Mentor,

1958), 174, 183, 199; e L. Hixon, *Coming Home: the Experience of Enlightenment in Sacred Traditions* (Nova York: Anchor, 1978), 52, 107, 127, 129, 132, 137-40, 142.

20. A crescente raridade de níveis "mais elevados" de desenvolvimento foi encontrada nos domínios da moral, da religião e do desenvolvimento do ego. S. R. Cook, "Stage 5, 5/6 e 6 in Loevinger's Ego Development Sequence: An Analysis", tese apresentada no Segundo Simpósio sobre Operações Pós-Formais, realizado na Universidade de Harvard, 1985; J. Fowler, *The Stages of Faith* (San Francisco: Harper and Row, 1981), 200; L. Kohlberg e R. Ryncarz, "The Question of Stage Six", tese apresentada no Segundo Simpósio sobre Operações Pós-Formais, realizado na Universidade de Harvard, 1985; G. Labouvie-Vief, J. Hakim-Larson e D. Hobart, "Age, Ego Level e the Life-span Development of Coping and Defense Processes", *Psychology and Aging* 2 (1987): 286-93.

CAPÍTULO 13

1. M.-L. Von Franz, *Redemption Motifs in Fairy Tales* (Toronto: Inner City Books, 1980), 70; D. L. Miller, "Fairy Tale or Myth", in *Spring* 1976 (Dallas: Spring Publications, 1976), 157-64; cf. B. Bettelheim, *Uses of Enchantment* (Nova York: Knopf, 1976), 289, atém-se somente ao simbolismo sexual e J. Heuscher, *Psychiatric Study of Myths and Fairy Tales* (Springfield, Ill.: Charles C. Thomas, 1974), 234-6, discute tanto o simbolismo sexual como o de transformação.

2. A. Lang, *The Brown Fairy Book* (Londres: Longmans, Green, 1914); Y. T. Ozaki, *The Japanese Fairy Book* (Tóquio: Tuttle, 1970).

3. M. Biesele e N. Howell, "The Old People Give You Life", in P. T. Amoss e S. Harrell, orgs., *Others Ways of Growing Old* (Palo Alto, Calif.: Stanford University Press, 1981), 89-90; A. Holmberg, "Age in the Andes", in Robert Kleemeier, org., *Aging and Leisure* (Nova York: Oxford University Press, 1961), 89; J. Nason, "Respected Elder or Old Person: Aging in a Micronesian Community", in P T. Amoss e S. Harrell, orgs., *Other Ways of Growing Old*, 163; C. Rustom, "The Later Years of Life and the Use of Time Among the Burmans", in R. Kleemeier, org., *Aging and Leisure;* M. N. Shahrani, "Growing in Respect: Aging Among the Kirghiz of Afghanistan", in P. T. Amoss e S. Harrell, orgs., *Other Ways of Growing Old*, 189-90.

4. D. Gutmann, "Observations on Culture and Mental Health em Later Life", in J. Birren e R. B. Sloane, orgs., *Handbook of Mental Health and Aging* (Nova York: Prentice-Hall, 1983), 433.

5. J. Kotre, *Outliving the Self: Generativity and the Interpretation of Lives* (Baltimore: John Hopkins University Press, 1984), 116.

6. Biesele e Howell, "The Old People Give You Life", 89, 96; H. Sharp, "Old Age Among the Chipweyan", in P. T. Amoss e S. Harrell, orgs., *Other Ways of Growing Old*, 106-7; A. Holmberg, "Age in the Andes", in Robert Kleemeier, org., *Aging and Leisure*, 89; C.C. Hughes, "The Concept and Use of Time in the Middle-Years: The St. Lawrence Island Eskimos", in R. Kleemeier, org., *Aging and Leisure*, 93.

Versões seculares sobre o papel mediador dos avós podem ser encontradas na cultura americana. S. Cath, "Clinical Vignettes: A Range of Grandparenthood Experiences", *Journal of Geriatric Psychiatry* 19 (1986): 57-68; M. Crawford, "Not Disengaged: Grandparents in Literature and Reality, An Empirical Study in Role

Satisfaction", *Sociological Review* 29 (1981): 499-519; P. Gorlitz e D. Gutmann, "The Psychological Transition into Grandparenthood", in J. G. Howells, org. *Modern Perspectives in the Psychiatry of Middle Age* (Nova York: Bruner/Mazel, 1981); A. Kornhaber e K. Woodward, *Grandparents/Grandchildren: The Vital Connection* (Garden City: Doubleday, 1981), 30.

7. Kornhaber e Woodward, *Grandparents/Grandchildren*, XXIV-XXV, 110.

8. Os contos de fadas são muito claros quanto a este ponto: em muitas histórias um jovem ou uma jovem ganham um presente mágico — três desejos no conto dos Irmãos Grimm "O Pescador e Sua Esposa", e o poder de curar em seu conto "O Padrinho". Sem o conselho de um velho sábio, eles malbaratam seus presentes e atraem desastre sobre si.

9. S. de Beauvoir, *The Coming of Age*, trad. P. O'Brian (Nova York: G. P. Putnam's Sons, 1972), 66; M. Biesele e N. Howell, "The Old People Give You Life", 92; J. Nason, "Aging in a Micronesian Community", 164-5.

CAPÍTULO 14

1. A sucessão de objetos que o velho recolhe pode ser interpretada de diversas maneiras. O asno, por exemplo, é uma besta de carga e como tal pode ser interpretado como um símbolo do trabalho. Já encontramos esse motivo no conto "A Fortuna e o Lenhador", onde as mulas constituem a chave da fortuna que cai nas mãos do lenhador. (A fábula dos Irmãos Grimm, "A Duração da Vida", possibilita uma associação semelhante. O asno, o cão, e o macaco pediam a Deus que lhes tirasse muitos anos do decurso natural de sua vida porque não queriam viver até uma idade muito avançada. Deus, em vista disso, concedeu ao homem 30 anos, mas o homem se queixou de que era muito pouco. Então, Deus deu ao homem os anos extras do asno. O homem ainda não ficou satisfeito, de forma que Deus acrescentou-lhe os anos do cão e depois os do macaco. Dessa forma, o homem passa os primeiros trinta anos de sua vida gozando de saúde e felicidade. Depois vive como um burro, carregando às costas fardos e mais fardos; mais tarde, como um velho cão desdentado e rabugento e, finalmente, como um tolo macaco). Se o asno simboliza responsabilidade e trabalho, o fato dele estar morto no presente conto sugere que a tarefa psicológica do velho não implica dedicação e dever, como aconteceria no caso de um protagonista mais jovem. Como algo morto e decadente, a carcaça do asno representa um ótimo símbolo do lado sombrio da natureza humana — todas as coisas desagradáveis que o homem pensa ou faz.

A segunda coisa que o velho pesca é um pote cheio de areia. Potes são usados para guardar coisas (como os tostões do velho no conto "O Humilde Ceifador") e pode então ser interpretado como um símbolo de economia, especialmente em se tratando da velhice. Aqui, no entanto, o pote está cheio de areia, sugerindo que a riqueza natural não é a meta. Finalmente, o pescador fisga cacos de cerâmica, cuja conotação é morte e destruição.

2. R. Otto, *The Idea of the Holy* (1917; reedição, Londres: Oxford University Press, 1950); cf. um enfoque clínico-psicológico da numinosidade, N. Schwartz-Salant, *Narcisism and Character Transformation* (Toronto: Inner City Books, 1982), 16.

3. D. A. Boswell, "Metaphoric Processing in the Mature Years", *Human Development* 22 (1979): 373-84; C. Adams, M. Dorosz, C. Holmes, S. Bass, D. Gossiaux e

G. Labouvie-Vief, "Qualitative Age Differences in Story Recall", manuscrito em revisão, ainda não publicado; G. Labouvie-Vief, D. A. Schell e S. E. Weaverdyck, "Recall Deficit in the Aged: A Fable Recalled", no prelo; G. Labouvie-Vief, S. O. Campbell, S. E. Weaverdyck e M. K. Tanenhaus", Metaphoric Processing in Young and Old Adults", no prelo; C. Dent, "The Development of Metaphoric Competence: a symposium", "*Human Development* 29 (1986): 223-44.

4. J. Kotre, *Outliving the Self* (Baltimore: John Hopkins University Press, 1984), 227ss, 251ss. Dieckmann, em seu livro, *Twice-Told Tales: The Psychological Use of Fairy Tales* (Wilmette, Ill.: Chiron Publications, 1986), discute exemplos semelhantes extraídos de sua prática clínica.

5. C. G. Jung, "The Symbolism of the Mandala" (1944), *Collected Works*, vol. 12 (Princeton: Princeton University Press, 1953), em especial par. 316, 327-8.

6. C. G. Jung, "Marriage as a Psychological Relationship" (1925), in *Collected Works*, vol. 17 (Princeton: Princeton University Press, 1954), par. 331a; e "The Psychology of the Unconscious" (1943), in *Collected Works*, vol. 7 (Princeton: Princeton University Press, 1953), par. 88-91; E. Frenkel, "Studies in Biographical Psychology". *Character and Personality* 5 (1936); P. Cameron, "Introversion and egocentricity Among the Aged", *Journal of Gerontology* 22 (1967); 465p-8; B. Neugarten e D. Miller, "Ego Functions in the Middle and Later Years: A Further Exploration", in B. L. Neugarten, org., *Personality in Middle and Late Life: Empirical Studies* (Nova York: Atherton, 1964), 99: A. Van Kaam, *The Transcendent Self: Formative Spirituality of the Middle, Early and Later Years of Life* (Denville, N. J.: Dimension Books, 1979), 109ss.

7. E. Erikson, J. M. Erickson e H. Q. Kivnick, *Vital Involvement in Old Age* (Nova York: Norton, 1986), 74; Kotre, *Outliving the Self*, 116ss; A. Kornhaber e K. Woodward, *Grandparents/Grandchildren: The Vital Connection* (Garden City: Doubleday, 1981), 74.

8. P. Pruyser, "Aging: Upward, Downward or Forward?", *Pastoral Psychology* 24 (1975): 115-6; J. McLeish, *The Ulyssean Adult: Creativity in the Middle and Later Years* (Nova York: McGraw-Hill Ryerson, 1976), 16ss, 197ss, 229.

9. S. de Beauvoir, *The Coming of Age*, trad. P. O'Brian (Nova York: G. P. Putnam's Sons, 1972), 489ss.

10. E. B. Palmore e D. Maeda, *The Honorable Elders Revisited* (Durham: Duke University Press, 1986), 94.

11. Bruno Bettelheim, *Uses of Enchantment* (Nova York: Knopf, 1976), 28-34.

12. J. Zipes, *Don't Bet on the Prince: Contemporary Feminist Fairy Tales in North America and England* (Nova York: Methuen, 1986), 6-7; *Fairy Tales and the Art of Subversion: The Classical Genre for Children and the Process of Socialization* (Nova York: Heinemann, 1983), 6ss, 47ss; *Breaking the Magic Spell: Radical Theories of Folk and Fairy Tales* (Austin University of Texas Press, 1979), 3,5,8; M. Tatar, *The Hard Facts of the Grimms' Fairy Tales* (Princeton: Princeton University Press, 1987), 19ss.

O conto dos Irmãos Grimm "Spirit in a Bottle" recorda, bem de perto, o "Pescador e o Gênio", com exceção de que o protagonista é uma criança e não um velho, e que nele não existe a emancipação da sociedade. De fato, a história dos Irmãos Grimm pode ter suas raízes nos contos árabes, pois "As Mil e Uma Noites" eram conhecidas na Europa medieval. Tais vínculos históricos são difíceis de provar, mas, se fossem verdadeiros, forneceriam um precedente anterior à mutilação irrefletida feita por Bettelheim, desprestigiando o papel do velho nos contos de fadas, em favor das crianças.

13. A. B. Chinen, "Middle Tales: Fairy Tales and Transpersonal Development at Midlife", *Journal of Transpersonal Psychology* 19 (1987): 99-132.

14. M. Tatar observa uma intrigante semelhança entre o conto europeu "O Barba Azul" e a história que estrutura As Noites Árabes; *The Hard Facts of the Grimm Fairy Tales* (Princeton: Princeton University Press, 1987), 167. Ambas as histórias envolvem um homem casado que mata todas suas esposas. Tatar acha que a história européia deriva do árabe (em analogia com a possível derivação da história "Spirit in a Bottle" do conto "O Pescador e o Gênio"). Se isso é verdade, a história do Barba Azul nos oferece um outro exemplo de como a psicologia da velhice foi eliminada nos contos europeus. No conto árabe original, o marido assassino corrige suas maneiras, como resultado do 1001 contos de Scheherazade. Este tema da autocorreção está totalmente ausente na versão européia, em que o Barba Azul simplesmente mata sua última esposa.

15. J. Campbell, "Folkloristic Commentary", in J. Grimm, *The Complete Grimms' Fairy Tales*, trad. M. Hunt (Nova York: Pantheon, 1944), 846ss.

16. Este é um ponto em que folcloristas, discordantes quanto a outros aspectos, estão de acordo. Ver J. Campbell, "Folkloristic Commentary", 847-64; S. S. Jones, "The Structure of Snow White", in R. Bottigheimer org., *Fairy Tales and Society: Illusion, Allusion and Paradigm* (Filadélfia: University of Pennsylvania Press, 1986), 181; M. Luthi, *The Fairy Tale as Art Form and Portrait of Man*, trad. J. Erickson (Bloomington, Ind.: Indiana University Press, 1984), 165ss.; J. Zipes, *Fairy Tales and the Art of Subversion*, 165ss.

CAPÍTULO 15

1. S. de Beauvoir, *The Coming of Age*, trad. P. O'Brian (Nova York: G. P. Putnam's Sons, 1972), 84-5, 207. A comparação pouco lisonjeira entre velhos frágeis e crianças é encontrada em todas as culturas. Na Micronésia, por exemplo, a mesma palavra "fitigogo" é aplicada a crianças irresponsáveis e a velhos incompetentes — J. D. Nason, "Aging in a Micronesian Community", in P. T. Amoss e S. Harrell, orgs., *Other Ways of Growing Old* (Palo Alto, Calif.: Stanford University Press, 1981), 164.

2. J. E. Spar, "Dementia in the Aged", *Psychiatric Clinics of North America* 5 (1982): 67-86; M. E. Linden, "Regression and Recession in the Psychoses of the Aging", in N.E. Zinberg e I. Kaufman, orgs., *Normal Psychology of the Aging Process* (Nova York: International University Press, 1963), 137.

3. D. E. Papalia e D. D. Bailey, "Cognitive Functioning in Middle and Old Age Adults: A Review of Research Based on Piaget's theory", *Human Development* 17 (1974); 424-43; D. B. Bromley, "Studies of Intellectual Function in Relation to Age and Their Significance for Professional and Managerial Functions", *Interdisciplinary Topics in Gerontology* 4 (1969): 103-26; F. Craik, "Age Differences in Human Memory", in J. E. Birren e K. W. Schaie, *Handbook of the Psychology of Aging*, 606-25.

4. M. Berezin, "Some Intrapsychic Aspects of Aging" in N. E. Zinberg e I. Kaufman, orgs., *Normal Psychology of the Aging Process* (Nova York: International University Press, 1961), 93-117; M. Grotjahn, "Some Analytic Observations About the Process of Growing Old", *Psychoanalysis and the Social Sciences* 3 (1951): 301-12; M. E.

Linden, "Regression and Recession in the Psychoses of the Aging", in N. E. Zinberg e I. Kaufman, orgs., *Normal Psychology of the Aging Process*, 137; J. Meerloo, "Geriatric Psychotherapy", *Acta Psychotherapeutica et Psychosomatica* 9 (1961): 169-82.

5. S. Freud, *Complete Introductory Lectures to Psychoanalysis*, trad. J. Strachey (Nova York: Norton, 1966), 562ss.

6. C. Malatesta, "Affective Development Over the Lifespan", *Merril-Palmer Quarterly* 27 (1981): 157ss. D. Gutmann, "An Exploration of Ego configurations in Middle and Later Life", in B. L. Neugarten, org., *Personality in Middle and Late Life: Empirical Studies* (Nova York: Atherton, 1964), 129, 145ss.

7. J. E. Birren, "Age and Decision Strategies", *Interdisciplinary Topics in Gerontology* 4 (1969): 23-36; G. Labouvie-Vief, "Action, Concept and Adaptation: A Postformal Theory of Development", tese apresentada no Segundo Simpósio sobre Operações Pós-Formais, na Universidade de Harvard, 1985.

J. Sinnott, "A Model for Solution of Ill-structured Problems: Implications for Everyday and Abstract Problem Solving", tese apresentada junto à Sociedade de Gerontologia, em San Antonio, 1984; "Individuals' Strategies in Everyday Problem Solving: Noncognitive and Cognitive Parameters", tese apresentada junto à Sociedade de Gerontologia, em San Francisco, 1983; "Lifespan Relativistic Post formal Thought: Methodology and Data from Everyday Problem-Solving Studies", in M. L. Commons, J. D. Sinnott, F. A. Richards e C. Armon, orgs., *Beyond Formal Operations. Volume 2. Comparisons and Applications of Adolescent and Adult Developmental Models* (Nova York: Praeger, no prelo).

8. A. Chinen, A. Spielvogel e D. Farrel, "The Experience of Intuition", *Psychological Perspectives* 16 (1985); 186-209; G. Labouvie-Vief, "Models of Knowledge and Organization of Development", in M. L. Commons, C. Armon, L. Kohlberg, F. A. Richards, T. Grotzer e J. D. Sinnott, *Beyond Formal Operations. Volume 3: Models and Methods in the Study of Adolescent and Adult Thought* (Nova York: Praeger, no prelo).

9. Citado na obra de Beauvoir, *The Coming of Age*, 370. Ver também, 372, 486.

10. W. Baylin, S. K. Gordon e M. F. Nehrke, "Reminiscing and Ego Integrity in Institutionalized Elderly Males", *Gerontologist* 16 (1976): 118-24; R. N. Butler, "The Life Review: An Interpretation of Reminiscence in the Aged", *Psychiatry* 26 (1963): 63-76; B. J. Hateley, "Spiritual Well-being Through Life Histories", tese apresentada no Encontro Anual da Sociedade Americana de Gerontologia, em San Francisco, 1983.

11. D. Gutmann, "The Post-parental Years: Clinical Problems and Development Possibilities", in W. Norman e T. Scaramella, orgs., *Mid-Life: Developmental and Clinical Issues* (Nova York: Brunner/Mazel, 1980), 45; J. Kotre, *Outliving the Self* (Baltimore: John Hopkins University Press, 1984), 116-7, 227ss; J. Meerloo, "Geriatric Psychotherapy", *Acta Psychoterapeutica* 9 (1961): 169-82.

12. M. Biesele e N. Howell, "The Old People Give You Life", in P. T. Amoss e S. Harrell, orgs., *Other Ways of Growing Old*, 89; A. Kornhaber e K. Woodward, *Grandparents/Grandchildren; The Vital Connection* (Garden City: Doubleday, 1981), 149-50.

CAPÍTULO 16

1. T. H. Holmes e R. H. Rahe, "The Social Readjustment Rating Scale", *Journal of Psychosomatic Research* 11 (1967): 213-18.

2. E. Neumann, *The Origins and History of Consciousness* (Princeton: Princeton University Press, 1954), 255. Cf. M. Luthi, *The Fairy Tales as Art Form and Portrait of Man*, trad. J. Erickson (Bloomington, Ind.: Indiana University Press, 1984), 15.

3. M.-L. Von Franz, *Individuation in Fairy Tales* (Dallas: Spring Publications, 1977), 150; Neumann, *Origins and History of Consciousness*, 71.

4. D. L. Miller, "Fairy Tale or Myth", in *Spring 1976* (Dallas: Spring Publications, 1976), 159.

5. F. Hyde-Chambers e A. Hyde-Chambers, *Tibetan Folk Tales* (Boulder, Col.: Shambhala, 1981), 186.

6. A história diz também que o velho pendura o peixe nos caibros de sua casa. Isto sugere imagens de suspensão em vigas, e assim oferece uma metáfora indireta da crucificação de Cristo, suspenso na árvore simbólica da vida.

CAPÍTULO 17

1. O modelo heróico é muito bem sintetizado por J. Campbell, *The Hero With a Thousand Faces* [*O Herói de Mil Faces*, Editora Cultrix/Pensamento, São Paulo, 1988.] (Princeton: Princeton University Press, 1949). Ver também M. Luthi, *The Fairy Tales as Art Form and Portrait of Man*, trad. J. Erickson (Bloomington, Ind.: Indiana University Press, 1984), 165ss. M. Tatar apresenta um novo ponto de vista em seu artigo: "Born Yesterday: Heroes in the Grimms' Fairy Tales", in R. Bottigheimer, org., *Fairy Tales and Society: Illusion, Allusion and Paradigm* (Filadélfia: University of Pennsylvania Press, 1986), 95-114.

2. W. Lederer e A. Botwin insistem em que é preciso dar maior ênfase ao arquétipo do herói. Ver seu artigo: "Where Have All the Heros Gone? Another View of Changing Masculine Roles", in K. Solomon e N. Levy, orgs., *Men In Transition: Theory and Therapy* (Nova York: Plenum, 1982), 241-6.

Bibliografia

Adams, C.: Labouvie-Vief. G.: Hogbart, C. J.: e Dorosz, M. "Adult Age Group Differences in Story Recall Style." Manuscrito inédito sendo revisto.

Adams, C.; Dorosz, M.; Holmes, C.; Bass, S.; Gossiaux, D.; e Labouvie-Vief, G. "Qualitative Age Differences in Story Recall." Manuscrito inédito sendo revisto.

Afanasev, A. N. *Russian Fairy Tales*. Nova York: Pantheon, 1945.

Amoss, P. T., e Harrell, S. "An Anthropological Perspective." In *Other Ways of Growing Old*, organizado por P. Amoss e S. Harrell, pp. 1-24. Palo Alto. Calif.: Stanford University Press, 1981.

Anshin, R. "Creativity, Mid-life Crisis and Herman Hesse." *Journal of the American Academy of Psychoanalysis* 4 (1976): 215-26.

Arnett, W. S. "Only the Bad Died Young in the Ancient Middle East." *International Journal of Aging and Human Development* 21 (1985): 155-60.

Arnstein, F. *Time Out of Mind*. São Francisco: Cragmont, 1986.

Assagioli, R. *The Act of Will*. Baltimore: Penguin, 1974. [*O Ato da Vontade*. Editora Cultrix, São Paulo, 1985.]

_______. *Psychosynthesis: A Manual of Principles and Techniques*. Nova York: Hobbs, Dorman, 1965. [*Psicossíntese — Manual de Princípios e Técnicas*. Editora Cultrix, São Paulo, 1982.]

Ausubel, N. *A Treasury of Jewish Folklore: Stories, Traditions, Legends, Humor, Wisdom and Folk Songs of the Jewish People*. Nova York: Crown, 1948.

Bain, R. N. *Cossack Fairy Tales and Folk Tales*. Nova York: Stokes, 1895.

Baker, B. e Wheelwright, J. "Analysis with the Aged." In *Jungian Anaysis*, organizado por M. Stein, pp. 256-74. La Salle, Ill., e Londres: Open Court, 1982.

Baylin, W.; Gordon, S. K.; Nehrke, M. F. "Reminiscing and Ego Integrity in Institutionalized Elderly Males." *Gerontologist* 16 (1976): 118-24.

de Beauvoir, S. *The Coming of Age*. Traduzido por P. O'Brian. Nova York: G. P. Putnam's Sons, 1972.

Berezin, M. "Some Intrapsychic Aspects of Aging." In *Normal Psychology of the Aging Process*, organizado por N. E. Zinberg e I. Kaufman, pp. 93-117. Nova York: International Universities Press, 1961.

Berlic-Mazuranic, I. *Croation Tales of Long Ago*. Londres: Allen and Unwin, 1924.

Berman, M. *The Re-enchantment of the World*. Ithaca. N.Y.: Cornell University Press, 1981.

Bettelheim, B. *The Uses of Enchantment: The Meaning and Importance of Fairy Tales*. Nova York: Knopf, 1976.

Bianchi, E. C. *Aging as a Spiritual Journey*. Nova York: Crossroads, 1984.

Biesele, M., e Howell, N. " 'The Old People Give You Life': Aging Among !Kung Hunter-Gatherers." In *Other Ways of Growing Old*, organizado por P. Amoss e S. Harrell, pp. 77-98. Palo Alto, Calif.: Stanford University Press, 1981.

Birren, J. "Age and Decision Strategies." *Interdisciplinary Topics in Gerontology* 4 (1969): 23-36.

Blazer, D. *Depression in Later Life*. St. Louis: Mosby, 1982.

Block, J. "Psychological Development of Female Children and Adolescents." In *Women: A Developmental Perspective*, organizado por P. W. Berman e E. R. Ramey, pp. 107-24. Washington, D.C.: National Institutes of Health, 1982.

Block, M.; Davidson, J.; e Grambs, J. *Women Over Forty: Visions and Realities*. Nova York: Springer, 1981.

Blos, P. *On Adolescence: A Psychoanalytic Interpretation*. Nova York: Free Press, 1966.

Boles, J., e Tatro. C. "Androgyny." In *Men In Transition: Theory and Therapy*, organizado por K. Solomon e N. Levy, pp. 99-130. Nova York: Plenum, 1982.

Boswell, D. A. "Metaphoric Processing in the Mature Years." *Human Development* 22 (1979); 373-84.

Brewi, J., e Brennan, A. *Mid-life: Psychological and Spiritual Perspectives*. Nova York: Crossroads, 1985.

Brim, O. G. "Theories of the Male Mid-life Crisis." *Counseling Psychologist* 6 (1976): 2-9.

Brink, T. "Geriatric Depression and Hypochondriasis: Incidence, Interaction, Assessment and Treatment." *Psychotherapy: Theory, Research and Practice* 19 (1982): 506-11.

Brockett, E. *Burmese and Thai Fairy Tales*. Londres: Frederick Muller, 1965.

Bromley, D. B. "Studies of Intellectual Functioning in Relation to Age and Their Significance for Professional and Managerial Functions." *Interdisciplinary Topics in Gerontology* 4 (1969): 103-26.

Brooks, J. B. "Social Maturity in Middle Age and Its Developmental Antecedents." In *Present and Past in Middle Life*, organizado por D. Eichorn, J. Clausen, N. Haan, M. Honzik, e P. Mussen, pp. 244-69. Nova York: Academic Press, 1981.

Brown, P. "Religious Needs of Older Persons." In *Spiritual Well-being of the Elderly*, organizado por J. Thorson e T. Cook, pp. 76-82. Springfield. Ill.: Charles C. Thomas, 1980.

Browning, D. "Preface To a Practical Theology of Aging." *Pastoral Psychology* 24 (1976): 151-67.

Buber, M. *I* and *Thou*. Traduzido por W. Kaufmann. Nova York: Scribner's, 1970.

Buesching, R. "Successful Aging: A Religious Viewpoint." In *Aging: Its Challenge to the Individual and to Society*, organizado por W. C. Bier, pp. 282-92. Nova York: Fordham University Press, 1973.

Buhler, C. "The General Structure of the Human Life Cycle." In *The Course of Human Life: A Study of Goals in the Humanistic Perspective*, organizado por C. Buhler e F. Massarik, pp. 12-26. Nova York: Springer, 1968.

Burton, R. F., trad., *Tales from the Arabian Nights*. Nova York: Avenel, 1978.

Butler, R. N. "The Life Review: An Interpretation of Reminiscence in the Aged." *Psychiatry* 26 (1963): 63-76.

_______. *Why Survive?* Nova York: Harper and Row, 1975.

Caligiuri. A. "Maturing in the Lord: Reflections on Aging and Spiritual Life." *Studies in Formative Spirituality* 1 (1980): 369-78.

Calvino, I. *Italian Folktales*. Traduzido por G. Martin. Nova York: Pantheon, 1978.

Cameron, P. "Introversion and Ego-Centricity Among the Aged." *Journal of Gerontology* 22 (1967): 465-8.

Cameron, P.; Desai, K. G.; Bahador, D.; e Dremel, G. "Temporality Across the Life-span." *International Journal of Aging and Human Development* 8 (1977-78): 229-59.

Campbell, J. "Folkloristic Commentary." In J. Grimm. *The Complete Grimms Fairy Tales*, pp. 833-64. Nova York: Pantheon, 1944.

_______. *The Hero with a Thousand Faces*. Princeton: Princeton University Press, 1949. [*O Herói de Mil Faces*. Editoras Cultrix/Pensamento, São Paulo, 1988.]

Carp, F. "Senility or Garden-variety Maladjustment?" *Journal of Gerontology* 24 (1969): 203-8.

Cath, S. "Clinical Vignettes: A Range of Grandparenthood Experiences." *Journal of Geriatric Psychiatry* 19 (1986): 57-58.

Cath, S. "Suicide in the Middle Years: Some Reflections on the Annihilation of the Self." In *Mid-life: Developmental and Clinical Issues*, organizado por W. Norman e W. Scaramella, pp. 53-72. Nova York: Brunner/Mazel, 1980.

Chan, W-T. *A Sourcebook in Chinese Philosophy*. Princeton: Princeton University Press, 1963.

Chinen, A. B. "Adult Cognitive Development: The Case of Alfred North Whitehead." In *Beyond Formal Operations. Volume 3: Models and Methods in the Study of Adolescent and Adult Thought*, organizado por M. L. Commons, C. Armon, L. Kohlberg, F. A. Richards, T. Grotzer, e J. Sinnott. Nova York: Praeger. In Press.

_______. "Eastern Wisdom, Western Aging." Ensaio apresentado na Sociedade Americana de Gerontologia, Santo Antonio, 1984.

_______. "Elder Tales Revisited: Forms of Transcendence in Later Life." *Journal of Transpersonal Psychology* 18 (1986): 171-92.

_______. "Elder Tales and Psychological Development in Later Life: A Cross-cultural Hermeneutic Study." *The Gerontologist* 38 (1987): 340-6.

_______. "Fairy Tales and Transpersonal Development in Later Life." *Journal of Transpersonal Psychology* 17 (1985): 99-122.

_______. "Middle Tales: Fairy Tales and Transpersonal Development at Midlife." *Journal of Transpersonal Psychology* 19 (1987): 99-132.

_______. "Modal Logic: A New Paradigm of Adult Development and Late Life Potential." *Human Development* 27 (1984): 42-65.

_______. "Self-contexting and Psychotherapy with Older Adults." *Psychotherapy Theory, Research, Practice* 240 (1986): 411-6.

Chinen, A.; Spielvogel, A.; e Farrell, D. "The Experience of Intuition." *Psychological Perspectives* 16 (1985): 186-209.

Chiriboga, D., e Thurnher, M. "Concept of Self." In *Four Stages of Life*, edited by M. F.

Lowenthal, M. Thurnher, e D. Chiriboga, pp. 62-83. São Francisco: Jossey Bass, 1975.

Clausen, J. A. "Men's Occupational Careers in the Middle years." In *Present and Past in Middle Life*, organizado por D. Eichorn, J. Clausen, N. Haan, M. Honzik, e P. Mussen, pp. 231-355. Nova York: Academic Press, 1981.

Clements, W. "The Sense of Life Time in Human Development." *Journal of Religion and Health* 18 (1979): 88-92.

Clayton, V. "Erikson's Theory of Human Development as It Applies to the Aged: Wisdom as Contradictive Cognition." *Human Development* 18 (1975): 119-28.

_______. "Wisdom and Intelligence: The Nature and Function of Knowledge in the Later Years." *International Journal of Aging and Human Development* 15 (1982): 315-22.

Clayton, V., e Birren, J. E. "The Development of Wisdom Across the Life Span: A Reexamination of an Ancient Topic." In *Life-Span Development and Behavior, Volume 3*, organizado por P. B. Baltes e O. G. Brim, pp. 103-35. Nova York: Academic Press, 1980.

Cole, T. R. "Aging, Meaning and Well-being: Musings of a Cultural Historian." *International Journal of Aging and Human Development* 19 (1984): 329-36.

Colson, E., e Scudder, T. "Old Age in Gwembe District, Zambia." In *Other Ways of Growing Old*, organizado por P. Amoss e S. Harrell, pp. 125-54. Palo Alto. Calif.: Stanford University Press, 1981.

Cook, S. R. "Stages 5, 5/6, and 6 in Loevinger's Ego Developmental Sequence: An Analysis." Tese apresentada no Segundo Simpósio sobre Operações Pós-Formais, Universidade de Harvard, 1985.

Counts, D. A. "Tamparonga: 'The Big Women' of Kaliai." In *In Her Prime: A New View of Middle-Aged Women*, organizado por J. K. Brown e V. Kerns, pp. 49-64. South Hadley, Mass.: Bergin and Garvey, 1985.

Covey, H. C. "Historical Terminology Used to Represent Older People." *The Gerontologist* 28 (1988): 291-7.

Craik, F. "Age Differences in Human Memory." In *Handbook of the Psychology of Aging*, organizado por M. E. Birren e K. W. Schaie, pp. 384-420. Nova York: Van Nostrand Reinhold, 1977.

Crawford, M. "Not Disengaged: Grandparents in Literature and Reality: An Empirical Study in Role Satisfaction." *Sociological Review* 29 (1981): 499-519.

Curran, C. "Aging: A Theological Perspective." In *Aging and the Human Spirit: A Reader in Religion and Gerontology*, organizado por C. LeFevre e P. LeFevre, pp. 68-82. Chicago: Exploration Press, 1981.

Datan, N. "Midas and Other Mid-life Crises." In *Mid-life: Developmental and Clinical Issues*, organizado por W. Norman e W. Scaramella, pp. 3-19. Nova York: Brunner/Mazel, 1980.

_______. "The Oedipus Cycle: Developmental Mythology, Greek Tragedy, and the Sociology of Knowledge." Tese apresentada na Sociedade Americana de Gerontologia, New Orleans, 1985.

Davidson, L. "Mid-life Crisis in Thomas Mann's *Death in Venice*." Journal of the American Academy of Psychoanalysis 4 (1976): 203-14.

De Rivera, J. "Development and the Full Range of Emotion." In *Emotion in Adult Development*, organizado por C. Malatesta e C. Izard, pp. 46-64. Beverly Hills, Calif.: Sage Publications, 1984.

Degh, L. "Grimm's *Household Tales* and Its Place in the Household: The Social Relevance of a Controversial Classic." In *Fairy Tales as Ways of Knowing: Essays on Marchen in Psychology, Society and Literature*, organizado por M. M. Metzger e K. Mommsen, pp. 21-53. Berna: Lang, 1982.

Dent, C. "The Development of Metaphoric Competence: A Symposium." *Human Development* 29 (1986): 223-44.

Dieckmann, H. *Twice-Told Tales: The Psychological Use of Fairy Tales*. Traduzido por B. Matthews, Wilmette, Ill.: Chiron Publications, 1986.

Dorson, R. *Folk Legends of Japan*. Tóquio: Tuttle, 1962.

Dundes, A. "Fairy Tales from a Folkloristic Perspective." In *Fairy Tales and Society: Illusion, Allusion and Paradigm*, organizado por R. Bottigheimer, pp. 259-70. Filadélfia: University of Pennsylvania Press, 1986.

Edinger, E. *The Creation of Consciousness: Jung's Myth for Modern Man*. Toronto: Inner City Books, 1984. [*A Criação da Consciência: O Mito de Jung para o Homem Moderno*. Editora Cultrix, São Paulo. 1987.]

_______. *Ego and Archetype: Individuation and the Religious Function of the Psyche*. Middlesex. Inglaterra: Penguin, 1972. [*Ego e Arquétipo*. Editora Cultrix, São Paulo, 1989.]

Eliade, M. *Shamanism: Archaic Techniques of Ecstasy*. Traduzido por W. R. Trask. 1951. Reimpressão. Princeton: Princeton University Press, 1964.

Emery, G., e Lesher, E. "Treatment of Depression in Older Adults: Personality Considerations." *Psychotherapy: Theory, Research and Practice* 19 (1982): 500-5.

Erikson, E. *The Life Cycle Completed*. Nova York: Norton, 1983.

_______. *Identity and the Life Cycle*. Nova York: International Universities Press, 1959.

_______. "Themes of Adulthood in the Freud-Jung Correspondence." In *Themes of Work and Love in Adulthood*, organizado por N. J. Smelser e E. H. Erikson, pp. 43-76. Cambridge, Mass.: Harvard University Press, 1980.

Erikson, E.; Erickson, J. M.; e Kivnick, H. Q. *Vital Involvement in Old Age*. Nova York: Norton, 1986.

Fecher, V. J. *Religion and Aging: An Annotated Bibliography*. Santo Antônio: Trinity University Press, 1982.

Fowler, J. *The Stages of Faith: The Psychology of Human Development and the Quest for Meaning*. São Francisco: Harper and Row, 1981.

Frenkel, E. "Studies in Biographical Psychology." *Character and Personality* 5 (1936): 1-34.

Freud, S. *Complete Introductory Lectures to Psychoanalysis*. Traduzido por J. Strachey. Nova York: Norton, 1966.

Friedlander, G. *The Jewish Fairy Book*. Nova York: Frederick Stokes, 1920.

Funk, J. "Beethoven: A Transpersonal Analysis." *Revision* 5 (1982): 29-41.

_______. "Music and Fourfold Vision." *Revision* 6 (1983): 57-65.

Gerner, R. H. "Depression in the Elderly." In *Psychopathology of Aging*, organizado por O. J. Kaplan. Nova York: Academic Press, 1979.

Giele, J. Z. "Adulthood as Transcendence of Age and Sex." In *Themes of Work and Love in Adulthood*, organizado por N. J. Smelser e E. H. Erikson, pp. 151-73. Cambridge, Mass.: Harvard University Press, 1980.

Gilleard, C., e Gurkan, A. "Socioeconomic Development and the Status of Elderly Men in Turkey: A Test of Modernization theory." *Journal of Gerontology* 42 (1987): 353-7.

Gilstrap, R., e Estabrook, I. *The Sultan's Fool and Other North African Tales*. Nova York: Holt, Rhinehart and Winston, 1958.

Gorlitz, P., e Gutmann, D. "The Psychological Transition into Grandparenthood." In *Modern Perspectives in the Psychiatry of Middle Age*, organizado por J. G. Howells, pp. 167-86. Nova York: Brunner/Mazel, 1981.

Gould, R. "The Phases of Adult Life: A Study in Developmental Psychology." *American Journal of Psychiatry* 29 (1972): 33-43.

_______. *Transformations: Growth and Change in Adult Life*. Nova York: Simon and Schuster, 1978.

Grimm, J. *The Complete Grimms' Fairy Tales*. Traduzido por Margaret Hunt. Nova York: Pantheon, 1944.

Grolnick, S. "Fairy Tales and Psychotherapy." In *Fairy Tales and Society: Illusion, Allusion and Paradigm*, organizado por R. Bottigheimer, pp. 203-17. Filadélfia: University of Pennsylvania Press, 1986.

Grotjahn, M. "Analytic Psychotherapy with the Elderly." *Psychoanalytic Review* 42 (1955): 419-27.

_______. "The Day I Got Old." *Psychiatric Clinics of North America* 5 (1982): 233-5.

_______. "Some Analytic Observations About the Process of Growing Old." *Psychoanalysis and the Social Sciences* 3 (1951): 301-12.

Gruen, W. "Adult Personality: An Empirical Study of Erikson's Theory of Ego Development." In *Personality in Middle and Late Life: Empirical Studies*, organizado por B. L. Neugarten, pp 1-14. Nova York: Atherton, 1964.

Guardini, R. "The Stages of Life and Philosophy." *Philosophy Today* 1 (1957): 78-9.

Gurland, B. e Cross, P. "Epidemiology of Psychopathology in Old Age: Some Implications for Clinical Services." *Psychiatric Clinics of North America* 5 (1982): 11-26.

Gutmann, D. "The Cross-cultural Perspective: Notes on a Comparative Psychology of Aging." In *Handbook of the Psychology of Aging*, organizado por J. Birren e K. W. Schaie, pp. 302-29. Nova York: Van Nostrand Reinhold, 1977.

_______. "An Exploration of Ego Configurations in Middle and Later Life." In *Personality in Middle and Late Life*, organizado por B. L. Neugarten, pp. 114-48. Nova York: Atherton, 1964.

_______. "Observations on Culture and Mental Health in Later Life." In *Handbook of Mental Health and Aging*, organizado por J. E. Birren e R. B. Sloane, pp. 429-46. York: Prentice-Hall, 1983.

_______. "Psychoanalysis and Aging." In *The Course of Life: Psychoanalytic Contributions Toward Understanding Personality Development. Volume III: Adulthood and the Aging Process*, organizado por S. I. Greenspan e G. Pollock, pp. 489-517. Washington, D.C.: National Institute of Mental Health, 1981.

_______. "The Post-Parental Years: Clinical Problems and Developmental Possibilities." In *Mid-life: Developmental and Clinical issues*, organizado por W. Norman e T. Scaramella, pp. 38-52. Nova York: Brunner/Mazel, 1980.

Gutmann, D.; Grunes, J.; e Griffing, B. "The Clinical Psychology of Later Life: Developmental Paradigms." In *Transitions in Aging*, organizado por N. Datan e N. Lohmann, pp. 199-32. Nova York: Academic Press, 1980.

Haan, N. "Common Dimensions of Personality: Early Adolescence to Middle Life." In *Present and Past in Middle Life*, organizado por D. Eichorn, J. Clausen, N. Haan. M. Honzik, e P. Mussen, pp. 117-54. Nova York: Academic Press, 1981.

_______. "Personality Organization of Well-Functioning Younger People and Older Adults." *International Journal of Aging and Human Development* 7 (1976): 117-27.

Haan, N. e Day, D. "A Longitudinal Study of Change and Sameness in Personality Development." *International Journal of Aging and Human Development* 5 (1974): 11-39.

Harding, M. E. *The Way of All Women: A Psychological Interpretation*. Londres: Longmans, Green, 1934.

Harrell, S. "Growing Old in Rural Taiwan." In *Other Ways of Growing Old*, organizado por P. Amoss e S. Harrell, pp. 193-210. Palo Alto, Calif.: Stanford University Press, 1981.

Hart, D. L. "The Healing Properties of a Fairy Tale." *Psychological Perspectives* 11 (1980): 19-29.

Hateley, B. J. "Spiritual Well-Being Through Life Histories." Ensaio apresentado no Encontro Anual da Sociedade Americana de Gerontologia, São Francisco, 1983.

Heath, D. "The Maturing Person." In *Beyond Health and Normality: Explorations of Exceptional Well-being*, organizado por R. Walsh e D. Shapiro, pp. 152-206. Nova York: Van Nostrand Reinhold, 1983.

Hefner, R.; Rebecca, M.; e Oleshansky, B. "Development of Sex-Role Transcendence." *Human Development* 18 (1975): 142-58.

Henderson, J. *Cultural Attitudes in Psychological Perspective*. Toronto: Inner City Books, 1984.

Heuscher, J. *A Psychiatric Study of Myths and Fairy Tales: Their Origin. Meaning and Usefulness*. Springfield, Ill.: Charles C. Thomas, 1974.

Hiltner, S. *Toward a Theology of Aging*. Nova York: Human Sciences Press, 1975.

Hixon, L. *Coming Home: The Experience of Enlightenment in Sacred Traditions*. Nova York: Anchor Books, 1978. [*O Retorno à Origem: A Experiência da Iluminação nas Tradições Sagradas*. Editora Cultrix, São Paulo, 1992.]

Hodgetts, E. *From the Land of the Tsar*. Londres: Gilbert and Rivington, 1890.

Holmberg, A. "Age in the Andes." In *Aging and Leisure. A Research Perspective into the Meaningful Use of Time*, organizado por R. Kleemeier, pp. 86-90. Nova York: Oxford University Press, 1961.

Holmes, T. H., e Rahe, R. H. "The Social Readjustment Rating Scale." *Journal of Psychosomatic Research* 11 (1967): 213-18.

Horacek, B. J. "Life Review: A Pastoral Counseling Technique." In *Spiritual Well-Being of the Elderly*, organizado por J. A. Thorson e T. C. Cook, pp. 100-7. Springfield, Ill.: Charles C. Thomas, 1978.

Hughes, C. C. "The Concept and Use of Time in the Middle-Years: The St. Lawrence Island Eskimos." In *Aging and Leisure: A Research Perspective into the Meaningful Use of Time*, organizado por R. Kleemeier, pp. 91-5. Nova York: Oxford University Press, 1961.

Hyde-Chambers, F., e Hyde-Chambers, A. *Tibetan Folk Tales*. Boulder, Col.: Shambhala, 1981.

In-Sob, Z., org., *Folk Tales from Korea*. Nova York: Grove Press, 1979.

Inhelder, B., e Piaget, J. *The Growth of Logical Thinking from Childhood to Adolescence*, Nova York: Basic Books, 1958.

Jacobs, J. *Indian Fairy Tales*. Nova York: G. P. Putnam's Sons, 1890.

James, W. *The Varieties of Religious Experience*. 1902. Reimpressão Nova York: Mentor, 1958. [*As Variedades da Experiência Religiosa*. Editora Cultrix, São Paulo, 1991.]

Johnson, R. *He: Understanding Masculine Psychology*. Nova York: Perennial Library, 1976.

Jones, S. S. "The Structure of Snow White." In *Fairy Tales and Society: Illusion, Allusion and Paradigm*, organizado por R. Bottigheimer, pp. 165-86. Filadélfia: University of Pennsylvania Press, 1986.

Jung, C. G. 1945. "After the Catastrophe." In *Collected Works*, vol. 10, pp. 194-217. Princeton: Princeton University Press, 1964.

_______. 1952. "Answer to Job." In *Collected Works*, vol. 11, pp. 355-473. Princeton: Princeton University Press, 1969.

_______. 1939. "Foreword to *An Introduction to Zen Buddhism*." In *Collected Works*, vol. 11, pp. 538-57. Princeton: Princeton University Press, 1969.

_______. 1935. "General Problems of Psychotherapy." In *Collected Works*, vol. 16, pp. 3-125. Princeton: Princeton University Press, 1954.

_______. 1925. "Marriage as a Psychological Relationship." In *Collected Works*, vol. 17, pp. 189-201. Princeton: Princeton University Press, 1954.

_______. *Memories, Dreams, Reflections*. Nova York: Pantheon, 1961.

_______. 1943. "The Personal and the Collective Unconscious." In *Collected Works*, vol. 7, pp. 63-78. Princeton: Princeton University Press, 1953.

_______. 1921. "Psychological Types." In *Collected Works*, vol. 6, pp. 189-201. Princeton: Princeton University Press, 1971.

_______. 1951. "The Psychology of the Child Archetype." In *Collected Works*, vol. 9i, pp. 151-81. Princeton: Princeton University Press, 1959.

_______. 1943. "The Psychology of the Unconscious." In *Collected Works*, vol. 7, pp. 3-120. Princeton: Princeton University Press, 1953.

_______. 1928. "The Relations between Ego and the Unconscious." In *Collected Works*, vol. 7, pp. 121-239. Princeton: Princeton University Press, 1953.

_______. 1931. "The Stages of Life." In *Collected Works*, vol. 8, pp. 387-403. Princeton: Princeton University Press, 1960.

_______. 1944. "The Symbolism of the Mandala." In *Collected Works*, vol. 12, pp. 91-213. Princeton: Princeton University Press, 1953.

_______. 1952. "Symbols of the Mother and Rebirth." In *Collected Works*, vol. 5, pp. 207-73. Princeton: Princeton University Press, 1956.

Jung, E., e Von Franz, M. *The Grail Legend*. Boston: Sigo, 1986.

Kahn, R. I. "Spiritual Well-Being: A Relationship That Nurtures." In *Spiritual Well-Being of the Elderly*, organizado por J. A. Thorson e T. C. Cook, Jr., pp. 38-50. Springfield, Ill.: Charles C. Thomas, 1978.

Kakar, S. "Setting the Stage: The Traditional Hindu View and the Psychology of Erik H. Erikson." In *Identity and Adulthood*, organizado por S. Kakar, pp. 2-12. Delhi: Oxford University Press, 1979.

Katz, R. L. "Jewish Values and Socio-Psychological Perspectives on Aging." In *Toward a Theology of Aging*, organizado por S. Hiltner, pp. 135-50. Nova York: Human Sciences Press, 1975.

Kernberg. O. *Object Relations Theory and Clinical Psychoanalysis*. Nova York: Jason Aronson, 1976.

Kahn, N. I. *Twenty Jataka Tales*. Nova York: Inner Traditions International, 1985.

Kielholz, P. *Masked Depression*. Berna: Huber, 1973.

King, K. "Cognition, Metacognition and Epistemic Cognition: A Three-Level Model of Cognitive Processing." *Human Development* 26 (1983): 222-32.

King, P. H. M. "Notes on the Psychoanalysis of Older Patients: Re-appraisal of the Potentialities for Change During the Second Half of Life." *Journal of Analytical Psychology* 19 (1974): 22-37.

King, P. M.; Kitchener, K. S.; Davison, M. L.; Parker, C. A.; e Wood, P. K. "The Justification of Beliefs in Young Adults: A Longitudinal Study." *Human Development* 26 (1983): 106-16.

Kivnick, H. "Grandparenthood and the Life Cycle." *Journal of Geriatric Psychiatry* 19 (1986): 39-56.

Klerman, G. "Problems in the Definition and Diagnosis of Depression in the Elderly." In *Depression and Aging: Causes, Care and Consequences*, organizado por L. D. Breslau e M. R. Haug, pp. 3-19. Nova York: Springer, 1983.

Koenig, H.; Kvale, J.; e Ferrel, C. "Religion and Well-Being in Later Life." *The Gerontologist* 28 (1988): 18-28.

Koenig, H.; George, L.; e Siegler, I. "The Use of Religion and Other Emotion-Regulating Coping Strategies Among Older Adults." *The Gerontologist* 28 (1988): 303-10.

Kogan, N. "Categorizing and Conceptualizing Styles in Younger and Older Adults." *Human Development* 17 (1974): 218-30.

Kohlberg, L. *The Psychology of Moral Development: The Nature and Validity of Moral Stages*. São Francisco: Harper and Row, 1984.

______. "Stage and Aging in Moral Development — Some Speculations." *The Gerontologist* 13 (1973): 497-502.

Kohlberg, L., e Ryncarz, R. "The Question of Stage Six." Ensaio apresentado no Segundo Simpósio sobre Operações Pós-Formais, Harvard University, 1985.

Kornhaber, A. "Grandparenting, Normal and Pathological: A Preliminary Communication from the Grandparent Study." *Journal of Geriatric Psychiatry* 19 (1986): 19-38.

Kornhaber, A., e Woodward, K. *Grandparents/Grandchildren: The Vital Conection*. Garden City: Doubleday, 1981.

Kotre, J. *Outliving the Self: Generativity and the Interpretation of Lives*. Baltimore: Johns Hopkins University Press, 1984.

Kuhlen, R. "Developmental Changes in Motivation During the Adult Years." In *Middle Age and Aging: A Reader in Social Psychology*, organizado por B. Neugarten, pp. 115-36. Chicago: University of Chicago Press, 1968.

Laboulaye, E. *Laboulaye's Fairy Book: Fairy Tales of All Nations*. Great Neck, N. Y.: Core, 1976.

Labouvie-Vief, G. "Action, Concept and Adaptation: A Postformal Theory of Development." Tese apresentada no Segundo Simpósio sobre Operações Pós-Formais, na Universidade de Harvard, 1985.

_______. "Adaptive Dimensions of Adult Cognition." In *Transitions of Aging*, organizado por N. Datan e N. Lohman, pp. 3-26. Nova York: Academic Press, 1980.

_______."Beyond Formal Operations: The Uses and Limits of Pure Logic in Life-Span Development." *Human Development* 23 (1980): 141-61.

_______. "Developmental Dimensions of Adult Adaptation: Perspectives on Mind, Self and Emotion." Apresentada no simpósio da Sociedade Americana de Gerontologia, Chicago, 1986.

_______. "Logic and Self-Regulation from Youth to Maturity: A Model." In *Beyond Formal Operations: Late Adolescent and Adult Cognitive Development*, organizado por M. L. Commons, F. A. Richards, e C. Armon, pp. 158-80. Nova York: Praeger, 1984.

_______. "Models of Knowledge and Organization of Development." In *Beyond Formal Operations. Volume 3: Models and Methods in the Study of Adolescent and Adult Thought*, organizado por M. L. Commons, C. Armon, L. Kohlberg, F. A. Richards, T. Grotzer, e J. Sinnott. Nova York: Praeger. In Press.

Labouvie-Vief, G.; Campbell, S. O.; Weaverdyck, S. E.; e Tanenhaus, M. K. "Metaphoric Processing in Young and Old Adults." Manuscrito sendo revisto.

Labouvie-Vief, G., e Chandler, M. "Cognitive Development and Life-Span Developmental Theory: Idealistic Versus Contextual Perspectives." In *Life-span Development and Behavior, Volume I*, organizado por P. Baltes, pp. 181-210. Nova York: Academic Press, 1978.

Labouvie-Vief, G.; DeVoe, M.; e Bulka, D. "Speaking About Feelings: Conceptions of Emotion Across the Life Span." Manuscrito sendo revisto.

Labouvie-Vief, G.; Hakim-Larson, J.; e DeVoe, M. "The Language of Self Regulation: A Life-Span View." Manuscrito sendo revisto.

Labouvie-Vief, G.; Hakim-Larson, J.; Hobart, C. "Age, Ego Level and the Life-Span Development of Coping and Defense Processes." *Psychology and Aging* 2 (1987): 286-93.

Labouvie-Vief, G.; Schell, D. A.; e Weaverdyck, S. E. "Recall Deficit in the Aged: A Fable Recalled." Manuscrito sendo revisto.

Lambek, M. "Motherhood and Other Careers in Mayotte." In *In Her Prime: A New View of Middle-Aged Women*, organizado por J. K. Brown e V. Kerns, pp. 67-86. South Hadley, Mass.: Bergin and Garvey, 1985.

Lang, A. *The Brown Fairy Book*. Londres: Longmans, Green, 1914.

_______. *The Yellow Fairy Book*. 1894. Reimpressão. Nova York: Dover, 1960.

Lawrence, N. *Whitehead's Philosophical Development: A Critical History of the Background of "Process and Reality."* Nova York: Greenwood Press, 1968.

Lederer, W., e Botwin, A. "Where Have All the Heroes Gone? Another View of Changing Masculine Roles." In *Men In Transition: Theory and Therapy*, organizado por K. Solomon e N. Levy, pp. 241-6. Nova York: Plenum, 1982.

Lee, R. B. "Work, Sexuality and Aging Among !Kung Women." In *In Her Prime: A New View of Middle-Aged Women*, organizado por J. K. Brown e V. Kerns, pp. 23-36. South Hadley, Mass.: Bergin and Garvey, 1985.

LeFevre, C., e LeFevre, P. orgs. *Aging and the Human Spirit: A Reader in Religion and Gerontology*. Chicago: Exploration Press, 1981.

Lehman, H. "Affective Disorders in the Age." *Psychiatric Clinics of North America* 5 (1982): 27-44.

Levinson, D. J.; Darrow, C. N.; Klein, E. B.; Levinson, M. H.; e McKee, B. *The Seasons of a Man's Life*. Nova York: Ballantine, 1978.

Lewis, R., e Roberts, C. "Postparental Fathers in Distress." In *Men In Transition: Theory and Therapy*, organizado por K. Solomon e N. Levy, pp. 199-204. Nova York: Plenum, 1982.

Lidz, T. "Phases of Adult Life: An Overview." In *Mid-life:* Developmental and Clinical Issues, organizado por W. Norman e T. Scaramella, pp. 20-37. Nova York: Brunner/Mazel, 1980.

Linden, M. E. "Regression and Recession in the Psychoses of the Aging." In *Normal Psychology of the Aging Process*, organizado por N. E. Zinberg e I. Kaufman, pp. 125-42. Nova York: International Universities Press, 1968.

Livson, F. "Paths to Psychological Health in the Middle Years: Sex Differences." In *Present and Past in Middle Life*, organizado por D. Eichorn, J. Clausen, N. Haan, M. Honzik, e P. Mussen, pp. 194-221. Nova York: Academic Press, 1981.

Lowe, V. *Understanding Whitehead*. Baltimore: Johns Hopkins University Press, 1962.

_______. Understanding Whitehead: *The Man and His Work*. Baltimore: Johns Hopkins University Press, 1985.

Luthi, M. *The Fairy Tale as Art Form and Portrait of Man*. Traduzido por J. Erickson. Bloomington. Ind.: Indiana University Press, 1984.

_______. *Once Upon a Time: On the Nature of Fairy Tales*. Bloomington. Ind.: Indiana University Press, 1976.

Maduro, R. "Artistic Creativity and Aging in India." *International Journal of Aging and Human Development* 5 (1975): 303-29.

Maitland, D. J. *Against the Grain: Coming Through the Mid-life Crisis*. Nova York: Pilgrim Press. 1981.

Malatesta, C. "Affective Development Over the Life-Span: Involution or Growth?" *Merrill-Palmer Quarterly* 27 (1981): 145-73.

Malatesta, C., e Culver, L. "Thematic and Affective Content in the Lives of Adult Women: Patterns of Change and Continuity." In *Emotion in Adult Development*, organizado por C. Malatesta e C. Izard, pp. 175-94. Beverly Hills, Calif.: Sage Publications, 1984.

Malatesta, C., e Izard, C. "The Facial Expression of Emotion: Young, Middle-Aged, and Older Adult Expressions." In *Emotion in Adult Development*, organizado por C. Malatesta e C. Izard, pp. 253-74. Beverly Hills, Calif.: Sage Publications, 1984.

Manning-Sanders, R. *The Red King and the Witch: Gypsy Folk and Fairy Tales*. Nova York: Roy, 1964.

Maslow, A. *Motivation and Personality*. Nova York: Harper and Row. 1970.

_______. *Toward a Psychology of Being*. Nova York: Van Nostrand, 1968.

Mayer, F. H. *Ancient Tales in Modern Japan*. Bloomington, Ind.: Indiana University Press, 1985.

McAdams, D. "Love, Power, and Images of the Self." In *Emotion in Adult Development*, organizado por C. Malatesta e C. Izard, pp. 159-74. Beverly Hills, Calif.: Sage Publications, 1984.

McAllister, T. "Overview: Pseudodementia." *American Journal of Psychiatry* 140 (1983): 528-33.

McLeish, J. *The Ulyssean Adult: Creativity in the Middle and Later Years*. Nova York: McGraw-Hill Ryerson, 1976.

Meerloo, J. "Geriatric Psychotherapy." *Acta Psychotherapeutica et Psychosomatica* 9 (1961): 169-82.

Mergler, N. L.; Faust, M.; e Goldstein, M. D. "Storytelling as an Age-Dependent Skill." *International Journal of Aging and Human Development* 20 (1984-5): 205-28.

Miller, D. *The New Polytheism: Rebirth of the Gods and Goddesses*. Dallas: Spring Publications, 1981.

_______. "Fairy Tale or Myth." In *Spring 1976*, pp. 157-64. Dallas: Spring Publications, 1976.

Mindel, C., e Vaughan, C. "A Multidimensional Approach to Religiosity and Disengagement." *Journal of Gerontology* 33 (1978): 103-8.

Moberg, D. "Religiosity in Old Age." *Gerontologist* 5 (1965): 78-87.

Moss, R. *Chinese Fairy Tales and Fantasies*. Nova York: Pantheon, 1979.

Munsterberg, H. *The Crown of Life: Artistic Creativity in Old Age*. Nova York: Harcourt Brace Jovanovich, 1983.

Mussen, P., e Hann, N. "A Longitudinal Study of Patterns of Personality and Political Ideologies." In *Present and Past in Middle Life*, organizado por D. Eichorn, J. Clausen, N. Haan, M. Honzik, e P. Mussen, pp. 393-414. Nova York: Academic Press, 1981.

Myers, J. K.; Weissman, M. M.; Tischler, G. L.; Holzer, C. E.; Leaf, P. J.; e Orvaschel, H. "Six-month Community Prevalence of Psychiatric Disorders in Three Communities: 1980-1982." *Archives of General Psychiatry* 41 (outubro de 1984): 959-67.

Nason, J. "Respected Elder or Old Person: Aging in a Micronesian Community." In *Other Ways of Growing Old*, organizado por P. Amoss e S. Harrell, pp. 155-74. Palo Alto, Calif.: Stanford University Press, 1981.

Neugarten, B. "Adult Personality: A Developmental View: *Human Development* 9 (1966): 61-73.

_______. "Personality and Aging." In *Handbook of the Psychology of Aging*, organizado por J. E. Birren e K. W. Schaie, pp. 626-49. Nova York: Van Nostrand Reinhold, 1977.

Neugarten, B., e Gutmann, D. "Age-Sex Roles and Personality in Middle Age: A Thematic Apperception Study." *Psychological Monographs: General and Applied* 17 (1958): 2-34.

Neugarten, B., e Miller, D. "Ego Functions in the Middle and Later Years: A Further Exploration." In *Personality in Middle and Late Life: Empirical Studies*, organizado por B. L. Neugarten, pp. 105-13. Nova York: Atherton, 1964.

Neumann, E. *The Origins and History of Consciousness*. Princeton: Princeton University Press, 1954. [*História da Origem da Consciência*, Editora Cultrix, São Paulo, 1990.]

Newton, P. "Samuel Johnson's Breakdown and Recovery in Middle-Age: A Life-Span Developmental Approach to Mental Illness and Its Cure." *International Review of Psychoanalysis* 11 (1984): 93-117.

Nicoloff, A. *Bulgarian Fairy Tales*. Cleveland: Nicoloff, 1979.

Notman, M. "Changing Roles for Women at Mid-Life." In *Midlife: Developmental and Clinical Issues*, organizado por W. H. Norman e T. J. Scaramella, pp. 85-109. Nova York: Brunner Mazel, 1980.

_______. "Feminine Development: Changes in Psychoanalytic Theory." In *The Woman Patient. Volume 2: Concepts of Femininity and the Life Cycle*, organizado por C. Nadelson e M. Notman, pp. 3-30. Nova York: Plenum, 1982.

O'Collins, G. "The Second Journey." *Studies in Formative Spirituality* 1 (1980): 346-56.

_______. *The Second Journey*. Nova York: Paulist Press, 1978.

Offer, D. O., e Offer, J. B. *From Teenage to Young Manhood: A Psychological Study*. Nova York: Basic Books, 1976.

Ohta, M. *Japanese Folklore in English*. Tóquio: Miraishi, 1955.

Oser, F., e Reich, K. "The Challenge of Competing Explanations: The Development of Thinking in Terms of Complementarity of 'Theories.'" *Human Development* 30 (1987): 178-86.

Otto, R. *The Idea of the Holy*. 1917. Reimpressão. Londres: Oxford University Press, 1950.

Ozaki, Y. T. *The Japanese Fairy Book*. Tóquio: Charles Tuttle, 1970.

Palmore, E. B., e Maeda, D. *The Honorable Elders Revisited: A Revised Cross-Cultural Analysis of Aging in Japan*. Durharn: Duke University Press, 1986.

Papalia, D. E., e Bielby, D. D. "Cognitive Functioning in Middle and Old-Age Adults: A Review of Research Based on Piaget's Theory." *Human Development* 17 (1974): 424-43.

Pascual-Leone, J. "Attentional, Dialectic and Mental Effort: Toward an Organismic Theory of Life Stages." In *Beyond Formal Operations: Late Adolescent and Adult Cognitive Development*, organizado por M. L. Commons, F. A. Richards, e C. Armon, pp. 182-215. Nova York: Praeger, 1984.

Payne, B. P. "Religious Life of the Elderly: Myth or Reality?" In *Spiritual Well-Being of the Elderly*, organizado por J. A. Thorson e T. C. Cook, Jr., pp. 218-29. Springfield, Ill.: Charles C. Thomas, 1978.

Peck, R. "Psychological Developments in the Second Half of Life." In *Middle Age and Aging: A Reader in Social Psychology*, organizado por B. Neugarten, pp. 79-83. Chicago: University of Chicago Press, 1968.

Peck, R., e Berkowitz, H. "Personality and Adjustment in Middle Age." In *Personality in Middle and Late Life: Empirical Studies*, organizado por B. L. Neugarten, pp. 15-43. Nova York: Atherton, 1964.

Perry, W. G. *Forms of Intellectual and Ethical Development in the College Years*. Nova York: Holt Rinehart and Winston, 1968.

Piovesana, G. K. "The Aged in Chinese and Japanese Cultures." In *Aging: Its Challenge to the Individual and to Society*, organizado por W. C. Bier, pp. 14-25. Nova York: Fordham University Press, 1973.

Powell, P. "Advanced Social Role-Taking and Cognitive Development in Gifted Adults." *International Journal of Aging and Human Development* 11 (1980): 177-92.

Prosen, H.; Martin, R.; e Prosen, M. "The Remembered Mother and the Fantasized Mother." *Archives of General Psychiatry* 27 (1972): 791-4.

Pruyser, P. "Aging: Downward, Upward or Forward?" *Pastoral Psychology* 24 (1975): 791-4.

Rabbit, P. "Changes in Problem Solving Ability in Old Age." In *Handbook of the Psychology of Aging*, organizado por J. E. Birren e K. W. Schaie, pp. 606-25. Nova York: Van Nostrand Reinhold, 1977.

Raybeck, D. "A Diminished Dichotomy: Kelantan Malay and Traditional Chinese Perspectives." In *In Her Prime: A New View of Middle-Aged Women*, organizado por J. K. Brown e V. Kerns, pp. 155-70. South Hadley, Mass.: Bergin and Garvey, 1985.

Raymond, E. F., e Michals, T. J. "Prevalence and Correlates of Depression in Elderly Persons." *Psychological Reports* 47 (1980): 1055-61.

Reker, G. T.; Peacock, E. J.; e Wong, T. P. "Meaning and Purpose in Life and Well-Being: A Life-Span Perspective." *Journal of Gerontology* 42 (1987): 43-9.

Revere, V., e Tobin, S. "Myth and Reality: The Older Person's Relationship to His Past." *International Journal of Aging and Human Development* 12 (1980): 15-26.

Rhadakrishnan, S., e Moore, C. *A Sourcebook in Indian Philosophy*. Princeton: Princeton University Press, 1957.

Rice, D., e Feldman, J. "Living Longer in the United States: Demographic Changes and Health Needs of the Elderly." *Health and Society* 61 (1983): 362-71.

Riegel, K. F. "Dialectical Operations: The Final Period of Cognitive Development." *Human Development* 16 (1973): 346-70.

Roberts, M. *Chinese Fairy Tales and Fantasies*. Nova York: Pantheon, 1979.

Rowe, K. "To Spin a Yarn: The Female Voice in Folklore and Fairy Tale." In *Fairy Tales and Society: Illusion, Allusion and Paradigm*, organizado por R. Bottigheimer, pp. 53-74. Filadélfia: University of Pennsylvania Press, 1986.

Rubin, L. *Women of a Certain Age: The Midlife Search for Self*. Nova York: Harper and Row, 1979.

Rumnley, D. B., e Bergman, E. "Enchantment and Alchemy: The Story of Rumpelstiltskin." *Bulletin of the Menninger Clinic* 47 (1983): 1-14.

Rustom, C. "The Later Years of Life and the Use of Time Among the Burmans." In *Aging and Leisure: A Research Perspective into the Meaningful Use of Time*, organizado por R. Kleemeier, pp. 100-3. Nova York: Oxford University Press, 1961.

Rybash, J.; Hoyer, W.; e Roodin, P. *Adult Cognition and Aging; Developmental Changes in Processing, Thinking and Knowing*. Elmsford, N. Y.: Pergamon, 1986.

Sanford, J. *Evil: The Shadow Side of Reality*. Nova York: Crossroads, 1982.

Scharfstein, B. *Mystical Experience*. Baltimore: Penguin, 1973.

Schenda, R. "Telling Tales-Spreading Tales: Change in the Communicative Forms of a Popular Genre." In *Fairy Tales and Society: Illusion, Allusion and Paradigm*, organizado por R. Bottigheimer, pp. 75-94. Filadélfia: University of Pennsylvania Press, 1986.

Schon, D. *The Reflective Practitioner: How Professionals Think in Action*. Nova York: Basic Books, 1983.

Schwartz-Salant, N. *Narcissism and Character Transformation*. Toronto: Inner City Books, 1982. [*Narcisismo e Transformação do Caráter*, Editora Cultrix. São Paulo, 1988.]

Scott-Maxwell, F. *The Measure of My Days*. Nova York: Penguin, 1968.

Segal, H. "Joseph Conrad and the Mid-Life Crisis." *International Review of Psychoanalysis* 11 (1984): 3-9.

Segalla, R. *Departure from Traditional Roles: Mid-Life Women Break the Daisy Chains*. Ann Arbor, Mich.: UMI Research Press, 1982.

Shahrani, M. N. "Growing in Respect: Aging Among the Kirghiz of Afghanistan." In *Other Ways of Growing Old*, organizado por P. Amoss e S. Harrell, pp. 175-92. Palo Alto, Calif.: Stanford University Press, 1981.

Shainness, N. "Analyzability and Capacity for Change in Middle-Life." *Journal of the American Academy of Psychoanalysis* 7 (1979): 385-403.

Sharp, H. "Old Age Among the Chipewyan." In *Other Ways of Growing Old*, organizado por P. Amoss e S. Harrell, pp. 99-110. Palo Alto, Calif.: Stanford University Press, 1981.

Sheehan, N. W.; Papalia-Finlay, D. E.; e Hooper, F. H. "The Nature of the Life Concept Across the Life-Span." *International Journal of Aging and Human Development* 12 (1981): 1-13.

Shibayama, Z. *A Flower Does Not Talk*. Tóquio: Tuttle, 1970.

Silberger, J. "Mourning and Transformation: How Mary Baker Eddy Found in Middle Age a Way of Making a New Life for Herself." *Journal of Geriatric Psychiatry* 12 (1979): 9-26.

Simic, A. "Aging in the United States and Yugoslavia: Contrasting Models of Intergenerational Relationships." *Anthropological Quarterly* 50 (1977): 53-64.

Simmons, H. "The Quiet Journey: Psychological Journey and Religious Growth from Ages Thirty to Sixty." *Religious Education* 71 (1976): 132-42.

Sinclair, K. P. "A Study in Pride and Prejudice: Maori Women at Mid-Life." In *In Her Prime: A New View of Middle-Aged Women*, organizado por J. K. Brown e V. Kerns, pp. 117-34. South Hadley, Mass.: Bergin and Garvey, 1985.

Sinnott, J. "Individuals' Strategies in Everyday Problem Solving: Noncognitive and Cognitive Parameters." Ensaio apresentado na Sociedade de Gerontologia, São Francisco, 1983.

_______. "Lifespan Relativistic Postformal Thought: Methodology and Data from Everyday Problem-Solving Studies." In *Beyond Formal Operations. Volume 2: Comparisons and Applications of Adolescent and Adult Developmental Models*, organizado por M. L. Commons, F. A. Richards, e C. Armon. Nova York: Praeger, in press.

______. "A Model for Solution of Ill-Structured Problems: Implications for Everyday and Abstract Problem Solving." Apresentado na Sociedade de Gerontologia. Santo Antonio, 1984.

______. "Postformal Reasoning: The Relativistic Stage." In *Beyond Formal Operations: Late Adolescent and Adult Cognitive Development*, organizado por M. L. Commons, F. A. Richards e C. Armon, pp. 298-325. Nova York: Praeger, 1984.

______. "The Theory of Relativity: A Metatheory for Development." *Human Development* 24 (1981): 293-311.

Sinnott, J., e Guttman, D. "Dialecties of Decision Making in Older Adults." *Human Development* 21 (1978): 190-200.

Smith, R. J. "Japan: The Later Years of Life and the Concept of Time." In *Aging and Leisure: A Research Perspective into the Meaningful Use of Time*, organizado por R. Kleemeier, pp. 95-100. Nova York: Oxford University Press, 1961.

Soddy, K. *Men in Middle Life*. Filadélfia: Lippincott, 1967.

Spar, J. E. "Dementia in the Aged." *Psychiatric Clinics of North America* 5 (1982): 67-86.

Spence, D., e Lurie, E. "Style of Life." In *Four Stages of Life*, organizado por M. F. Lowenthal, M. Thurnher, e D. Chiriboga, pp. 1-23. São Francisco: Jossey-Bass, 1975.

Staal, F. *Exploring Mysticism*. Berkeley: University of California Press, 1975.

Stace, W. T. *Teachings of the Mystics*. Nova York: Mentor, 1960.

Stein, M. *In Midlife*. Dallas: Spring Publications, 1983.

Stroud, J. "Women's Careers: Work, Family and Personality." In *Present and Past in Middle Life*, organizado por D. Eichorn, J. Clausen, N. Haan, M. Honzik, e P. Mussen, pp. 356-92. Nova York: Academic Press, 1981.

Suzuki, D. T. *An Introduction to Zen Buddhism*. Nova York: Grove Press, 1964. [*Introdução ao Zen-Budismo*. Editora Pensamento. São Paulo, 1988.]

Swenson, W. M. "Attitudes Toward Death in an Aged Population." *Journal of Gerontology* 16 (1961): 49-52.

Szielzo, C. "An Analysis of Babayaga in Folklore and Fairy Tales." *American Journal of Psychoanalysis* 43 (1983): 167-75.

Tatar, M. "Folkloristic Phantasies: Grimm's Fairy Tales and Freud's Family Romance." In *Fairy Tales as Ways of Knowing: Essays on Märchen in Psychology, Society and Literature*, organizado por M. M. Metzger e K. Mommsen, pp. 75-98. Berna Peter Lang, 1982.

______. "Born Yesterday: Heroes in the Grimms' Fairy Tales." In *Fairy Tales and Society: Illusion, Allusion and Paradigm*, organizado por R. Bottigheimer, pp. 95-114. Filadélfia: University of Pennsylvania Press, 1986.

______. *The Hard Facts of the Grimms' Fairy Tales*. Princeton University Press, 1987.

Tavis, A. "Fairy Tales from a Semiotic Perspective." In *Fairy Tales and Society: Illusion, Allusion and Paradigm*, organizado por R. Bottigheimer, pp. 195-202. Filadélfia: University of Pennsylvania Press, 1986.

Thorson, J. A., e Cook, T. C. *Spiritual Well-Being of the Elderly*. Springfield, Ill.: Charles C. Thomas, 1978.

Thurnher, M. "Continuities and Discontinuities in Value Orientations." In *Four Stages of Life*, organizado por M. F. Lowenthal, M. Thurnher e D. Chiriboga, pp. 176-200. São Francisco: Jossey-Bass, 1975.

______. "Family Confluence, Conflict and Affect." In *Four Stages of Life*, organizado por M. F. Lowenthal, M. Thurnher, e D. Chiriboga, pp. 24-47. São Francisco: Jossey-Bass, 1975.

Tolkien, J. R. R. *Tree and Leaf*. Londres: Allen and Unwin, 1976.

Tournier, P. *Learn to Grow Old*. Nova York: Harper, 1972.

Tseng, W., e Hsu, J. "The Chinese Attitude Toward Parental Authority as Expressed in Children's Stories." *Archives of General Psychiatry* 26 (1972): 28-34.

Turner, B., e Troll, L. "Sex Differences in Psychotherapy with Older People." *Psychotherapy: Theory Research and Practice* 19 (1982): 419-28.

Tzu, L. *The Way of Life*. Traduzido por R. B. Blakney. Nova York: New American Library, 1955.

Vaillant, G. *Adaptation to Life: How the Best and the Brightest Came of Age*. Boston: Little, Brown, 1977.

Vaillant, G., e Milofsky, E. "Natural History of Male Psychological Health: IX. Empirical Evidence for Erikson's Model of the Life Cycle." *American Journal of Psychiatry* 137 (1980): 1348-59.

Van Arsdale, P. "The Elderly Asmat of New Guinea." In *Other Ways of Growing Old*, organizado por P. Amoss e S. Harrell, pp. 111-24. Palo Alto, Calif.: Stanford University Press, 1981.

Van Kaam, A. *The Transcendent Self: Formative Spirituality of the Middle, Early and Later Years of Life*. Denville, N. J.: Dimension Books, 1979.

Viney, L. "A Sociophenomenological Approach to Life-Span Development Complementing Erikson's Sociodynamic Approach." *Human Development* 30 (1987): 125-36.

Vinson, A. "The Role of Religion in the Maturation of the Autonomous Adult." In *Spiritual Well-Being of the Elderly*, organizado por J. A. Thorson e T. C. Cook, Jr., pp. 127-36. Springfield, Ill.: Charles C. Thomas, 1978.

Von Franz, M.-L. *Individuation in Fairy Tales*. Dallas: Spring Publications, 1977.

______. *The Feminine in Fairy Tales*. Dallas: Spring Publications, 1972.

______. *The Psychological Meaning of Redemption Motifs in Fairy Tales*. Toronto: Inner City Books, 1980.

______. *Puer Aeternus*. Santa Monica: Sigo, 1970.

______. *Shadow and Evil in Fairy Tales*. Dallas, Tex.: Spring Publications, 1974.

Waddell, K., e Rogoff, B. "Effect of Contextual Organization on Spatial Memory of Middle-Aged and Older Women." *Developmental Psychology* 17 (1981): 878-5.

Walsh, R. "The Ten Perfections: Qualities of the Fully Enlightened Individual as Described in Buddhist Psychology." In *Beyond Health and Normality: Explorations of Exceptional Well-being*, organizado por R. Walsh e D. Shapiro, pp. 218-28. Nova York: Van Nostrand Reinhold, 1983.

Washburn, M. *The Ego and the Dynamic Ground*. Albany, N. Y.: State University of Nova York Press, 1988.

Wei-ming, T. "The Confucian Perception of Adulthood." In *Adulthood*, organizado por E. Erickson, pp. 113-20. Nova York: Norton, 1978.

White, J. *The Highest State of Consciousness*. Nova York: Anchor Books, 1972.

Whitehead, A. N. "Autobiographical Notes." In *The Philosophy of Alfred North Whitehead*, organizado por P. A. Schilpp, pp. 1-14. Nova York: Tudor, 1941.

_______. *The Concept of Nature*. Cambridge: Cambridge University Press, 1920.

_______. *An Enquiry Concerning the Principles of Natural Knowledge*. Cambridge: Cambridge University Press, 1919.

_______. *Modes of Thought*. Nova York: Macmillan, 1938.

_______. *Organization of Thought, Educational and Scientific*. Londres: Williams and Norgate, 1917.

_______. *Religion in the Making*. Nova York: Macmillan, 1926.

_______. *Science and the Modern World*. Nova York: Macmillan, 1925.

Whitmont, E. *The Symbolic Quest*. Princeton: Princeton University Press, 1969. [*A Busca do Símbolo*, Editora Cultrix, São Paulo, 1990.]

Wilber, K. *The Atman Project: A Transpersonal View of Human Development*. Wheaton. Ill: Quest, 1980.

_______. *No Boundary: Eastern and Western Approaches to Personal Growth*. Boston: Shambhala, 1981. [*A Consciência sem Fronteira: Pontos de Vista do Oriente e do Ocidente sobre o Crescimento Pessoal*, Editora Cultrix, São Paulo, 1991.]

_______. "The Pre/Trans Fallacy." *Revision* 5 (1980): 51-71.

Woods, N., e Witte, K. "Life Satisfaction. Fear of Death, and Ego Identity in Elderly Adults." *Bulletin of the Psychonomic Society* 18 (1981): 165-8.

Yasuda, Y. *Old Tales of Japan*. Tóquio: Tuttle, 1965.

Young, G., e Dowling, W. "Dimensions of Religiosity in Old Age: Accounting for Variation in Type of Participation." *Journal of Gerontology* 42 (1987): 376-80.

Zheleznova, I. *Tales of the Amber Sea: Fairy Tales of the Peoples of Estonia, Latvia and Lithuania*. Moscou: Progress Publishers, 1974.

Zinberg, N. E. "The Relationship of Regressive Phenomena to the Aging Process." In *Normal Psychology of the Aging Process*, organizado por N. E. Zinberg e I. Kaufman, pp. 143-59. Nova York: International Universities Press, 1961.

_______. "Psychoanalytic Consideration of Aging." *Journal of the American Psychoanalytic Association* 12 (1964): 151-9.

Zipes, J. *Breaking the Magic Spell: Radical Theories of Folk and Fairy Tales*. Austin: University of Texas Press, 1979.

_______. *Don't Bet on the Prince: Contemporary Feminist Fairy Tales in North America and England*. Nova York: Methuen, 1976.

_______. *Fairy Tales and the Art of Subversion: The Classical Genre of Children and the Process of Socialization*. Nova York: Heinemann, 1983.

Zoja, L. "Working Against Dorian Gray: Analysis and the Old." *Journal of Analytical Psychology* 28 (1983): 51-64.

Outras obras de interesse:

O HERÓI DE MIL FACES
Joseph Campbell

AS TRANSFORMAÇÕES DO MITO ATRAVÉS DO TEMPO
Joseph Campbell

A MIGRAÇÃO DOS SÍMBOLOS
Goblet D'Alviella

O SIGNIFICADO PSICOLÓGICO DOS MOTIVOS DE REDENÇÃO NOS CONTOS DE FADAS
Marie-Louise von Franz

A JORNADA MÍTICA DE CADA UM
Sam Keen e Anne Valley-Fox

O ATO DA VONTADE
Roberto Assagioli

PSICOSSÍNTESE
Roberto Assagioli

FREUD E A ALMA HUMANA
Bruno Bettelheim

A CRIAÇÃO DA CONSCIÊNCIA
Edward F. Edinger

EGO E ARQUÉTIPO
Edward F. Edinger

O RETORNO À ORIGEM – A Experiência da Iluminação nas Tradições Sagradas
Lex Hixon

AS VARIEDADES DA EXPERIÊNCIA RELIGIOSA
William James

A LENDA DO GRAAL
Emma Jung e *Marie-Louise von Franz*

HISTÓRIA DA ORIGEM DA CONSCIÊNCIA
Erich Neumann

NARCISISMO E TRANSFORMAÇÃO DO CARÁTER
Nathan Schwartz-Salant

INTRODUÇÃO AO ZEN-BUDISMO
D. T. Suzuki

A BUSCA DO SÍMBOLO
Edward C. Whitmont

A CONSCIÊNCIA SEM FRONTEIRAS – Pontos de Vista do Oriente e do Ocidente sobre o Crescimento Pessoal
Ken Wilber